Pathways to prosperity in metaheuristic theory of growth - a China narrativ

奔小康的故事

中国经济增长的逻辑和辩证

傅军 著

图书在版编目（CIP）数据

奔小康的故事：中国经济增长的逻辑与辩证 / 傅军著. —北京：北京大学出版社，2021.8
ISBN 978-7-301-32451-6

Ⅰ.①奔…　Ⅱ.①傅…　Ⅲ.①中国经济－经济增长－研究　Ⅳ.①F124.1

中国版本图书馆 CIP 数据核字（2021）第 174662 号

书　　名	奔小康的故事：中国经济增长的逻辑与辩证 BENXIAOKANG DE GUSHI: ZHONGGUO JINGJI ZENGZHANG DE LUOJI YU BIANZHENG
著作责任者	傅　军 著
责任编辑	徐　冰
标准书号	ISBN 978-7-301-32451-6
出版发行	北京大学出版社
地　　址	北京市海淀区成府路 205 号　100871
网　　址	http://www.pup.cn
电子信箱	em@pup.cn
新浪微博	@北京大学出版社　@北京大学出版社经管图书
电　　话	邮购部 010-62752015　发行部 010-62750672 编辑部 010-62752926
印 刷 者	三河市北燕印装有限公司
经 销 者	新华书店 730 毫米 ×1020 毫米　16 开本　13.125 印张　272 千字 2021 年 8 月第 1 版　2021 年 8 月第 1 次印刷
定　　价	55.00 元

未经许可，不得以任何方式复制或抄袭本书之部分或全部内容。
版权所有，侵权必究
举报电话：010-62752024　电子信箱：fd@pup.pku.edu.cn
图书如有印装质量问题，请与出版部联系，电话：010-62756370

序

知识就是力量。

本书讲了六个故事，内容横跨共和国 70 年的历史，但讲故事不是目的，只是手段而已，目的是帮助我们完成从感性到知性再到理性的认知过程，一步步从看似零散无序的经验向更高知识水平迈进，让人们看懂中国经济增长背后的逻辑与辩证。

为此，书的最后提出了一个逻辑自洽、一以贯之的元道启发式增长理论，并用简洁的数学公式表述，希望使人们观察到的经验上升到具有一般性普遍意义的知识。不然，故事呈现的或许只是碎片化的、昙花一现的信息，之间没有逻辑关系，没有推理过程，没有系统的论证。放在全球经济发展的大背景下，本书所讲的故事可作为检验该理论真伪的经验证据。

求真务实，追求卓越，以简驭繁，大道至简，是为序。

傅军

目录 ▶

写在前面　一部中国人民奔小康的交响曲　　　　　　　　　　I

1　从赤脚医生到乡村医生——中国基层卫生体系　　001
2　小岗村　大包干！——中国农村改革的发源地　　051
3　乡镇企业与减贫效应——他们是怎么做成的？　　095
4　春天的故事——深圳奇迹般的崛起　　　　　　　153
5　竹子的故事——绿色的增长才可持续　　　　　　241
6　公共卫生与应急管理——从 SARS 说起　　　　　291

写在后面　理论的思考——大道至简　　　　　　　353
致　　谢　　　　　　　　　　　　　　　　　　　389

写在前面
一部中国人民奔小康的交响曲

一个经济学家,如果没有历史之腿向前跳跃,那么他面对当前经济问题时就会变得眼光狭隘、思想浅薄,对经济数据的长短之处缺乏适当的判断,进而缺乏运用经济学驾驭重大问题的能力。

——D. 麦克洛斯基(D. McCloskey)

经济学家努力以科学家的客观性来探讨他们的主题。他们研究经济的方法与物理学家研究物质以及生物学家研究生命的方法在很大程度上是相同的:先提出理论,再收集数据,然后分析数据,以努力证实或证伪他们的理论。

——N. 格里高利·曼昆(N. Gregory Mankiw)

根据经济史学家安格斯·麦迪森(Angus Maddison)的研究,大约两百年前,中国曾是占世界主导地位的经济体。当时,中国 GDP 所占份额约为世界的三分之一,与其人口所占份额相匹配。之后，主要是由于实行了闭关锁国的政策，中国经济开始严重下滑，GDP占比也随之骤降。①

到了1978年，中国人均GDP仅有156美元，是世界上贫困人口占比最高的国家。1980年，中国是世界上最为贫困的5个国家之一，仅仅好于布基纳法索、柬埔寨、马里和乌干达。②那时的中国，是个人口大国，经济却十分落后。然而，改革开放使中国发生了翻天覆地的变化，从根本上改变了贫穷落后的面貌，使得数亿农民脱离了贫困，对全球减贫的贡献率超过70%，取得了史无前例的成就。中国在改变自己的同时，也改变了世界的格局。

中国改革开放的征程是1978年开始的。这个新的发展战略先从农村起步，然后再向城市延伸。整个过程是渐进的、增量的、试错式的，即所谓"摸着石头过河"。在"实践是检验真理的唯一标准"的方针指导下，中国改革的实践者秉承的理念是"实事求是"的务实主义。他们既谨慎，又果敢，充分发挥土地和劳动力价格低廉的比较优势，采取了一系列行之有效的措施，大大促进了经济发展。例如，为了加快市场化改革和对外开放的步伐，早在20世纪80年代中期中国就启动入世的谈判。再有，中国还通过建立经济特区，吸引外商直接投资，同时用特区先行的方法来检验市场的有效性。结果是，

---

① MADDISON A. Chinese economic performance in the long run[M]. Paris: Organization for Economic Cooperation and Development (OECD), 1998.
② 世界银行. 中国战胜农村贫困：世界银行国别报告[M]. 中国财政经济出版社, 2001.

这项改革大大促进了市场发展，增强了自身经济在全球的竞争力，取得了辉煌的成绩。经济特区的快速增长，使得改革在全国范围内推广成为可能。这些强大而广泛的改革动力，将政府主导、以农业为主的封闭的计划经济体，逐步转变成一个更加市场化、城镇化和全球化的经济体。

在过去的 40 年间，中国经济实现了近乎两位数的持续高速增长，一跃成为全球制造大国。单从手机生产来看，2019 年中国手机出货量达到 3.686 亿台，这有力地印证了中国巨大的国内市场以及本土品牌的崛起。就国内市场份额而言，华为手机出货量为 1.42 亿台（国内占比 38.5%）、OPPO 6,570 万台（占比 17.8%）、VIVO 6,270 万台（占比 17%）、小米 3,880 万台（占比 10.5%）、苹果 2,750 万台（占比 7.5%），其他公司 3,200 万台（占比 8.7%）。[①]

2009 年，中国超过德国成为全球最大的出口经济体。2010 年，中国的经济总量跃居世界第二。到 2019 年，中国的 GDP 达到了 14.4 万亿美元，人均 GDP 达到 10,276 美元；而同期美国的 GDP 是 21.43 万亿美元，人均 66,042 美元。这表明，如果以人均 GDP 计，中国还有很长的路要走。

中国共产党的十五大首次提出"两个一百年"奋斗目标，十九大进一步明确了建成社会主义现代化强国的时间表和路线

[①] Canalys 智能手机分析统计数据，转引自：科技对角线. 2019 年国内手机市场出货量统计出炉！华为荣耀继续领先 OV[EB/OL]. (2020-02-03)[2021-03-20]. https://baijiahao.baidu.com/s?id=1657516220206411612&wfr=spider&for=pc。

图，即从2020年到2035年，在全面建成小康社会的基础上，再奋斗十五年，基本实现社会主义现代化；从2035年到本世纪中叶，在基本实现现代化的基础上，再奋斗十五年，把我国建成富强民主文明和谐美丽的社会主义现代化强国。从目前的进程看，2020年，中国已经实现第一个百年奋斗目标，消除了绝对贫困。我们的故事说到2020年，所以书名以"奔小康"为题。

但是，中国经济重新回归全球经济的大国地位是当代世界最为瞩目的事件之一。在过去40年，中国人均GDP发生了巨大的变化，从起步时的156美元，变成2019年的大约10,000美元。中国人口超过13亿，如此戏剧般的经济增长，无疑引起了各国学界、商界和政界的广泛关注。我们该如何解释？或者从知识论的角度说，从感知到知性再到理性，我们何以从中国发展的特殊经验中超越，获得一般性的知识呢？

20世纪50年代，经济学家罗伯特·索洛（Robert Solow）提出了一个经济增长核算框架（或称增长核算模型）。该模型注重物质资本、人力资本和技术资本的积累，认为这些资本都是经济增长的主要驱动力，而资本累积的程度决定了稳定态势下资本—劳动比，对GDP增长率产生影响。[1] 这个经典的经济增长模型，核算方法比较严谨，被主流经济学广泛使用。没错，系统地将土地、劳动力和资本作为要素变量纳入计算，确实能

---

[1] SOLOW R M. A contribution to the theory of economic growth[J]. Quarterly Journal of Economics, 1956, 70(1): 65—94

为我们观察经济增长提供一个一阶的（或者说初步的）结构性的分析框架，因此这一模型在宏观层面极具指导意义。①但是，当我们要进入更复杂的社会网络和变幻莫测的制度环境中进行微观分析时，光靠这一模型显然就力不从心了。然而，从宏观层面深入微观层面的"更高像素"（更高阶）的分析和解剖，往往是政策设计成功的关键。

索洛这个增长核算框架的短板是显而易见的。首先，理论必须抽象、简洁，这没错，但是也不能因此而过分抽象简洁以至于失去足够的解释力。例如，这个经典的经济增长模型中并没有考虑远见卓识的政治领导力的作用，以及坚韧不拔、适应力强、敢于冒险的企业家精神。不难想象，在充斥着人性弱点、意识形态干扰及繁文缛节的现实环境中，领导力和企业家精神对经济发展的作用是十分重要的。

其次，经济增长都不是在自然科学实验室中的真空状态下进行的，要系统地解释现实世界中的经济表现，我们还必须从理想的真空状态回到现实的非真空状态中来。我们还必须关注不同制度安排，因为在其他条件相同的条件下，不同的制度安排决定了组合生产要素要面临的不同程度的摩擦力或阻力。就劳动力要素的流动而言，一个显著的例子是中国城乡有别的户

---

① 严格地说，"模型"不是"理论"，是理论建设的中间或者过渡环节。而理论（特别是大统一理论）是简洁、优雅、逻辑一致的，必须把所基于的原理、推理规则、要素及各要素之间的因果关系交代得一清二白，并能有助于我们观察和解释看似混乱的现象。关于理论的更多论述，参见本书"理论的思考"部分。

籍制度及其相应的社会福利分配。① 因此，相对于世界其他国家，中国所特有的制度环境及其变化也都是在解释经济表现时所不容忽视的重要因素。我们必须用历史的视角和比较的视角对制度因素及其演绎加以审视。

制度往往是肉眼看不见的，这种审视必须专注而细心，不能一笔带过，因为各国不尽相同的制度都深深地根植于各国特有的历史、社会与文化之中。用经济学家道格拉斯·诺斯（Douglas North）的话说，制度"构成政治、经济以及社会交易的人为约束力。其中既涵盖了既定的通俗习惯、约束力（制裁、禁忌、习俗、传统与行为准则），也涵盖了正式的规程（法律、财产权）"。②

制度经济学有三句话需要牢记：（1）制度是起作用的；（2）制度是可以分析的；（3）研究者要以科学方法来展示或证实。不同的制度安排会对经济表现起不同的作用，这一点已通过严谨的经济计量方法得到了展示。这方面的学术研究可见阿西莫格鲁和合作者以及我的部分工作。③ 虽然托马斯·弗里德

---

① 虽然中国在过去 40 年的城镇化过程中放松和改进了户籍制度，但是要彻底取消户籍制度、建立全国统一的大市场、实现劳动力自由流动，前提是要建立一个全国统一的社会保障体系，这个问题又涉及公共财政的调整和改革，包括引进诸如房地产税等新税种。显然，市场不是一天建成的。

② NORTH D C. Institutions[J]. Journal of Economic Perspectives, 1991, 5(1): 97—112.

③ 请参见：FU J. Institutions and investments: foreign direct investment in China during an era of reforms[M]. Ann Arbor, MI: University of Michigan Press, 2010；ACEMOGLU D, JOHNSON S, ROBINSON J A. Reversal of fortune: geography and institutions in the making of the modern world income distribution[J]. The Quarterly Journal of Economics, 2002, 117(4): 1231—1294.

曼（Thomas Friedman）声称世界是"平的"①，但那是煽情的文学语言，现实是，稍微严谨一点来说，各国之间的制度环境绝不是均匀的。理论物理学家爱因斯坦看世界更严谨，在他的眼中，连时空都是弯曲的。他的广义相对论即是把时空这个有曲率的"场"加入了等式。这种严密的思维，拓展了人类知识的边疆，展示了思想的力量。虽然研究对象不同，这对社会科学也极具启发。

就社会科学而言，制度环境在不同时空中的异质性意味着对经济增长不同程度的摩擦力。换言之，制度这个"场"（或叫"实验场"）的取值不是零，我们可以当作一个定理。要想有效地克服阻力前行、实现经济与社会的发展，不仅要具有全球的视野，还要脚踏本国的实地。所需要的知识也会跨学科，涉及政治学、经济学、社会学、法学以及组织管理，等等。可见，要改变现实世界不仅需要清晰的理念框架，还需要明智的方针策略和高超的管理能力。说到底，这亦是改革的本质所在，无论我们的愿望多么美好，现实世界永远充斥着各种各样的摩擦和制约，改革不是在实验室的真空环境中"过家家"。

由此，我们有必要对新古典经济学中"理性人"的假设重新审视，把该理论中"单纯的经济人"看做现实中"制度的经济人"。相应的，在历史的某一时空上，所谓人的"理性"更应表达为制度环境的函数。换言之，这个"制度的经济人"是生活在特定制

---

① FRIEDMAN T. The world is flat: a brief history of the twenty-first century[M]. NY: Farrar, Straus and Giroux, 2006.

度空间中的一个真实的人,而不是原子化的、非社会的、知识完备的机器人。只有基于这种公理层面的修正,经济学才能从无机的经济学变为有机的经济学,并由此赋予发展生命力。[①]

因此,正是基于这种理论的思考,学习国家发展必须从现实出发。强大的理论就像是一盏灯塔,为航程照亮前进的方向,但理论本身并不能自动地改变或改进现实,必须要有人的能动作用。在理论与现实之间,这些人必须因地制宜地制定和实施行之有效的战略和政策。但是,即便这些人能充分理解理论以及理论的深刻内涵,但不难想象,同一理论在落实过程中,由于现实条件的种种约束,也可选择不同的实现路径,这就是理论联系实际的逻辑。在哲学上,这种逻辑不是绝对的,而是概然性的。

* * *

明代哲学家王阳明(1472—1529)也强调理论联系实际,提出"知行合一"。以"知行合一"的精神来揭开中国改革开放时期经济高速增长之谜,我们必须超越主流经济学传统的经济增长模型,在抽象的理论和具象的现实之间筑建一条双行道。这也是写作本书的用意所在。接下来的问题是采取什么策略、方法和工具。考虑到多数人喜于形象思维(或图像致知),我采取的策略是"由浅入深",而不是"深入浅出",方法是讲

[①] 傅军. 国富之道 [M]. 北京:北京大学出版社,2009.

述真实故事，工具是案例教学。但是，每个故事内部和故事之间都不是孤立的存在，而是具有逻辑关系的，虽然存在张力和争议。就类似交响乐队演奏①交响曲，在各种各样乐器的奏鸣中，流露或隐含着各种摩擦、张力与回响。

然而，隐藏在音乐这一艺术表现形式背后的是严谨的数学思维，是沉淀下来的宁静。②就如在几何中，重要的是点线各部分之间的关系，而不是点线本身。虽然肉眼不可见，数学家追求理想世界的真谛的热情绝不亚于（如果不是胜于）历史学家或社会学家，不同的只是后两者专注更多现实世界。而且，当历史学家和社会学家尝试探究一般规律、构建理想世界时，也会利用简化抽象的方法，并常常诉诸概率和统计工具进行分析。在概率论中，变量和起始状态是已知的，目标是预测最有可能的最终结果；而在统计学中，统计结果是已知的，但造成该结果的原因尚不清楚。

归根到底，一切科学皆需要理论，一切理论皆需抽象，不然就只不过是对现象的描述而已。实证研究和理论推理并行不悖才能形成既现实又有规律的科学理论。我们可以将这种探寻事物发展规律的过程看作一种"思想、物质和数学"之间持续不断的对话。③

---

① 交响乐队一词的词源是热爱和谐之意。
② 关于艺术与数学之间联系的更多讨论，参见 HOFSTADTER D R. Gödel, Escher, Bach: an eternal golden braid[M]. NY: Basic Books, 1979。
③ CHANGEUX J P, CONNES A. Conversations on mind, matter and mathematics [M]. Princeton: Princeton University Press, 1995. 受该书启发，直接援引了该书的书名。

基于上述这些思考，本书就如一部交响曲，主要由六个"乐章"组成。大背景是改革开放、经济增长、中国特色；在逻辑和顺序上，六个乐章前后呼应、彼此相关。

分解来看，每个乐章都有一个主题，一个谜团，一系列事件、组织和人物。在历史舞台上，这些人物身处新旧体制更替之时①，"扮演各自的角色"②。他们所展示的理性，用诺贝尔经济学奖得主赫伯特·亚历山大·西蒙（Herbert Alexander Simon）的话说，是"有限的理性"。所谓"有限的理性"，是指人的行为"即便是有意识地倾向理性，但这种理性的倾向也是有局限的"。③ 这是西蒙的界定，其实还是模糊有余、清晰不足。如果我们必须进一步清晰地说，那么依我之见，人的理性不是给定的，而是制度环境的函数，隐藏在制度中是不同的激励，而要突破制度边界往往需要强大的政治领导力和企业家精神。这也是本书要传达的一个要点。

六个乐章可以作为整体看，也可以独立地看，并作为课堂案例教学的工具。在叙述的程序上，透过现象的迷雾，每个故事都遵循严谨的逻辑，宛如一个数学方程式，并在方程式

---

① 奥利弗·威廉姆森曾特别呼吁对"科层制"及"市场"之间的"混合"进行研究。见 WILLIAMSON O E, OUCHI W G. The markets and hierarchies and visible hand perspectives[M]// VAN DE VEN A H, JOYCE W F(eds). Perspectives on organization design and behavior. New York, NY: John Wiley and Sons, 1981: 347—370。

② 莎士比亚语，原文为"Play the play"。如果用在教学中，这里的每个故事均可作为教学案例，供小组或个体讨论。这样，在不同的制度环境下，"演员"可以身临其境，感受到现实世界并不是真实完美的，而是极其复杂混乱的，而决策必须要在利弊之间做出权衡。

③ SIMON H A. Administrative behavior[M]. 2nd ed. New York: Macmillan, 1961: XXIV.

等号的两边都加上了时间和地点的符号。首先,方程式左边是因变量,这里将提出一个发人深省的"为什么"的问题,亟待答案。由此,寻求答案的剧情便开始了。其中的挑战就如试图完成一张拼图,即在方程式两边的自变量和因变量之间建立事物发展的因果关系,并时不时地看看"R^2"①的大小,就如同做统计分析的多元回归。回归分析总会留下一个不完美的误差项,这本身就意味新的问题,值得我们展开更深入的探讨。②

以下是六个乐章的概要。六个乐章力图从多维度揭示中国经济增长的奥秘,包括工业化、城市化、就业、减贫、医疗卫生、创新、生态、教育等。从教学角度来看,每一个故事都可以作为一个独立的教学案例,也可以把六个乐章综合起来系统地讲解中国发展的故事,时间跨度是中华人民共和国过去70年的历史。

* * *

第一"乐章":**从赤脚医生到乡村医生——中国基层卫生体系。**这个故事讲的是在中国当代历史背景下健康与财富的关系。一般人都认为,一个国家的平均预期寿命与经济发展水平

---

① 其在统计回归分析中一般用来度量数据之间的线性相关性,在 0 与 1 之间,越接近 1,说明相关拟合结果越好。

② 为进一步锻炼思维,每个故事末尾都列举了 10 组问题,并在附录中增加了相关的参考信息。

有着很大的相关性，而且全球的经验数据也总体支撑了这个命题。但是令人十分费解的是，在改革开放之前，虽然中国经济相当落后，但是为什么那时中国的平均预期寿命就已经明显地高于其他发展中国家，而且接近发达国家的水平了（所谓"人口红利"相当显著）？今天，这个重要的事实被忽视了，但其实很值得我们去探究。

从制定公共政策的角度来看，在改革开放之前匮乏的经济资源基础上，中国究竟做对了什么，保证了国民的整体健康水平、进而促进了经济的发展？早期的医疗卫生政策对中国当前的医疗卫生系统，特别是广大农村地区的医疗卫生系统有何影响？解开这些谜题，对我们系统地理解改革开放时期中国经济的快速发展是至关重要的。因为健康不但是衡量发展最为重要的指标之一，而且是人力资本除教育外另一个重要内容，而人力资本是经济增长的重要驱动力之一。

1978年前后，中国80%以上的人口居住在广大的农村地区。在那里，中国是如何用有限的资源来构建农村基层医疗卫生体系并大幅度提高人均预期寿命的？安徽省绩溪县的农村卫生体系发展几乎就是整个中国农村卫生体系发展的缩影，可以说"麻雀虽小，五脏俱全"。为此，我们有必要深入农村基层，考察绩溪县医疗卫生体系，走访那里的"乡村医生"。

历史并不如烟，何能随风飘逝。半个多世纪以来，昔日的"赤脚医生"已变为今日的"乡村医生"。一路走来，他们经历了各种资质培训和考试。这些"乡村医生"常常被称作农民健康的"守护人"或"看门人"，他们一直服务于中国广大的农村地区，是中国农村基层医疗卫生体系的重要基石。从他们身上可以看出，在当时资源极其有限的条件下，中国是如何构建农村基层医疗卫生体系的。世界卫生组织曾赞许中国基层医疗卫生体系是"以最少投入获得了最大健康收益"的"中国模式"，其核心有三个部分：赤脚医生、合作医疗和三级医疗卫生体系。温故知新，半个多世纪后的今天，在中国的广大农村地区，我们依然能看到这个模式雏形的影子，虽然它已经历大幅度的更新。

第二"乐章"：**小岗村　大包干！——中国农村改革的发源地**。安徽省凤阳县小岗村地处中国东部南北方之间的交汇处。四十多年前，小岗村是中国农村改革的发源地。透过小岗村这面镜子，我们可以看到当时中国农村土地制度和产权改革的激荡人心的历史。改革以前，小岗村十分贫穷，村民常常外出要饭。但是，令人又惊又喜的是，1978年冬天的某个晚上，小岗村民在村干部的带领下，偷偷摸摸地签订了一份"大包干"合同。之后，奇迹发生了。小岗村粮食连年大丰收，从此摆脱了饥饿与贫困。

作为一份合同，"大包干"这个葫芦里装的到底是什么药？为何那么灵？它能告诉我们多少有关政治学、经济学、社会学和管理学的基本原理？这些原理在政策制定中能起什么作用？今天是否依然管用，无论是国内，还是国际？

特别需要提醒的是，当时小岗村的村民是冒着"牢狱之灾"的风险在"大包干"的合同上按下一个个红手印。他们显然对面临的风险做好了心理准备。但是，他们压根儿也没有想到,他们所签的"大包干"合同会成为引发中国农村改革的星星之火,对改革中的中国经济发展产生了深远的影响。今天,小岗村这份"大包干"合同已由中国国家博物馆保存。

用官方语言表述,小岗村的"大包干"就是"家庭联产承包责任制"。虽然起初这种做法受到来自意识形态等方面的阻力,但不久就得到政府的批准和鼓励。随后,中国其他地区纷纷效仿。"大包干"大大调动了农民的积极性,提高了农业生产效率,改善了农民生活。更重要的是,它为农村土地产权的改革和劳动力的自由流动奠定了坚实的制度基础。

由此,原先的人民公社体制开始瓦解了,农村巨大的剩余劳动力得以从土地上解放出来了。这种"于无声处听惊雷"的变化,大大提高了生产要素的配置效率,为劳动密集型制造业提供了源源不断的廉价劳力,进而引发了中国工业化和城镇化的连锁反应。放在经济全球化的大背景中,这种连锁反应彰显了中国的比较优势,推动和加速了中国工业化的进程。其中一个重要表现是,在中国广大农村地区,乡镇企业如雨后春笋般迅猛发展起来。

第三"乐章":**乡镇企业与减贫效应——他们是怎么做成的?** 随着"大包干"释放出农村源源不断的剩余劳动力,这一章进一步探讨乡镇企业在农村工业化过程中所发挥的重要作用,包括乡镇企业对中国城镇化进程和脱贫致富所产生的深远影响。一般人认为工业化是发生在城里的事件,但是在中国并非如此。乡镇企业的一个重要特点是"离土不离乡""进厂不进城"。

1987年，在与外宾的一次会谈中，邓小平介绍说："农村改革中，我们完全没有预料到的最大的收获，就是乡镇企业发展起来了，突然冒出搞多种行业，搞商品经济，搞各种小型企业，异军突起。"① 的确，在改革开放时期，中国乡镇企业发展迅猛，如雨后春笋，创造了大量的就业机会，大大增加了中国农民的收入。截至2007年，乡镇企业的工业产值占全国工业产值的比例已超过60%，累计就业达1.5亿人，使至少6.7亿多人口摆脱了贫困。可见，乡镇企业，以及乡镇企业的现代产物——民营中小企业，对于我们系统地理解中国工业化和减贫过程是必不可少的。

　　改革初期，80%以上中国的人口居住在县以下的广大乡村地区。在当时的制度背景下（特别是中国特有的户口制度），乡镇企业是如何从原先人民公社体制下的社办企业中脱胎出来的？中国幅员辽阔，区域差别显著。考虑到路径依赖，各地区乡镇企业的发展模式又有何不同？一路走来，是趋同还是趋异？还有，众所周知，中国的发展战略不是"休克疗法"，而是渐进的过渡，如"价格双轨制"，这在国有企业和乡镇企业的发展过程中起了什么作用？特别的，为何当初很多乡镇企业故意把产权搞得模糊？这对新自由主义经济学又有何启示？需要做何种修正？再有，一路走来，风雨兼程，乡镇企业又在多大程度上偏离（或趋同于）教科书中所说的那种产权清晰、理性的现代企业？

---

① 邓小平.邓小平文选：第三卷[M].北京：人民出版社，1993：238.

在探索这些问题时，我们有必要重新审视中国乡镇企业发展的整个过程，特别包括那些坚韧不拔、脚踏实地、敢为人先的乡镇企业家们，还有伟大的政治家高屋建瓴的视野以及高超的领导艺术。"摸着石头过河""发展就是硬道理"，从他们身上或许我们更能深刻地感悟这两句名言的深意。

第四"乐章"：**春天的故事——深圳奇迹般的崛起**。这章标题取自"春天的故事"这首流行歌曲，歌曲颂扬了改革开放，讲述了为确保中国市场化改革走上正轨，邓小平于1984年和1992年两次访问深圳的故事。作为中国发展战略的一个重要组成部分，深圳经济特区是检验改革开放和市场经济的试验场。如果特区的试验成功，便可在全国范围内进行推广。

探索深圳短短40年崛起的历史——从一个小渔村，到经济特区，再迅速发展成为国际化大都市，代表了全球化背景下解开中国经济增长谜题的又一次尝试。与中国广大农村地区乡镇企业的发展相呼应，这次我们的焦点是城市。

深圳的故事告诉我们，市场不是凭空就会自动产生的，它离不开政府支持市场的政策，特别是提供软硬件基础设施。我们不能忘记在深圳发展的最早期，第一轮基础设施建设是由解放军工程兵建设的。时不我待，只有这样，才能不失时机地抓住跨国产业转移（所谓"飞雁模式"）的窗口期，进而利用好"后发优势"和"区位优势"，同时充分发挥自己的"比较优势"。深圳的故事还告诉我们，在整个发展过程中，特别是在关键时刻，企业家精神和果敢的政治领导力是不可或缺的。显然，经济发展不但涉及经济学，还涉及政治学，这在转型经济中更是如此。深圳的故事还展示了，特别是在企业层面，如何通过有效的"学习""模仿"和"创新"，逐步从"比较优势"过渡到"竞争优势"，这其中包括不停地压平代表全球生产技术台阶的"微笑曲线"以及"产业集群"的作用。无论从理论层面，还是实践层面，这一切都会涉及诺贝尔奖得主罗纳德·科斯（Ronald Coase）的那个经典问题，即从"交易成本"考虑，政府与市场之间的边界究竟划在哪里才最合适？[①] 在这里，回访一下深圳的"土地市场""劳动力市场"和"资本市场"的发展历程，或许极具启示。

以简驭繁，作为深圳案例研究的最后一环，我们提出了一个由四个方程式表述的启发式增长理论，并以此把看似繁杂的经验提升为一般化知识。以知识论而言，检验理论的标准是其简洁性、一致性、精确性、普适性和成果性，当然它还必须经得起经验的检验。在这里，深圳的故事以及其他地区的经验为这个启发式理论提供了广泛的佐证。[②] 借助这个理论再往前看，我们还可以进一步提问：深圳所面临的最大挑战是什么？对整个中国的未来发展又有什么启示？答案是彰显人性，即思想、知识、创新。

[①] COASE R H. The nature of the firm[J]. Economica, 1937, 4（16）：386-405.COASE R H. The problem of social cost[J]. Journal of Law and Economics, 1960, 3: 1-44.

[②] 科学通常会以某种程度的可能性来解决问题。其目的是针对任何特定的想法或观察到的事实获得更充足的信心，并利用科学做出合理判断。但只有极少情况下，人们才能在经验性实例的基础之上完全解决一个问题，无论科学问题还是其他问题。在真实（而不纯粹）的世界中，任何事情都很少具有100%的确定性，而系统不确定度可能来自测量设备本身无法克服的准确性缺乏。

第五"乐章"：**竹子的故事——绿色的增长才可持续**。这个故事反映了在改革开放的大潮流中，中国基层农村的经济、社会发展和生态文明的实践。这里关乎的不仅是经济增长，而且是绿色的经济增长。中国传统文化中，竹子象征简朴优雅、坚韧不拔。无独有偶，英国著名汉学家李约瑟在其《中国的科学与文明》中将中国称为竹子文明的国度。

本章的一开端就提出了一个发人深省的问题：为什么同样是搞"大包干"，在安徽省的小岗村就极大地提高了生产力，而在浙江省的白沙村却反而引发了"自然灾害"？简单的答案是，一个是平原，一个是山区，不能机械照搬；其实，真正的答案一定还要更复杂。但是，无论如何，由此又引发出一系列相关的问题：考虑到自然资源禀赋的不同，如何才能尽快从灾难中得到恢复；更进一步，在不破坏生态环境的前提下，如何识别、选择、发挥潜在的比较优势和竞争优势，开发产品，互通有无，进而实现包容性的、可持续的经济增长？

坐落在竹林之中的白沙村，原来是一个浙江省的贫困小山村，改革初期山上的森林曾遭乱砍滥伐，两度引发了灾难性的泥石流，这使当初的财富化为乌有。但如今，这个山村已变成一个全国著名的生态文明村，森林（包括竹林）覆盖率高达95%，山清水澈，郁郁葱葱，2016年人均收入已达5万元，远远高于全国农村的平均水平。远看近看，白沙村到处呈现出一幕幕人与自然的和谐画面，吸引着众多游客来光顾。

2005年习近平同志提出，"绿水青山就是金山银山"。从某种意义上说，白沙村从灾难中涅槃重生的故事就是一个案例，其中除了奋斗精神，创新思维至关重要。但是，如果你认为新思想或创新思维，就是几个发明家或天才独自想出来的，那就错了。这个故事讲述的是，一群不同性格、不同背景的人，面临不确定的境况，通过合作，把看似不相关的点逐一联系起来，再通过示范，以线扩展到面，从而改变了世界。

通过"生态旅游"，发挥"比较优势"，在白沙村的发展中显然起了关键作用，从商业角度上看，强调"产品异质性"同样重要。此外，白沙村的故事还告诉我们，政府与市场是都会失灵的，关键是两者之间取长补短，在动态中促进经济发展。更重要的是，白沙村的故事表明了，绿色是高质量发展的底色，经济增长不必以破坏生态为代价。今天，中国提出了绿色发展的"双碳"目标，这里不啻是提供了一个"以自然为基础解决方案"的样本。

最后，"鱼乐山房"民宿主人的那句"哲学家的思想是可以卖钱的"，暗示了人们在小康后越来越重视精神生活。这预示了中国经济的未来。

第六"乐章"：**公共卫生与应急管理 —— 从 SARS 说起。** 本章作为结尾，与第一章"健康与财富"的主题形成了一个闭环。随着新冠肺炎疫情在全球范围内的持续肆虐，中国对疾病防控的重视程度提高到前所未有的高度。新冠肺炎疫情这一公共卫生突发事件，对人类健康和全球财富造成了百年来空前的破坏，而且这一态势还在持续。可以看到，突如其来的"黑天鹅"或"灰犀牛"事件，会对一个国家的政治、经济与社会的公共治理带来极大的挑战。因为它会诱发所谓"致命的外部性",所以"国家的作用"是必不可缺的。

同样,SARS(严重急性呼吸综合征)是2003年爆发于中国的一场公共卫生危机。从词源学上讲,中文的"危机"一词是"危险"和"机会"的复合体,哲学上蕴含了危险和机遇并存的辩证思想。本章的中心议题是:不要浪费每一次危机,我们可以从这些公共卫生危机事件中吸取哪些教训?相关的议题包括制度设计和升级、疫情监测、信息透明度、战略储备、诊断、治疗和疫苗研发,以及全球健康治理与国际合作等,因为病毒是不分国界的。

危机爆发时,总是混乱和无序的。为了有助于我们系统地评估整个危机过程,我们采用了分析危机管理的4R工具(Recognition, Readiness, Response, Recovery,即识别、准备、应对和恢复)。我们从SARS爆发入手,再通过与抗击甲型H1N1流感的比较,系统地探究不同阶段各种措施的有效性,目的是从中吸取经验教训,在未来避免或减少重大失误。事实上,我们学习和成长的很大一部分是从错误中学习。

特别值得提醒的是,在全球化时代,时空已经发生了巨大的变化。500年前,像鼠疫这样致命的传染病也许需要很长时间才能传播开来,而现在,有了飞机和高速列车,大面积扩散只需要个把小时。正如习近平总书记常说的,人类是一个休戚与共的命运共同体。我们面临的现实是,任何一个抉择都举足轻重,特别是在人口密度高的特大城市,万万不能粗枝大叶。

以上就是本书所讲的六个故事。历史的车轮推进到今天,在以习近平同志为核心的党中央的坚强领导下,我国一步步实现了经济建设、政治建设、文化建设、社会建设、生态文明建设"五位一体"的全面进步。2021年7月1日，庆祝中国共产党成立100周年大会上，习近平总书记代表党和人民庄严宣告，经过全党全国各族人民持续奋斗，我们实现了第一个百年奋斗目标，在中华大地上全面建成了小康社会，历史性地解决了绝对贫困问题，正在意气风发向着全面建成社会主义现代化强国的第二个百年奋斗目标迈进。在这条道路上，我们仍旧面临艰难的挑战，这需要我们总结发扬历史的经验、运用积累的伟大智慧做好应对。党的十九大把习近平新时代中国特色社会主义思想写入党章，成为今后处理国内国际事务的指导思想，从本书所讲的六个故事中提炼的宝贵经验也反映在其中。读懂这六个故事，会让我们更加了解中国经济增长背后的逻辑和辩证，从而更好地处理发展问题。

* * *

毕达哥拉斯认为"万物皆数"，音乐背后也是数量关系。在哥德尔看来，即便是纯数学也有两组漏洞，是不完备的[1]；

---

① 哥德尔的不完备定理对数学和哲学世界产生了震慑性的影响。它包括两个部分：(1) 任何能够在其中执行一定数量初等算术的一致化形式系统 S，对初等算术的表述都是不完整的——在 S 中存在着既无法证实也无法证伪的表述。(2) 对于任何可在其中执行一定数量初等算术的一致化形式系统 S，S 的一致性无法在 S 本身中得到证明。本质上，哥德尔的不完备定理说的是，任何强大到足以引起任何兴趣的形式系统在本质上要么不够完整，要么不具备一致性。可参见 SMULLYAN R M. Gödel's incompleteness theorems[M]. Oxford: Oxford University Press, 1992。

与纯数学相比，因为现代科学必须基于来自现实世界（而不是理想世界）的经验证据，所以它所得出的结论也必须是概率性的，而不是确定性的①。正如诺贝尔物理学奖得主马克斯·普朗克（Max Planck）所言："科学知识是伴随一个又一个葬礼的举行而前进的。"②

这本书由六个"乐章"组成，旨在揭示中国经济增长的奥秘。如果用于教学，其目的是教授学生如何收集与评估经验数据、判别证据、学会统计、理解概率，并从现有数据中得出推论，同时还要认识到什么时候现有数据并不能完全解决当下的问题。

因此，我们必须保持开放心态。求真之路布满荆棘、漫漫无际，像圆周率 π 一样③，是一个超越的无理数，永无止境。如"天外天、山外山"这句佛语所指，山外还有更高的山，天

---

① 在哲学上，很早以前，柏拉图就在其《理想国》中对理想世界与现实世界有所区别，他用"黑暗的洞穴"作比喻，说洞穴内是现实世界，是"黑暗"的，里面都是影子，是不确定的，需要改进；而洞穴外是完美世界，是永恒的，都是确定的，无需改进。更多论述参见 BAMBROUGH R. New essays on Plato and Aristotle[M]. London: Routledge, 1965。
② 这里的意思是，科学知识是演化的，不是绝对的。从历史上看，随着科学的进步，牛顿的万有引力理论后来让位于爱因斯坦的广义相对论，可即便是广义相对论其底层都会有"漏洞"，或者说是"不够完善"，只是近似而非绝对正确。
③ 关于其证明可以参见 BORWEIN J M, CORLESS R M. Emerging tools for experimental mathematics[J]. The American Mathematical Monthly, 1999, 106(10): 889-909。

外有更美的天。①

人非神也，学习永无止境。

2015年9月，习近平主席在纽约联合国总部向全世界宣布，中国将设立南南合作与发展学院（简称"南南学院"），与发展中国家分享中国发展的经验与知识。2016年4月，南南学院在北京大学成立，由我担任学院学术院长。南南学院所设计的课程是以发展经济学为中心的，但是核心课的内容却远远超越发展经济学的范畴。政策领域的知识至少要涵盖人口与健康、发展与减贫、气候变化与环保，以及教育与创新。在我看来，国家发展，特别是在谈到人类发展议题（经济发展以外的问题）时，人文艺术知识对于阐明人类现状和展望至关重要。秉持理论联系实际的精神，严格通过课堂内的思维训练和互助式案例讨论，再加上课堂外的实地考察，我们希望学员们能为改进现实世界做更好的知识准备，无论是理论性的还是实践性的。正如胡适所言，一个头脑受过训练的人看一件事是用批判和客观的态度，而且也用适当的知识、学问为凭依。他不容许偏见和个人的利益来影响他的判断，左右他的观点。他一直都是好奇的，但是他绝对不会轻易相信人。他并不仓促地下结论，也不轻易地附和他人的意见，他宁愿耽搁一段时间，一直

---

① 对于爱好数学的人来说，这种无穷的境界可以用欧拉那个神奇的公式来表述，即 $e^{i\pi}+1=0$。该公式同时表达出了复杂、简洁、无限、和谐和优雅。由此，欧拉亦被称为数学界"分析神人"。更多请见 WILLIAM DUNHAM. Euler: the master of us all[M]. Washington, D. C.: American Mathematical Society, 1999。

等到他有充分的时间来查事实和证据后,才下结论。①

作为结语,让我引用小罗伯特·卢卡斯(Robert E. Lucas,Jr.)的一句话:"相关的问题对人类福祉的影响不可思议:一旦你开始思考这些问题时,你就很难再去思考其他问题了。"②

当然,对于实践来说,同时也不要忘了与时俱进地规划战略、制定政策、采取行动!

---

① 出自1941年6月胡适在美国普渡大学毕业典礼上的演讲,题为"Intellectual Preparedness"。转引自欧阳哲生. 再读胡适 [M]. 北京:大众文艺出版社,2001: 196。
② LUCAS R E J. On the mechanics of economic development[J]. Journal of Monetary Economics, 1988, 22: 3—42.

1

从赤脚医生到乡村医生
——中国基层卫生体系[①]

一、引子

中国是发展中国家,但是根据国际可比数据,当今中国人口平均预期寿命显著高于大多数发展中国家,并接近发达国家。以 2015 年为例,中国人口平均预期寿命是 76.1 岁;发达国家美国是 78.69 岁;在南亚,柬埔寨是 68.7 岁,尼泊尔是 69.2 岁;在非洲,埃塞俄比亚是 64.8 岁,尼日利亚是 54.5 岁;在西亚,巴基斯坦是 66.4 岁,土库曼斯坦是 66.3 岁;在中东,叙利亚是 64.5 岁。[②]

为什么中国的人口平均预期寿命远超其他发展中国家?

[①] 此故事的写作过程涉及多个环节,包括选题讨论、文献研究、实地考察、采访记录、图表绘制、网络查询、翻译、后勤支持,等等,特别感谢周强、尹建红、张小红、章日武、加布里埃尔·勒纳、佐伊·乔丹、张浩嵩、赵婷等人的参与和协助,以及学生们在学习过程中的讨论和反馈。在实地调研中,当地政府,特别是县、乡、村卫生部门给予了大力支持,在此也表示诚挚的感谢。文后附录供参考,便于大家对中国卫生健康体系有更全面的认识。

[②] 联合国和世界银行公开数据。

常规的说法是，从全球看，人口平均预期寿命与经济发展水平有密切相关性。这种说法似乎与中国的统计数据相吻合。确实，1978 年中国人均 GDP 是 156 美元，到 2018 年达到 9000 多美元；与此相对，中国人口平均预期寿命也不断提高（见图 1）。

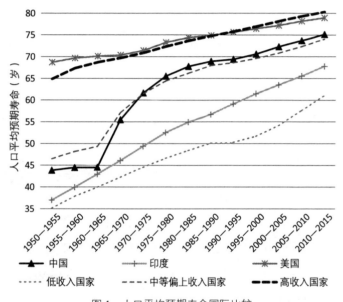

图 1　人口平均预期寿命国际比较

来源：联合国公开数据。

然而，如果我们再看得仔细一点，就会发现情况不那么简单了，一定还有别的因素在起作用。

1978 年，中国人均 GDP 远低于非洲撒哈拉国家，但中国的人口平均预期寿命却远远超出这些国家，包括印度。那时，中国预期寿命就比印度高出约 12 岁，婴儿死亡率比印度低 50% 左右。令人费解的是，1978 年以前，或更具体地说 1965 年到

1978年间，由于"文化大革命"的影响，中国的经济发展基本停滞，但是期间中国的平均预期寿命却大幅提高：从1965年的49.5岁到1978年的65.8岁，提高了近33%。换言之，在1978年改革开放前，从其较高的平均预期寿命与较低的经济发展水平的比较来看，中国人就已经"很"健康了，即以较低的经济发展水平实现了较高的平均预期寿命。

在健康与财富之间，中国发展的路线似乎是先健康、后致富。这种先后顺序对我们理解经济发展的目的具有深刻的意义。诺贝尔经济学奖得主阿玛蒂亚·森曾说过，发展是为了扩大人们选择的过程，其中最重要的选择是人们能够长寿且健康地活着。因此在他看来，健康是衡量发展最重要的维度之一，健康是在扩展人们真正的自由。[1]

话虽如此，但是问题来了，即在经济资源匮乏之日，中国是如何显著地改善国民健康状况，并为改革开放及经济腾飞奠定了坚实基础的？毕竟，人力资本对经济增长至关重要，其中健康和教育[2]是人力资本的重要组成部分。过去的数十年间，在健康与财富良性互动方面，中国的业绩显著。在卫生领域，

---

[1] 刘民权，王曲.中国的健康问题：现实与挑战[J].二十一世纪(香港)，2006(98)：25.

[2] 1982年《中华人民共和国宪法》规定，国家普及初等义务教育。随后在1986年又通过了《中华人民共和国义务教育法》，规定国家实行九年义务教育制度。从全球看，义务教育是伴随着工业革命发展历程的，年限从最早的3—6个月，发展到6—9年。根据联合国教科文组织，到20世纪80年代初，全球约有60个国家或地区实施了义务教育法，各自的义务教育年限大体与当地经济发展水平相关。

特别是在公共卫生领域,充满了外部性,因此离不开国家在其中的作用。在这方面,中国一定是做对了什么,这非常值得我们深入研究。

为此,让我们回顾过去 40 多年及更长的历史,重走中国农村基层医疗卫生体系的发展之路,去看看这个故事的主要角色——赤脚医生。在高峰时期,中国的赤脚医生多达 150 万人。随着光阴荏苒,历史变迁,今天的赤脚医生已经变为乡村医生,但是不论如何称呼,他们一直奋斗在中国农村医疗卫生领域的最基层,在覆盖中国人口 80%(1978 年)的广阔大地上,处处都留有他们的足迹。

二、历史回顾

自然发展是连续的,社会发展亦然。简洁普适的理论在现实世界中应用,必须考虑到时间和空间的复杂性,这涉及制定有效的战略和政策。有鉴于此,我们的故事也应有时间的连续性并分不同阶段。中华人民共和国是 1949 年成立的。我们先回顾一下 1949 年前后的中国医疗卫生状况。

1949 年以前

1949 年以前,中国经济很落后,国民健康水平低下,各种疾病频发,如鼠疫、血吸虫病、霍乱、肺结核、疟疾、天花等。当时的数据残缺不全,但从现有的数据来看,国民健康情况很不乐观。

1900年到1949年间，鼠疫在中国连年发生，每年发病人数1万—4万人，累计死亡人数在100万以上。中国的血吸虫病历史也十分漫长，波及13个省份，患者达1,000多万人。肺结核也很严重，患病率高达4%，死亡率250/10万（每10万名患者中有250人死亡）。霍乱，即便在经济较为发达的大城市上海，就爆发了12次，其中仅1938年就有2,400人死亡。疟疾更是肆虐，特别是在中国南方，每年患病者高达3,000万人，病死率1%。此外还有天花，1939—1949年，全国各地天花患者约有38万人。天花每隔几年就大流行一次，每次都有数以万计的人死于此病。在天花危害严重的地区，流传着"生儿只算生一半，出了天花才算全"的谚语。①

新中国成立前夕，中国人口5.4亿人，卫生技术专业人员50万人，其中大学毕业的高级技术人员3.88万人，卫生技术人员与人口的比率是0.92‰。全国医院总数是2,600所，病床8万张。对于乡下人来说，看病十分困难。中国的"县"是城乡之间的基本行政单位。当时中国人口85%以上是农民，但县级医院只有1,437所，平均每个医院14张病床。

想要了解1949年以前中国基层的医疗困境，不妨去看看北京附近的河北省定县。

20世纪30年代，定县人口40万，人均年收入约15美元。

---

① 数据来源于钱信忠.中国卫生事业发展与决策[M].北京：中国医药科技出版社，1992；黄永昌.中国卫生国情[M].上海：上海医科大学出版社，1994；张怡民.中国卫生五十年历程[M].北京：中医古籍出版社，1999；黄树则、林士笑主编.当代中国的卫生事业（上）[M].北京：中国社会科学出版社，1986。

大多数人除了吃饭,没有剩余的钱支付医药费。全县大约有256家中草药店,行医者446人。但是,县里472个村子中有220个村子连个"江湖医生"都没有。当时县里人口特征是高出生率(40.1‰)、高死亡率(32.1‰),6岁以下儿童主要死因是腹泻和痢疾。①

总之,1949年中华人民共和国成立之前,中国人口的健康状况堪忧,人口处于高死亡率状态,平均预期寿命才35岁,是世界上最低的国家之一。表1显示了20世纪30年代中国与另外三国的人口健康状况差距。健康与经济表现往往互为因果,所以即使到了20世纪60年代中期,中国的人均GDP也只有98美元,仅为中低收入国家158美元的62%,这一点也不奇怪。②

表1 人口健康状况国际比较(20世纪30年代) 单位:‰

	人口死亡率	孕产妇死亡率	婴儿死亡率
中国	30.0	14.0	200
日本	17.7	2.9	118
美国	10.9	6.5	59
瑞士	12.1	4.4	48

来源:薛建吾.乡村医生[M].南京:中正书局,1936。

1949年以后

1949年10月1日,中华人民共和国成立。同年10月19

---

① 杨念群.再造"病人":中西医冲突下的空间政治1832—1985[M].北京:中国人民大学出版社,2006:180—182.
② 薛建吾.乡村医生[M].南京:中正书局,1936:10—15.

日，卫生部宣告成立。李德全出任卫生部部长（1949—1964年在任）。当时，卫生部的任务很艰巨，要在资源极为有限的情况下，迅速改善中国人口，特别是中国农村人口的健康状况。

卫生部的战略重点是抓两件大事：一是集中力量预防流行性疾病和严重威胁母婴生命的疾病；二是整顿卫生队伍，建立农村、工矿和城市的基层卫生组织。作为总体战略部署，中国政府提出了卫生工作的四大方针：面向工农，预防为主，团结中西医，卫生工作与群众运动相结合。①

医学教育是战略的组成部分，在这方面，中国当时总体是以苏联为样板的。顺便一提，李德全早年曾访问过苏联。具体来说，除了6年医学本科教育之外，从学制而言，还增加了2—3年制的专科培训项目，其目的是加快培养初级技术人员，促进县及县以下基层医疗卫生组织的发展。在20世纪50年代早期，全国已有90%的地区建立了县级卫生机构，县卫生院（医院）有2,123所（1947年为1437所）。②

从中国整体的医疗卫生体系来看，县级医院以及相关医疗卫生机构的作用非常关键，因为它们是连接城市大医院和广大农村卫生室的枢纽。这些县级医疗卫生机构不仅提供临床服务，还为基层公共卫生工作提供专业培训和指导，包括疾病预

---

① 人民政协报. 1950年8月第一届全国卫生会议召开，毛泽东题词 [EB/OL]. (2014-03-04) [2021-03-04]. https://www.chinanews.com/cul/2014/03-04/5908291.shtml.

② 黄树则，林士笑. 当代中国的卫生事业（上）[M]. 北京：中国社会科学出版社，1986：43.

防、基本医疗、妇幼保健、健康保健等。

在20世纪50年代初,对于县级以下的基层医疗卫生的发展,当时政府的政策是:鼓励发展多种形式的"联合诊所",即整合分散在乡村的中医、西医私人诊所和药铺。这些"联合诊所"被纳入国家卫生政策的范畴,或许更具有规模优势或集群效应,从而促进基层医疗卫生的发展。

到了20世纪50年代末,随着农村人民公社集体化运动加速,作为制度安排,"联合诊所"变成了集体所有制的公社卫生院。公社卫生院比县级医院低一级。虽然是草创时期,但它们的出现便成了之后几十年中国农村医疗卫生体系的雏形。

时间流转到20世纪60年代初,当时全国共建立了2.4万个公社卫生院。为了给这些公社卫生院配备足够的医疗卫生人员,卫生部总体上延续原有的教育培训政策,但稍作一点调整,即把医学专科学制从原来的2—3年调到了3年。这种调整显然是出于提高教育培训质量的考量。与此相应,部分医学院的学制从5年调到6年或更长时间,如中国医科大学的学制延长到8年。相比50年代,这时的卫生部显然更强调医疗服务的质量。

然而,这种政策安排引发了争议。没过几年,就在广大的中国农村出现了"赤脚医生"。

三、赤脚医生登台

根据1998年的公开数据,中国农村共有超过186万个自然村、近70万个行政村;每个行政村平均规模为250户、1,000

人左右。虽然这个数字不能准确地反映当时的情况，但是不难看出，要在如此庞大的体系内建立医疗卫生网络，是一个巨大的挑战——医务人员从哪里来？

不说别的，到了20世纪60年代中期，中国人口7.3亿，其中农村人口5.9亿。但城乡之间医疗资源分配不平衡的情况很扎眼、很显著。

从统计数据看医疗资源分布

根据卫生部门的官方统计数据，高级卫生技术人员69%在城市，31%在农村，其中县以下只占10%。中级卫生技术人员城市占57%，农村占43%，其中县以下占27%。

全年卫生事业费用9.3亿元，城市6.8亿元，其中公费医疗2.8亿元，占总费用的30%，仅覆盖830万人，而这些人绝大多数在城市里；用于广大农村的只有2.5亿元，占27%，其中县以下的仅占16%。[1] 可以看出，公共医疗卫生支出明显偏向不到20%的城市居民，而不是占全国人口80%以上的农村居民。

在毛泽东主席看来，这种极为不平衡的状态是完全不能接受的。毛泽东是中国共产党的领导人，他领导的中国革命若没有中国农民的支持，是不可能取得胜利的。

---

[1] 1952和1953年，中国中央政府相继颁布实施《政务院关于全国各级人民政府、党派、团体及所属事业单位的国家工作人员实行公费医疗预防的指示》和《中华人民共和国劳动保险条例》，享受这两种福利的人员限于各级人民政府、党派、工青妇等团体、各种工作队以及文化、教育、卫生、经济建设等事业单位的国家工作人员和革命残废军人，厂矿企业职工。

"六·二六"指示,资源再平衡

1965年6月26日,毛泽东主席听完时任卫生部部长钱信忠的工作汇报后,严肃地说:"卫生部的工作只给全国人口的15%工作,而且这15%中主要还是老爷。广大农民得不到医疗,一无医,二无药。""应该把医疗卫生工作的重点放到农村去!""培养一大批'农村也养得起'的医生,由他们来为农民看病服务。"① 这就是历史上著名的"六·二六"指示。

在毛主席看来,医疗卫生工作需要全新的战略。如何破局?毛主席的切入点是改革医学教育。他认为医生要到农村去,要像华佗、李时珍那样在实践中提高医疗本领。②

根据毛主席的指示,卫生部于1964年4月发出了《关于继续加强农村不脱离生产的卫生员、接生员训练工作的意见》,新政策大幅降低了农村医疗服务的准入门槛,大大缩短了农村地区卫生工作者和助产士的培训时间。新政策的相关行政规定很快就下发到各省、市、自治区卫生厅局和当时的41所高等医药院校。其中,规定指出:为了改善和解决农村居民就医的问题,从1965年起,在3—5年内,争取做到每个生产大队都有接生员、每个生产队都有卫生员。③ 生产队比人民公社更深入

---

① 陈立旭. 毛泽东的一次发怒改变中国农村缺医少药的状况 [EB/OL]. (2018-01-23)[2021-03-20]. http://dangshi.people.com.cn/n1/2018/0123/c85037-29780369.html.
② 曹应旺. "这不是懂不懂医的问题,而是思想问题":毛泽东为何提出"我可以当卫生部长" [N]. 北京日报, 2020-04-13 (11).
③ 杨园争. 病有所医,老有所养——中国农村医疗和养老保障制度七十年改革回溯与展望 [J/OL]. 社会发展研究, 2019[2021-03-20]. www.cssn.cn/shx/201907/t20190716_4934402.shtml.

农村基层,或者说更接地气。卫生部门组织的巡回医疗队大规模地下村培训,农村医生在此契机下迅速增加,形成了一支庞大的"赤脚医生"队伍。在1965—1967年的三年间,赤脚医生队伍成员达16万之多。

所谓赤脚医生,就是农村生产大队"半农半医"的卫生员。他们通过短期速成培训,掌握一些初级医疗卫生知识和技能。平时他们在农村生产大队,一面参加农业劳动,一面为社员防病治病。对广大农民来说,他们是医患之间的第一结点。

回过头来看,这一农村医疗卫生的新政策有着深远的影响。我们今天所知的中国农村三级医疗卫生体系即从此起步,并迅速筑成。农村三级医疗卫生体系是指,自上而下的县级医疗卫生机构、公社卫生院和生产队卫生室。

与此同时,中国的高等院校,包括医学院,停止了招生。这个决定是对是错,以后再做评说。事实是,1977年,中国决定改革开放时,所做的第一件事就是恢复高等院校招生。

"赤脚医生第一人"——王桂珍

王桂珍,上海附近川沙县江镇公社大沟村人,被称为"赤脚医生第一人"。1965年,王桂珍被所在公社选派参加了卫生员速成培训班学习,为期4个月。期间,她学习十分刻苦,常常打着手电筒学到深夜,学习成绩因此在班里脱颖而出。学习结束之后,她回到村里,背着药箱走门串户,时不时地在田头给老乡处理些小伤小病。农忙时,她一边参加队里的农业劳动,一边时刻准备出诊。当有老乡叫她给人看病时,她就赶紧洗去脚上的泥土。

赤脚医生由此得名。

很快,王桂珍出了名。她的工作被媒体广泛报道,还被拍成了电影《春苗》在全国放映,一时间家喻户晓。赤脚医生这个名字也传遍大江南北。1974年,作为中国赤脚医生的代表,她出席了第27届世界卫生大会,介绍中国的乡村医疗卫生服务。

赤脚医生都学什么?

《赤脚医生手册》

翻翻《赤脚医生手册》,或许可以一窥全豹。这是一本专为赤脚医生撰写的浅显易懂的教科书。《赤脚医生手册》并没有遵循医学院的解剖学、生理学、生物化学和药理学的标准教学方法,而是非常注重实用和结果。其内容包括常见疾病症状、诊断和治疗(如传染病、寄生虫病、皮肤病、眼口耳鼻喉科疾病)、疾病的预防、中医药治疗、针灸推拿、计划生育、助产,以及妇女儿童疾病和急救等。

根据卫生部制定的标准,赤脚医生应具备的能力或知识包括:

· 实施急救;

- 诊定 20—30 种常见疾病；
- 了解基本常用药物；
- 照料轻伤和小病；
- 使用简单的针灸疗法；
- 教授水和肥料管理方法；
- "除四害"，灭蝇、灭蚊、灭鼠、灭臭虫；[1]
- **在群众中推行"爱国卫生运动"；**
- 报告流行病或疾病预防工作的进展情况。[2]

加强可及性——生产队的卫生室

赤脚医生多了，生产队里的卫生室也多了。其实，这只是同一事物发展的两个方面，彼此分不开。在老乡看来，这意味着看病更便利了。

说到生产队卫生室，不得不提覃祥官，因为覃祥官是在生产队里设立卫生室的第一人。在当时的人民公社体制中，生产大队比公社低一级、比生产队高一级。如果与今天的体系比，生产大队相当于乡镇下的行政村，生产队相当于自然村。

覃祥官曾是湖北省长阳县乐园公社卫生院的医生。为了改善农民看病难的问题，他自愿放弃公社的"铁饭碗"，回到生产大队做一名最基层的赤脚医生。当覃祥官把他的想法告诉大队

---

[1] "四害"在不同地区有一定差异。例如，血吸虫病在某些地区被列为"四害"之一。
[2] 李长明. 农村卫生文件汇编（1951—2000）[G]. 卫生部基层卫生与妇幼保健司，2001：620.

书记时,大队书记很受感动,并答应给他比队干部还高30%的工分。在那时,高工分意味着高收入。

覃祥官在生产大队设卫生室、建立合作医疗的想法得到大队书记和队里其他干部的支持,与村民们讨论后,大家都很赞同。合作医疗的具体办法是:村里从集体公益金中为每人提取5毛钱作为合作医疗基金;村民每人每年交1元钱的合作医疗费;除个别需常年吃药的老人、痼疾患者以外,村民每次看病只要交5分钱的挂号费,吃药免费。

在毛泽东主席"六·二六"指示精神的指导下,1965年8月10日,中国第一个设在生产大队的合作医疗卫生室就这样悄然诞生了。

随后,这种合作医疗模式在其他地方得到推广和普及。到70年代中期,全国上下85%以上的生产大队采用了这种合作医疗模式,极大地提高了医疗卫生的可及性,农村三级医疗卫生体系也因此得到巩固和加强。

在人民公社合作医疗的鼎盛时期,中国农村共有基层卫生人员500多万(其中赤脚医生150万、接生员70万)。这一数字远远超过了当时卫生部拥有的专业卫生技术人员数量,后者为220多万。[1] 那时,公社里每个生产大队平均都有1个卫生室和2—3个赤脚医生。但与其他公社社员一样,赤脚医生是靠挣工分过活。工分制是人民公社制度中极具特色的收入分配制

---

[1] 李长明.农村卫生文件汇编(1951—2000)[G].卫生部基层卫生与妇幼保健司,2001:420.

度,这将在下一个故事中讲到。

通常,赤脚医生背着药箱,在农村为村民们提供初级的医疗卫生服务。药箱里面装有注射器、听诊器、纱布垫和一些药片。村民们常把他们称为农民健康的"守护者"或"看门人"。1974年6月26日,也就是"六·二六"指示九周年之际,为了纪念赤脚医生对基层医疗卫生事业的贡献,当时的邮电部发行了一套四枚《赤脚医生》的邮票,该套邮票展示了赤脚医生的工作场景和人道主义精神。

《赤脚医生》邮票

当时,世界卫生组织赞许中国农村医疗体系是"以最少投入获得了最大健康收益"的中国模式。该模式的核心有三个部分,即赤脚医生、合作医疗、三级医疗卫生体系。

回看过去,经过四十多年改革,中国农村发生了翻天覆地的变化。虽然赤脚医生已成为历史,取而代之的是今天的乡村医生,但是农村三级医疗卫生结构仍然存在,许多赤脚医生或乡村医生继续在中国农村医疗体系中发挥着重要作用。根据官方统计,2016年,中国农村的诊疗次数达到43.3亿人次。[①]

故事说到这里,人们或许会问,这个昔日的体系何以能够支撑今天广大农村对医疗和健康的需求?它在中国整个医

---

① 中国医学科学院《中国医改发展报告》编撰委员会.中国医改发展报告2016[M].北京:中国协和医科大学出版社,2017:45.

疗卫生体系中起到了什么作用？特别是，当时的赤脚医生、今天的乡村医生，在其中都扮演什么角色？毕竟，改革开放了，时代变了，改革开放前中国的城镇化率只有18%，而如今已经高于60%。

要解锁这些问题，我们有必要深入农村基层。在我们搞清楚农村医疗卫生的基础构建和机制后，才更有希望看清全国的整体布局，同时不失个体的复杂性和特殊性。[①] 让我们把镜头的焦距对准安徽省绩溪县，把它作为一个典型的案例来仔细解剖。

四、绩溪县——"麻雀虽小，五脏俱全"

绩溪县位于安徽省南部，县域面积1,126平方公里，人口18万人。绩溪县辖内共有乡镇11个，村（社区）81个。2017年，绩溪县GDP总值67.8亿元，人均GDP 3.87万元；同年安徽省的人均GDP是4.42万元，全国人均GDP是5.97万元。[②]

根据中国人口普查数据，1949年以来，绩溪县居民的人均预期寿命显著提升，从1949年的35岁，提高到1990年的71.28岁。到2000年，绩溪县人口平均预期寿命达到73.93岁，高于全省平均水平2.08岁，高于全国平均2.53岁，高于世界中高收入国家平均水平3.1岁（见表2）。

与此同时，绩溪县孕妇死亡率和婴儿死亡率下降幅度显

---

① 2019年3月，笔者带领的一个调研小组，来到了安徽省绩溪县开展调研。
② 数据来自绩溪县人民政府及国家统计局官网。

著：1956—1966 年，孕妇死亡率是 0.83‰—3.94‰，婴儿死亡率是 13.04‰—34.85‰。1996—2006 年，孕妇死亡率是 0，婴儿死亡率是 7.71‰；同期相比，全国的孕产妇死亡率是 4.11‰—6.39‰，其中城市是 2.48‰—2.92‰，农村是 4.55‰—8.64‰。[1]

表 2　绩溪县平均预期寿命及比较

	绩溪	安徽	中国	世界中高收入国家
1990 年	71.28	69.48	68.55	65.58
2000 年	73.93	71.85	71.40	70.83

来源：安徽省绩溪县血吸虫病防治站.绩溪血防（1952—2012）[G].2012；国家统计局官网；世界银行官网。

可以看出，虽然绩溪县人均 GDP 不算高，但其人口平均预期寿命、孕妇死亡率和婴儿死亡率等健康指标却超过全国和世界中高收入国家平均水平。问题来了，绩溪县是如何以有限的资源，最大限度地提高当地居民健康水平的？绩溪县的案例值得深入剖析。回头看，绩溪县的农村卫生体系发展几乎就是整个中国农村卫生体系发展的缩影，可以说基本处于正态分布的中间段，正所谓"麻雀虽小，五脏俱全"。

绩溪县三级医疗卫生体系

2017 年，绩溪县有 3 个县级医院、11 个乡镇（之前是公社）

---

[1] 数据来自安徽省绩溪县血吸虫病防治站.绩溪血防（1952—2012）[G].2012：149；章明辉.以人为本，做好农村卫生工作——绩溪人均期望寿命５０年增长39 岁[J].中国农村卫生事业管理，2004，24（12）：62。

卫生院；在乡镇以下，有 88 个村级（之前是生产大队）卫生室。此外，县里还有疾病预防控制中心（简称疾病防控中心）和血吸虫病防治站。全县共有病床 536 张，县和乡镇卫生机构的专业卫生人员 1224 人，其中包括医师、助理医师 273 人，注册护士 286 人。①

这些县级医院、乡镇卫生院和村级卫生室共同构成了绩溪县三级医疗卫生体系，它是中国医疗卫生体系最基层的缩影（见图 2）。

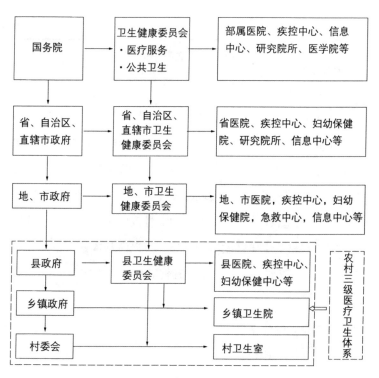

图 2　中国医疗卫生体系及农村三级医疗卫生体系

---

① 陈丽云.绩溪县卫生志（1978—2007）[M].北京：中国文史出版社，2007.

绩溪县三级医疗卫生体系的"龙头"在县城，主要由县人民医院、县中医院、妇幼保健中心、疾病防控中心和血吸虫病防治站组成。让我们一一去看看。

先来看县人民医院。 绩溪县人民医院成立于1949年，是全县医疗服务、健康教育、科研、急救、康复、疾病预防等的中心。县人民医院接收来自乡镇卫生院和村级卫生室的转诊病人，负责指导乡镇卫生院的医疗卫生工作，同时承担基层卫生员的培训和医学院校临床教学工作。

改革开放以来，绩溪县人民医院的实力不断壮大，取得了令人瞩目的发展。1979年，医院有职工137名，床位120张，建筑面积4236平方米。到2019年，医院有职工375人，床位340张，建筑面积18,000平方米；同时，医院还配备了先进的医疗设备，如彩色多普勒超声仪、螺旋CT机、数字X射线成像系统、全自动生化分析仪、多功能麻醉机、呼吸机、动态心电图分析仪、动态血压监测仪、高频电刀和血液透析机等。

县人民医院于2002年设立了120急救中心，购有4辆救护车，配备专业医护人员10名，24小时值班。到2008年，急救中心已累计接诊1万余人次，医院门诊6.5万余人次，住院近5,000人次，手术达1400余台次。绩溪县人口18万人，对比可见县人民医院及其急救中心的作用之大。

一般而言，中国医院按照规模大小、技术力量强弱、医疗设备的水准高低，共分为三级，每一级中再分甲、乙、丙三级。县级以上的医院一般是三级，床位数在300张以上；县级医院一般是二级医院，床位数在100—300张；一级医院往往是

县级医院医疗服务价格标示

乡镇卫生院,床位数在100张以下。

根据以上分级,绩溪县人民医院属二级甲等医院。

再来看县中医院。绩溪县中医院成立于1984年,前身是一个中医门诊部,1987年改为中医院。绩溪县中医院提供中医、中西医结合的治疗、保健与康复服务。

绩溪县中医院设有针灸、骨科、内科、外科、产科、妇科、儿科、皮肤科和放射科等,配备了CT机、彩色多普勒超声仪、全自动生化分析仪、手术显微镜、康复理疗设备和现代化手术室等。

县中医院建立之初,只有12名员工,建筑面积也只有220平方米。到2019年,县中医院已有180名员工,医院建筑面积扩展到16,000平方米。

除了县人民医院和县中医院,绩溪县还有一个妇幼保健中心,其前身是妇幼保健站。绩溪县妇幼保健站成立于1952年;1982年时妇幼保健站只有12人,办公面积800平方米;到2019年,妇幼保健中心扩展到46人、办公面积4,500平方米。

现在,妇幼保健中心配有B超机、全自动血液分析仪、红外乳腺诊断仪、微量元素测定仪、母亲/胎儿监护仪、心电监护仪等设备。中心针对妇女和儿童提供广泛的服务，如经期保健、婚前保健、围产期保健、产后保健、更年期保健等。中心的工作还包括开展妇科病普查，进行计划生育指导，开展婴幼儿预防接种、新生儿疾病筛查，提供儿童早期综合发展指导等。

此外，全县育龄妇女、孕产妇、6 岁以下儿童等妇幼保健信息资料的统计和分析也在该中心的业务范围之内。

1949 年前，因产妇难产和大出血，母婴死亡率很高。从 1981 年起，绩溪县妇幼保健中心开始指导各公社（之后是乡镇）开展女性围产期保健，包括产前检查、高危孕妇重点监护等。1987 年，全县孕产妇产前检查 2,521 人，产前检查率 89.9%，新法接生率 98.5%，住院分娩率 40%，婴儿死亡率 20‰，孕产妇死亡率近 1‰。之后，孕产妇死亡率数字持续下降，1996 年后连年是 0。[①]

如今孕产妇的健康指标与解放前相比，无疑有巨大的进步。

再看看县疾病预防控制中心。1949 年之后，绩溪县卫生防疫工作由人民医院监管；1956 年后单独设立了卫生防疫站；2006 年，卫生防疫站改称疾病预防控制中心（简称"疾病防控中心"）。现在，县疾病防控中心负责全县流行病调查、突发公共卫生事件的应急处理、免疫规划、预防性健康体检、消毒、病媒生物检测、职业病健康监护等工作。

从 1950 年开始，当时的卫生防疫站就着力建设传染病防疫

---

① 陈丽云主编. 绩溪县卫生志（1978—2007）[M]. 北京：中国文史出版社，2007：69.

网、监测疫情，有计划地布置预防接种；早期工作的重点是预防和控制霍乱、天花、鼠疫，后来是小儿麻痹、麻疹、流脑、百日咳等。1993—2000 年，防疫站接种麻疹疫苗达 148,004 人次，流脑疫苗 79,979 人次，脊髓灰质炎疫苗 90,486 人次。

从 1958 年到 1977 年，防疫站还在全县范围内开展了"两管五改"的群众运动，即管水、管粪、改水井、改厕所、改畜圈、改炉灶、改造环境。每年的 5—10 月，防疫站都定期开展水源、食品、粪便等的监测工作。

1987 年以来，各种疫苗均在冷藏条件下接种，防疫能力得到显著提高。例如，病毒性肝炎发病率已由 1992 年的 392.30/10 万降为 2007 年的 23.33/10 万，降幅为 94%，成绩巨大。

2003 年，非典疫情在中国爆发时，绩溪防疫站迅速做出反应，建立了严密的协调和预防网络，共检查和随访 5,000 余人，全县未发生一例非典病人。①

绩溪县与中国绝大多数农村不同的地方是它曾是血吸虫病的重灾区之一。血吸虫病分布于亚洲、非洲及拉丁美洲，全球约有 5 亿—6 亿人口受到血吸虫病的威胁。该病在中国已有 2,000 多年的历史。1949 年前后，血吸虫病分布在中国 13 个省、市、自治区，严重威胁着国民健康。绩溪县也曾是中国血吸虫病的重灾区之一，但在解放前，中国没有血吸虫病防治机构。解放后，毛泽东主席发出"一定要消灭血吸虫病"的号召，亲自领导和部署工作，防治工作很快取得重大进展。

---

① 数据来自对当地卫生工作者的访谈。

绩溪县血吸虫病防治站（简称血防站）始建于1952年，当时附设在县人民医院。建站之初，人员不到30人，但很快就发展到88人。在最严重的受灾地区，每个公社或乡镇有2至3名工作人员。1999年起，血防站的服务范围从以防治血吸虫病为重点，扩展到对艾滋病、性传播疾病、寄生虫病和地方病的预防。2002年，血防站办公面积共1,700平方米，总投资130万元。

根据绩溪县血防站的统计数字，1953年，辖区内居民血吸虫病感染率为23.33%，感染人数2.67万人；1978年，居民感染率下降到1.52%，感染人数465人。1993年，两个可比数字均清零。同年，绩溪县通过了消灭血吸虫病传播阻断国家评审，荣获"全国血吸虫病防治先进集体"的称号。[1]

当地卫生官员强调，绩溪县在血吸虫病防治方面取得成功，离不开中国最高层领导人的关怀，比如毛主席的高度重视；离不开各方的大力支持，包括政府、科学家、国际组织和民众的积极参与和贡献。[2] 例如，1992—1999年，世界银行在绩溪县开展了血吸虫病防治项目，提供贷款98万元人民币，该项目内容包括提供材料、设备、药品和培训，以及提高公众对血吸虫病的认识。[3] 同时，当地政府也为该项目提供了配套资金，其中安徽省配套15.9万元，县财政配套42.2万元。[4]

---

[1] 安徽省绩溪县血吸虫病防治站.绩溪血防（1952—2012）（内部资料）[G]. 2012：117.

[2] 出自采访记录。

[3] 安徽省绩溪县血吸虫病防治站.绩溪血防（1952—2012）[G]. 2012：118.

[4] 陈丽云.绩溪县卫生志（1978—2007）[M]. 北京：中国文史出版社，2007：49.

防治血吸虫病要破除迷信、依靠科学知识。这里要特别提到苏德隆教授,他是中国流行病学的奠基人之一。苏德隆教授1935年毕业于国立上海医学院,随后相继获得美国约翰斯·霍普金斯大学卫生学院硕士学位,以及英国牛津大学博士学位。在绩溪县血吸虫病的防治历程中,苏德隆教授做出巨大贡献,其事迹被铭记于县志之中,民众感恩至今。①

最后再去看看乡镇卫生院。县级之下是乡镇,乡镇之下是行政村。在中国农村三级医疗卫生体系中,如果说县级医院是"龙头",那么乡镇卫生院就是"枢纽",因为乡镇卫生院上接"龙头",下连各个村落的卫生室。

绩溪县各乡镇的卫生院,大多起源于20世纪50年代早期的"联合诊所",在改革开放前叫"公社卫生院",集体所有。乡镇卫生院具有一定的卫生行政职能,包括疫病控制、基本健康服务、卫生政策的宣传和指导等。

1978年,绩溪县共有22个公社卫生院,1984年改称乡镇卫生院,其中4个规模比较大、设备配置比较先进的被称为乡镇中心卫生院,属一级甲等医院。2001年,绩溪县原来的22个乡镇卫生院整合成11个。2003年,全县乡镇卫生院共有192名专业人员,平均每个乡镇卫生院有20名医务人员,平均服务范围覆盖7个行政村、1.6万人口(见表3)。

---

① 安徽省绩溪县血吸虫病防治站.绩溪血防(1952—2012)(内部资料)[G]. 2012:116.

表 3　绩溪县各乡镇卫生院服务范围（2003 年）

乡镇卫生院	服务覆盖面积（平方公里）	行政村数量（个）	服务人口（人）
伏岭镇卫生院*☆	179	12	21,899
板桥头乡卫生院	130	10	14,595
长安镇卫生院*	120	10	22,957
金沙镇卫生院☆	108	5	8,850
临溪镇卫生院	96	5	10,815
家朋乡卫生院*	91	8	12,969
扬溪镇卫生院*☆	89	6	14,067
华阳镇卫生院	87	9	41,757
上庄镇卫生院	84	7	15,484
瀛洲乡卫生院	80	4	9,382
荆州乡卫生院	52	4	7,105
平均值	101.5	7.3	16,353

注：*表示中心卫生院；☆表示调研组实地考察过。
来源：陈丽云.绩溪县卫生志（1978—2007）[M].北京：中国文史出版社，2007.

乡镇卫生院一般设有内科、外科、儿科、口腔科，并配有门诊、病房、手术室、检验室、X 光室、心电图室、中药房、西药房、妇幼保健室等。

从 20 世纪 80 年代中期到 90 年代中期的十年间，在财政和世界银行贷款的帮助下，绩溪县的 11 个乡镇卫生院加强了基础设施建设，添置了医疗设备，增加了床位，并积极开展医务人员的培训工作。这些卫生院普遍配备了 B 超机、X 光机、心电图和生化检验设备等。时过境迁，乡镇卫生院早已结束了单靠

"老三件"（体温计、听诊器、血压计）为民服务的历史。

最后，我们再来看下村卫生室。村卫生室是农村三级医疗卫生体系的基础、最底层或最前哨。村卫生室一般设在行政村一级，行政村相当于改革前公社的生产大队。现在村卫生室一般是集体所有、民间经营、政府补贴。在那里，人们可以见到乡村医生的身影，他们的前身多数是赤脚医生。

村卫生室的功能是为村民提供基本医疗和公共卫生服务，包括常见病、多发病的基本诊疗，康复指导，护理服务，传染病和疑似传染病人的转诊，急救处理和小伤口处置等。村卫生室除了宣传公共卫生政策和提高公众健康意识外，也是农村地区公共卫生数据或信息网络的接入点。

1977年，绩溪县共有生产大队卫生室178个，赤脚医生433人，平均每个生产大队2.43个赤脚医生。1980年，绩溪县实行家庭联产承包责任制后，生产大队卫生室减少到128个。1984年公社改乡镇后，村卫生室的运行改为多种形式办医、自负盈亏经营的模式。与此同时，卫生部门要求赤脚医生需通过专业考试后才能成为乡村医生。由此，乡村医生成为一种新的身份，有了乡村医生执业证书才能在乡镇以下的农村地区合法提供医疗卫生服务。

到1994年，全县共有152个村卫生室，覆盖率为92.7%。到2007年，全县共有88个村卫生室、共计124名乡村医生。

绩溪县医疗卫生网络密度与服务的可及性

又要服务好，又要价格低，又要可及性高，这三项指标是不可能同时达到的,我们可以将其称为"卫生健康不可能三角"。①

在上述内容中,我们大体刻画了农村三级医疗卫生体系的框架,其中县为"龙头"、乡为"枢纽"、村为"基础"。

然而,绩溪县的医疗卫生服务网络的密度和可及性又如何?

先让我们看些相关数据:绩溪县共有 11 个乡镇卫生院,服务 80 个(行政)村,平均每个乡镇卫生院覆盖 7.3 个(行政)村;平均每个(行政)村有 1.1 个村卫生室,每个村卫生室有 1.4 名乡村医生;每个(行政)村平均覆盖面积 14 平方公里,人口 2,240 人,平均 1 名乡村医生服务 1,600 人。②

虽然从数字上看,现在的乡镇卫生院和村卫生室的数量比改革前要少,但是医疗服务的可及性未必就降低了,毕竟道路、通信、物流都大大改善了,更遑论手机和汽车的普及。县人民医院还有 4 辆救护车,24 小时值班,随叫随到。

就医疗卫生服务的可及性而言,赤脚医生起到了什么作用?

统计数字也许可以说明一些问题。1961—1965 年,绩溪县人口的死亡率是 11.8‰,孕产妇死亡率是 2.53‰,婴儿死亡率是 24.77‰;1974—1978 年,可比数字分别降至 6.96‰、0.63‰ 和 19.52‰,降幅十分显著。在当时经济发展还未有可圈可点之

---

① 类似金融理论中的"蒙代尔不可能三角",即诺贝尔经济学奖得主罗伯特·蒙代尔提出,资本自由流动、汇率稳定和货币政策独立三者之中只能同时实现两项,不可能三项同时实现。

② 陈丽云. 绩溪县卫生志(1978—2007)[M]. 北京:中国文史出版社,2007.

处的情况下，赤脚医生必然起到了重要作用。①

可见，绩溪作为中国农村医疗卫生服务的"微型景观"确实称得上麻雀虽小，五脏俱全。这里从赤脚医生到乡村医生的变化，包括乡村卫生室的数量变化，都能大体上折射出全国农村医疗卫生的发展趋势。

回头看，特别值得一提的是，1985年1月25日《人民日报》发表了《不再使用"赤脚医生"名称，巩固发展乡村医生队伍》的文章。与此同时，卫生部颁布相关规定：所有农村卫生人员一律进行考试，考试合格者授予乡村医生执业证书。1985年，全国125万赤脚医生报名参加了考试，大约一半通过。1986年，129万名卫生员参加考试，仅有64万人被授予乡村医生证书。②

从此，中国百万赤脚医生大军转行的转行，退休的退休，继续考试的考试。有的还随着农民工大军一起进城打工，顺便提供廉价的医疗服务，因为很多农民工没有医疗保险。此举虽属非法行医，但大多民不举、官不究，时而有"政府打击非法行医"的报道。其中涉及的问题，可能只有靠时间才能解决了。

根据官方统计，2019年通过专业考试获得乡村医生证书的约有79.2万人，另有5万名卫生员。估计仍有50万老赤脚医生，有的无证执业。2019年，全国共有53.3万个行政村，61.6万个村卫生室。平均而言，每个行政村约有1.5名经认

---

① 绩溪县卫生局内部资料。
② 田孟. 从"赤脚医生"到"乡村医生"的变迁 [J]. 中国乡村发现，2016, 3: 106—112.

证的乡村医生。以上各项全国的平均数与绩溪县的情况基本吻合。

接下来，让我们走近本故事的主角——乡村医生，从地方复杂性的角度来看一看中国农村三级医疗卫生体系的发展，或许他们能提供一个独特的视角。

五、乡村医生

绝大多数乡村医生以前都是赤脚医生。笔者所在的调研小组在对绩溪县进行调研时，特别采访了胡孝明、程国全和舒义新三位乡村医生，他们以前全都是赤脚医生。

通过访谈，倾听村里人的真实声音，这种自下而上的方法，有利于我们更好地看清中国农村医疗卫生工作所取得的成绩和面临的挑战。由此，我们也可以更好地理解改革引发的令大众困惑的各种政策争议——过去的以及正在进行中的。

胡孝明

胡孝明，绩溪县金沙镇黄土坎村人，1944年出生，初中文化水平。1966年，他被生产大队选拔为赤脚医生。如今他已年逾75岁，仍是村里的乡村医生，工作在卫生工作的第一线，继续为村民们提供基础医疗服务。他为人实在、勤奋努力，赢得了许多荣誉，很多村民都把他当成"私人医生"。

黄土坎村新建的柏油马路边，有一个看上去较新的二层小楼，那是胡孝明老先生所在的村卫生室。卫生室门外墙上，一

胡孝明医生

边挂着县卫生局监制的村卫生室牌子,另一边是一块黑板报,用于宣传公共卫生知识。胡孝明介绍说:"路是政府修的,房子是集体的。"

谈到他当赤脚医生的岁月,胡孝明说:"那时,在(20世纪)60年代,村里的大多数人都是小学毕业,初中毕业生很少。我那时比较受重视。我当赤脚医生拿到的工分是最高的,和村干部一样。我每天有10个工分,每工分值8毛钱。一年有330个工(分),可以挣200多元。村里人都很尊重我们。"

卫生室里,靠窗的诊台上放着老式的汞柱血压计、听诊器和体温表,俗称"老三件"。桌上还放着绩溪县脱贫手册、记录病人健康状况的笔记本,以及建档立卡的因病致贫返贫农村贫困人口情况统计表。药房的药架上摆着治疗常见病的西药和中药;发药的窗口旁,有一台电脑和一个算盘;屋里还有一个旧药箱,是过去当赤脚医生时用的。

胡孝明回忆说:"当时的卫生室可不是这样的,那时是在山里头,自家的房子当卫生室。现在的条件好多了。2010年12月,全县启用'一体化'管理,要求记录诊断、处方、费用等信息,包括慢性病。当赤脚医生的时候,生产队有3个卫生员。3个人轮流值班出诊。乡卫生院每年都安排我们去参加培训,每年大概有10天左右。我们一点一点地学。对治不了的病人,我们会把他转到上级医院,避免病情恶化。"

"那时的医药费,生产大队每年给每位社员出1元钱。社员看病每次挂号费是5分钱,这是用来支付卫生室日常开销的,如消毒用的酒精棉球、记录用的纸张等。我们自己也种些中草药,节省一些药费开支。"

20世纪80年代初,村里都实行了家庭联产承包责任制,生产队成为了历史。胡孝明说:"拿到乡村医生证书后,我继续为村民服务。我当时只收1毛钱的问诊费。到了90年代,我改收2毛钱,也算可以,因为那时大家的收入增加了许多。"

2000年后有一段时间,他也曾自己开过诊所。后来村里还是请他回来继续负责村卫生室的工作。"小小的卫生室,我身兼数职,很忙的,既是医生,也是护士,还当收费员、保洁员,还要采购、搬运。"他接着说:"现在是互联网时代,我还学会了使用电脑。我要用电脑输入和查询数据,这已成了我的日常必需的工作。互联网方便,支付、报销简单透明,新合作医疗等信息都在里面。"

我们说着说着,卫生室里就来了一位村里的妇女。胡孝明给她量了血压。这位妇女简单地咨询了几句,就离开了。当问她卫生室的服务如何时,她说:"好,很方便。"胡孝明每年的门诊接待量超过2,000人次。他服务周到,收费合理,在村里非常受欢迎。①

---

① 瞿佳龙."安徽好人"胡孝明:在黄土坑村的一辈子[EB/OL]. (2019-01-22)[2021-03-20]. http://www.ahhszqw.com/forum.php?mod=viewthread&tid=7829&from=portal.

程国全

程国全是绩溪县伏岭镇石川村人,1956年出生,中专毕业。1974年,他还在石川村小学当过民办教师。1967年,他由生产队长和村民代表投票推举,参加了赤脚医生培训,成为一名赤脚医生。程国全工作认真、踏实,获得过县卫生防疫的先进个人荣誉。

石川村位于绩溪县东部,面积8.8平方公里,距县城20公里。石川村卫生室,虽然不大,但布置得井井有条,敞开式的房间里诊室与药房被隔开,里面还有个治疗室。程国全就是这里的坐堂乡村医生。

程国全回忆道:"(20世纪)70年代的时候,村里有1,300人,那时得疟疾的人比较多。有一年,有48个人得了疟疾,我负责给他们治疗。父亲帮我买了两个水壶,我包好48付药,背到背上,每天给病人挨家挨户地送药。那时治疗疟疾的西药主要是奎宁。现在有了青蒿素。青蒿素是中国药学家屠呦呦成功提取出的新型抗疟药物。2011年,屠呦呦因此获得诺贝尔奖。"

程国全医生

"我们这里种两季水稻。那时卫生条件不好,有钩端螺旋体病流行,每年都有50—60个病例。我们赤脚医生是首诊,疑似病例要及时送到乡医院。刚发病时,村民不当回事，我就得做病人的思想工作，陪着他们到公社医院看病、输液。"

"我的工作很关键，如果不及时治疗，可能会要人命的。"程国全说。

他还讲了接生的例子："过去生小孩，都是在自己家里，有'接生婆'用传统的方法接生。后来政府提倡新法接生，要到医院生孩子。我是赤脚医生，就得做表率。我家小孩就是在县医院生的，是剖腹产。70年代末、80年代初，要动手术，都在县医院。我们赤脚医生负责村里的妇幼保健，计算预产期；预产期到了，我就推荐产妇到医院生产；如果马上就要生了，实在来不及去医院，我就帮助接生。"

程国全还讲了一个亲身经历的故事："有一次，在15公里以外的山上，一个村民推三轮车时不慎掉到了山沟里。那时的道路很窄，一边紧贴着山，一边是深山沟。一起干活的村民跑来叫我。我花了两个多小时的时间才匆忙赶到现场。我先把伤员的腿用树枝固定好，免得二次伤害，然后我们把他抬上三轮车，送到县医院。"

"还有一次，是蛇咬伤。有一个农民在玉米地里被蛇咬伤了。得知后，我赶紧给他处理伤口，在田埂上采一种草药先给他敷上，然后让他去专门治疗蛇咬伤的专科医院。"

"此外，赤脚医生还要做好卫生健康的宣传工作。这方面，黑板报很管用。"

程国全接着说："70—80年代，这边还流行过脑膜炎。为了预防，我们煎熬草药，送到每家每户。除了给老乡看病，我

石川村卫生室外的宣传栏

们还要做好卫生宣传和防疫警示工作。例如，许多村民都直接喝井水和河里的水，得痢疾肠炎的比较多。我们要告诉村民不要喝生水，不要把粪便倒入河里。"

程国全的夫人坐在一旁，准备茶水，她说："在村民的眼里，他就是'知识权威'。"程国全自己也打趣地说："现在，我要是离开三天，这个村就要翻了天。我家在黄山景区有个房子，都没怎么去住过。虽然村民可以给我打手机，但若我在村里，他们会觉得更踏实。"

舒义新

舒义新是绩溪县扬溪镇丛山村人，1956年出生，中学读到高一。1976年被村里推荐到乡中心医院学习培训一年多时间。1978年回乡当了赤脚医生。虽然工作了几十年，年纪已不轻，但他学习干劲仍然不减，报考了安徽省芜湖地区卫生学校，并获得了专科证书。

说到当赤脚医生的年头，舒义新记忆犹新："当时，卫生室有三位卫生员，其中有个女卫生员。平常我们两个男的出诊，女的值班。村里妇女生病、生孩子，都会叫她去。"

根据舒义新的说法，除了提供基本医疗服务，赤脚医生还要参与流行病防疫工作,如给村里人打疫苗如种卡介苗,发放小儿麻痹症的糖丸,并接受血防站的指导,配合血防站防治血吸虫病。

"那时交通不便。我们出诊,24小时随叫随到,都是靠走路,有时半夜也要出诊。夜晚走路,没有手电筒,就拿着竹子捆起来的火把照明。70年代,我们没有自行车,那时自行车算是奢侈品。1985年,我才有了自行车,可以骑车巡诊。现在我骑小摩托车了。"舒义新说。

"当时,如果要送重病人到公社卫生院或县医院,只能用竹子做的架子抬着,条件好点儿的村,有两轮平板车推着。公社方圆大约10公里,步行去公社卫生院得个把小时,送县医院更远,送危重病人很困难。现在好了,有了手机和救护车。救护车20—30分钟就可以到村里了。"舒义新说。

20世纪80年代的家庭联产承包制后,卫生室曾停办一年多。"后来,我参加考核,拿到了乡村医生证书,回到村里自己承包了卫生室,继续为村民看病。没了工分,我只能靠自己挣钱了。"他强调说。

"我的出诊费是5—10元,路远的费用高些。打针一次收2元,吊水

作者与舒义新医生
(墙上的自行车是舒义新当赤脚医生出诊时骑的)

一次收 3 元。其他收入得靠药品差价，一般要加 15%—20%。因为是承包，我每年要上缴卫生院管理费 1,200 元。不过这都是过去的事了。"

"这些年来，有了农村新医改，有了新农合，药品都是政府直接采购，不容许有差价了。我们乡村医生的收入主要靠提供公共卫生服务、政府补贴和诊疗费。诊疗费一次 5 元，政府的补贴按管辖地区的人口计算，大概每个人给 20—40 元，不到 50 元。我每年收入包括公共卫生服务、政府补贴和承包服务，大概是 2 万—3 万元。"

卫生室的桌子上放着一摞家庭医生签约合同书。舒先生解释道："这些都是新的收入来源。现在实行家庭医生签约服务，一般有慢性病的（如高血压、糖尿病），还有针对年老的和年幼的，都可以签订家庭医生服务合同。"

舒义新说："我每天都很忙。我很高兴能为村民们做事。现在村里大概 70% 的人都出去打工了，他们是壮劳力，很多人是我看着长大的。他们外出打工，要身体好，不然干不了那份工作。我当乡村医生，工作还是很有意义的。""我很高兴能照顾好我的村民们的健康。"

"乡村医生的收入和福利应该提高。现在的年轻人都不愿意接我们的班，我们越来越老了。"他也表达了自己的担忧。

六、尾声：回顾与展望

深度潜水后，需要再浮出水面，我们看过乡村微观层面后

1 从赤脚医生到乡村医生——中国基层卫生体系

也要再抬头看看全国的宏观层面。再追加一句提醒：从特殊性中找出共性，但不能以偏概全。

让我们回到20世纪70年代末。当时，中国的人均GDP才156美元，但人均预期寿命却达到65.8岁，超过了中等发达国家的水平。与解放前的35岁相比，这无疑是个巨大的飞跃。原因是什么？回头看，这一定与中国农村的三级医疗卫生体系相关。在这个体系中，当时的赤脚医生、今天的乡村医生，都发挥了重要作用。这个体系降低了成本，提高了医疗卫生的可及性。

从时间顺序上看，中国农村的三级医疗卫生体系的发轫可追溯到1965年6月26日，即毛主席做出"六·二六"指示那天。根据该指示，中国政府果断地将卫生工作重心转移到县、乡以下的广大农村地区。这里的关键是什么？之前，政府的政策也以农村为重点，但并没有一直向下深入到村庄。

"六·二六"指示后，情况就不同了。中国成功地建立了一种新的农村医疗卫生模式，包括三个主要成分，即赤脚医生、合作医疗和三级医疗卫生体系。在人民公社鼎盛时期，中国共有150多万名赤脚医生服务于农村的最底层。那时，平均而言，每个生产大队都有2—3名赤脚医生。这种模式的影响很广泛。凑巧的是，曾任卫生部部长的陈竺也曾是赤脚医生大军中的一员。1978年恢复高考后，他考入上海第二医学院；1995年成为中国医学界最年轻的中科院院士，2007年被任命为卫生部部长。

时间到了1984年，卫生部决定停止使用"赤脚医生"这个称谓，并规定凡经过考试合格的，可获得乡村医生执业证书。随后，中国农村医疗卫生体制也随着改革开放大潮发生了变化。

1985年，国务院批转了卫生部《关于卫生工作改革若干政策问题的报告》[①]。这些新政策实际上是将中国医疗卫生的中心地位从"国家主导型"转变为"市场导向型"，进而扩大医疗卫生部门的自主权，"放权让利，放开搞活"。在农村的表现就是乡村医生承包村卫生室，自负盈亏。

到了1992年，国务院下发了《关于深化卫生改革的几点意见》。该文件要求全国上下的医疗卫生部门进一步市场化。根据文件，虽然政府仍有控制医疗服务收费的定价权，但15%药品差价率规则开始变得模糊了。这种模式无疑激发了医疗服务提供者过度医疗和过度处方的强烈动机。

医疗卫生改革成效如何？答案不能一概而论。对医改的争论也从未休止，仁者见仁、智者见智。

从一些统计数字上看，虽然有人认为，政府在医疗卫生方面的投入不足，但是，实际上医疗卫生行业却有了长足的发展。这从数字上有所体现。在全国范围内，1980年卫生机构的数量为18万个，到2000年已增至32万个。与此同时，政府在医疗服务上的支出占比却大幅下降，从1985年的39%下降到2004年的17%。[②]

[①] 卫生部.关于卫生工作改革若干政策问题的报告[J].中国医院管理，1985，8：5—7.
[②] 基于历年《中国卫生统计年鉴》计算。

总的来说，在卫生健康"不可能三角"中市场导向型的医疗卫生改革给患者提供了更多的选择和更好的治疗，现在人们也愿意把更多的钱花在健康上。从数字上看，中国医疗卫生支出占 GDP 的比例还不到 5%，与其他发展中国家的水平相当；但其中药品的支出费用占 GDP 的比例却达到 2%，是世界上最高的国家之一。政策允许"以药养医"，导致了中国的药品与医疗服务之比在世界上最高，约为 45%；相比之下，美国是 15%。①

除此之外还有些问题让人担忧：其一是国有卫生机构在公共卫生中应该起的作用显著下降；其二是医疗卫生行业中存在腐败现象（如行贿和收取回扣）和职业道德问题（如过度医疗、过度处方）。

这些不良现象是否被舆论夸大了，暂且不说。但事实是，个人自付的医疗费用比例上升迅速，从 1985 年的 28% 上升到 2001 年的 60%。"救护车一响，一头猪白养；住上一次院，一年活白干。"这个谚语曾在中国农村广泛流行。

时间到了 2003 年，SARS 在中国爆发。

SARS 的突如其来，充分暴露了中国公共卫生体系的薄弱，尤其是传染病的一线防控简直不堪一击。这方面的工作似乎是在市场化改革的大潮中被严重忽视了。有点自相矛盾的是，市场需要劳动力的自由流动，这在改革中有目共睹，但也正因如此，国家必须参与进来，特别是在公共卫生领域，在应对 SARS

---

① 根据国家医疗保障局估计，2008 年更是高达 50%。

这种传染性强的疫病时。要有效地应对经济学所说的"外部性",尤其是"致命的外部性",答案长话短说就是"赶紧把国家请回来"。

对疾病的防控是公共卫生的问题。要有效地应对这类问题,须由国家出面,依靠国家权力和资源,织牢一张覆盖全国各个村庄的防疫网络。在疾病防控上所花的钱是值得的,也是必需的。痛定思痛,中国从SARS中上了一课。在SARS之后,中国对公共卫生的财政投入显著增加。

到了2009年,中国中央、国务院发布《关于深化医药卫生体制改革的意见》①,被称为中国新医改方案。其中主要包括五个部分:一是加快医疗保障制度建设;二是建立国家基本药物制度;三是健全基层医疗卫生服务体系;四是促进基本公共卫生服务均等化;五是推进公立医院改革试点。

2011年,新型农村合作医疗的受益人数达到13.2亿人次。②由此,中国已构建起世界上规模最大的基本医疗保障网。在农村推行的新型农村合作医疗在当时采取的办法是:平均每人每年的保险费用是410元,其中,农民个人要交90元,其余的320元由各级政府的财政资金补贴。这些基本医疗保障,是20世纪80年代和90年代曾被忽视的一个领域。

所谓基本药物制度是指基本药物的遴选、生产、供应、

---

① 中共中央,国务院. 中共中央 国务院关于深化医药卫生体制改革的意见 [A/OL]. (2009-03-17)[2021-03-04].http://www.gov.cn/gongbao/content/2009/content_1284372.htm.

② 吕致文. 全国医保覆盖人口超过13亿人 [EB/OL]. (2012-07-18)[2021-03-20]. http://www.stats.gov.cn/ztjc/ztfx/grdd/201207/t20120718_59097.html.

使用和医疗保险报销体系。药物采购受国家控制，从每个省开始，然后逐级下沉，一直渗透至村卫生室。从绩溪县的村卫生室看，基本药物销售借由电脑联网，已实行零差率①。

就基本公共卫生服务均等化而言，中国政府向城乡全体居民提供一个免费包，内容包括建立城乡居民健康档案，健康教育，预防接种，0—6岁儿童健康管理，孕产妇健康管理，老年人健康管理，高血压和Ⅱ型糖尿病等慢性病患者健康管理，重性精神疾病患者管理，传染病及突发公共卫生事件报告和处理服务等。

这里的关键点是，尽管国家有责任提供公共产品，但这并不一定意味着国家机构的干部或工作人员必须直接参与提供公共产品；反而，公共产品服务可以外包给非国有或私营部门来进行。事实上，在绩溪县、与公共卫生相关的工作正是由乡村医生来做的。乡村医生是农村的私人医生，他们的工作受集体所有制乡镇卫生院的指导和监督，之上还有公有制的县医院。由此可见，农村三级医疗卫生体系中的乡村医生的工作模式类似政府和社会资本合作模式（Public-Private Partnership，PPP），这种版本极具中国特色。

由此看来，从赤脚医生到乡村医生，中国农村医疗体系的发展路径可以说更体现了贝叶斯主义，而不是帕累托主义的战略。毕竟人的理性不是绝对的，而是与环境互动的。

中国今天走到了哪里？

---

① 零差率销售是指医疗机构在销售药品时，按实际进价销售，不再加价。

2016年8月,全国卫生与健康大会召开,习近平总书记在会上从战略和全局高度对建设健康中国作了深刻阐述,他强调没有全民健康,就没有全面小康,要把人民健康放在优先发展的战略地位。① 同年10月,中共中央、国务院又印发了《"健康中国2030"规划纲要》。自此,中国的卫生健康管理开始向三个方向同时迈进,即全生命周期管理、全人群健康管理和全社会健康管理。

根据卫生健康委的公开数据,2019年,中国村卫生室人员数量为144.6万人,其中:乡村医生占村卫生室人员总数的54.77%,执业(助理)医师占村卫生室人员总数的30.1%,注册护士占村卫生室人员总数的11.6%,卫生员占村卫生室人员总数的3.46%。② 这些数字表明,医疗卫生领域专业资格新政正在取得成效,乡村医生业务水平正在提升。对于无(助理)医师以上资格的乡村医生,每5年需更新一次执业许可证。这意味着,提高中国农村医疗卫生准入水平,已是大势所趋。

毕竟,现在时代不同了。改革开放前,城镇化率低于18%,而现在已经超过60%。过去是注重数量,现在更需要注重质量。

根据医学领域顶级期刊《柳叶刀》(*The Lancet*),质量和可及性是衡量一个国家医疗卫生体系的两个关键指标。在该杂

---

① 新华社. 全国卫生与健康大会19日至20日在京召开[EB/OL]. (2016-08-20)[2021-07-10]. http://www.gov.cn/guowuyuan/2016/08/20/content_5101024.htm.
② 中国医学科学院. 中国医改发展报告2016[M]. 北京:中国协和医科大学出版社,2016:45.

志研究的195个国家和地区中,中国该指标的排名1995年和2005年分别排名第110和60位。而到2016年,中国排名上升至第48位。① 根据国际货币基金组织的数据,2015年,中国人均GDP排名第74位。可见,中国的医疗卫生工作发展领先于经济表现。

最后再说一点虽超出本文重点但却与之相关的话题。中国的县级医院处于城乡医疗体系的交汇点。根据2009年国务院出台的"新医改方案",新一轮城市中国有医院改革试点,县级医院也参与其中。改革试点将涉及一些最棘手的根源问题,如看起来过高的药品与服务之比(药品与服务之比在中国高达45%,而美国为15%)。

相关的问题错综复杂,涉及"四医"的关系,即医生、医院、医保、医药。但归根结底都离不开一个问题,即国家和市场之间,界线到底应该划在哪里。

就问题的本质而言,正是因为科斯于1937年提出了这个问题,而不是找到了最终的答案,他于1991年获得了诺贝尔经济学奖。今天,全球各国的学者和政策制定者依然在上下求索。

---

① THE LANCET. Global healthcare access and quality improved from 2000-2016[EB/OL]. (2008-05-23)[2021-03-20]. https://new.eurekalert.org/pub_releases/2018-05/tl-tlg052118.php.

思考题：

1. 有人认为，中国的工业化道路是"先健康，后致富"，你是否同意这种说法？我们需要什么经验证据来对其进行检验？

2. 既然人是社会属性，那么人的健康在多大程度上是"私人产品"或"公共产品"？你认为国家和市场之间的界限应该划在哪里？外部性和信息不对称问题在医疗卫生领域有哪些独特的体现？

3. 从所有制角度看，中国农村三级医疗卫生体系有哪些独特之处？农村实行了家庭联产承包责任制以后，三级医疗体系发生了什么变化？哪些变了，哪些没变？

4. 卫生健康的"不可能三角"是什么？对政策制定者意味着什么挑战？1965年，毛泽东主席对卫生工作提出了批评，你同意他的批评吗？为什么？大幅降低医疗服务准入是会带来风险的，你如何评估这一风险？如何使用好政策工具平衡？

5. 在高峰期，平均每个行政村有2—3名赤脚医生，你如何解释赤脚医生队伍的迅速壮大？是因为服务他人的激情，还是政策背后微观基础在发生作用？无论哪种解释，请提供证据。

6. 绩溪县是中国农村医疗卫生体系的缩影。通过深度考察，包括与乡村医生的访谈，在疾病防控以及降低妇婴死亡率方面，他们的哪些做法值得学习？降低妇婴死亡率对提高人口平均预期寿命很重要。有人认为，中国农村的医疗卫生体系是投入最少、收益最大的范例，你是否同意这一观点？

7. 根据国家卫生健康委员会的统计，截止到2019年年底，乡村医生为79.2万人，与150万赤脚医生相比规模下降很多。

在农村卫生人员减少的背景下，你如何解释中国人口平均预期寿命的持续上升？

8. 将1992年《关于深化卫生改革的几点意见》和2009年《关于深化医药卫生体制改革的意见》两个政策文件的要点进行对比，你对这些政策有何评价？尤其是对农村医疗和新兴的PPP模式在提供公共卫生服务方面起了什么作用？

9. 从变化中看，赤脚医生或乡村医生的收入来源是什么？这些变化是如何反映农村医疗卫生体系的投融资变化的？今天，中国药品费用占医疗服务的比例看起来相当高，这与中国的医疗卫生政策有什么关系？

10. 在有效学习发展理论，制定发展战略，以及推出配套的发展政策方面，中国农村医疗卫生体系发展的哪些方面值得借鉴与学习？

补充阅读材料：

BLUMENTHAL D, HSIAO W. Privatization and its discontents: the evolving Chinese health care system[J]. New England Journal of Medicine, 2005, 353: 1165—1170.

HSIAO W. What is a health system? Why should we care? [R/OL]. (2003-08)[2021-04-16]. https://www.fpzg.unizg.hr/_download/repository/Hsiao2003.pdf.

SEN A. Development as freedom[M]. New York: Alfred Knopf, 1999.

附录1 各级医院入住率情况（2005—2013）

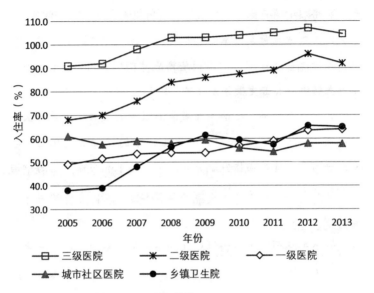

来源：根据卫生健康部门的公开数据编制。

1 从赤脚医生到乡村医生——中国基层卫生体系　047

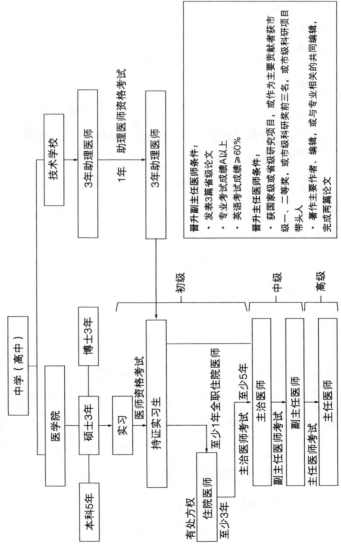

附录2　中国医生职业阶梯概况

来源：作者根据了解的普遍情况编制，具体到各培养单位、医院，都有自己的要求。

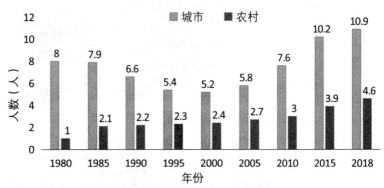

附录3 中国每千人卫生技术人员数（1980—2018）

来源：根据卫生健康部门公开数据编制。

附录4　每千人医生数比较（2014—2017）

国家	年份			
	2014	2015	2016	2017
阿尔巴尼亚	—	—	1.20	—
巴西	—	—	—	2.15
中国	1.70	1.79	—	—
厄瓜多尔	—	2.07	2.05	—
埃及	0.79	0.81	0.81	0.79
埃塞俄比亚	—	—	—	0.10
印度	0.73	—	0.76	0.78
日本	2.34	—	2.41	—
肯尼亚	0.20	—	—	—
墨西哥	2.14	2.25	2.25	—
尼泊尔	0.60	—	—	0.65
尼日利亚	—	—	—	—
阿曼	2.18	2.12	2.02	1.97
巴基斯坦	0.81	0.98	—	—
塞内加尔	—	0.20	0.07	—
南非	0.75	0.78	0.80	0.91
塔吉克斯坦	1.70	—	—	—
坦桑尼亚	0.04	—	—	—
乌克兰	3.01	—	—	—
英国	2.78	2.78	2.80	2.81
美国	2.58	2.59	2.59	—
越南	0.78	0.79	0.82	—

来源：世界银行（医生包括全科医生和专科医生）。

2

小岗村　大包干！
——中国农村改革的发源地[①]

一、引子

小岗村位于中国安徽省滁州市凤阳县小溪河镇。

1978年以前,小岗村是凤阳县有名的贫困村,粮食产量低下,常年靠政府救济,村民口粮总不够吃。年景不好时,只好外出要饭,他们一边乞讨,一边唱着花鼓戏:"说凤阳,道凤阳……自从出了个朱皇上,十年倒有九年荒……"

但是,在20世纪70年代末,小岗村却发生了惊人的变化。1979年,村里的粮食产量达到66,000公斤,相当于过去5年粮食产量的总和;人均年收入从22元一下子提高到400元,是

---

① 此故事的写作过程涉及多个环节,包括选题讨论、文献研究、实地考察、采访记录、图表绘制、网络查询、翻译、后勤支持等,特别感谢周强、尹建红、张小红、郭志辉、林源、加布里埃尔·勒纳、佐伊·乔丹、朱良、赵婷等人的参与和协助,以及学生们参与研讨并给予有益的反馈。2018—2019年,我两次带领调研小组,走访小岗村的村民和村干部,包括在"大包干"合同上按下红手印的18位村民中的4位。感谢当地政府提供的安排和帮助。文后附录供参考,便于大家对当时中国农业发展情况有更全面了解。

一年前的18倍。一时间,原来的"讨饭村"一跃成了"冒尖户"。①小岗村从贫困中迅速崛起,原因究竟是什么?

当时,中国有300多万个大大小小的类似小岗的自然村②,全国农村普遍处于贫困之中。小岗村却点燃了中国农村改革之火,进而推动了国家政策的改变,拉开了中国经济在之后四十年中迅猛发展的序幕。

小岗村,故事小,道理深。

它涉及贫困和财富的政治逻辑与经济逻辑。

通过这个故事,我们可以深入实际探索中国改革早期突破性的成功经验,并领悟产权这个关键的概念——它并不是单维的,而是由拥有权、使用权、剩余索取权等多维组成。从政策制定的角度,我们可以领略的是,在现实生活中与经济发展微观基础相适应的制度调整,为什么看似简单却又如此艰难;同时,如果政策得以成功调整,又能激发出何等的生产力。我们还可以更好地领略,在经济发展中,国家和市场到底应该起什么作用,以及行动、勇气、领导力和企业家精神到底意味着什么。看来,改变现实世界需要的不仅仅是思想清晰,还有执行能力。

---

① 王耕今等.乡村三十年:凤阳农村社会经济发展实录(1949—1983年)[M].北京:农村读物出版社,1989:366—402.

② 陈杰.10年减少90万个自然村:中国传统村落"正在拨打120"[N].人民日报,2013-06-05(12).

二、历史背景

1949 年,小岗村有 24 户人家,130 多口人,500 余亩耕地,犁耙等农具 10 张。全村只有五六个人读过几天私塾,其他村民都不识字。

1949 年以前,中国农村近一半的土地由地主拥有,农民虽是个体耕作,但要交的地租很高,常常是收获的 50%。难怪引发了革命。

在 20 世纪 50 年代初期,为了加快社会主义建设,中国政府开展了农村合作化运动,鼓励农民成立"互助组",组里可以分享生产资料,包括农具和牲畜。一个互助组一般由几户人家组成。刚开始互助组还比较自愿,后来行政色彩越来越浓,并把互助组逐步升级搞集体化,从生产小队到生产大队,最后到人民公社,换一种说法是从"互助组"到"初级社"到"高级社"再到"人民公社"。

从合作化到集体化是一个飞跃,因为前者生产资料还可以个人所有,而后者生产资料全部归集体所有了。

人民公社

人民公社始于 1958 年夏天,是农村合作社集体化的最高形式。当时,毛泽东主席视察并认可了河南省的一个实验公社,该公社废除了农户自留地,开辟了集体食堂。自那之后,全国性的人民公社运动开始。

从 1958 年 8 月第一个人民公社诞生到 11 月这短短的 3 个

月里，人民公社迅速在全国普及，加入人民公社的农户达到1.27亿户，占农户总数的99%。到1958年年末，全国建立了2.5万个人民公社，每个公社平均有5,000个农户、10,000个人和10,000亩地。为了增加集体的收入，除了农业生产，人民公社"社办企业"还从事一些轻工业产品的生产和建筑工程项目。①

作为中国地方政府管理农村的一个环节，人民公社是基层三级行政单位的最高一级，下面依次是生产大队和生产队，即所谓"三级所有，队为基础"，并以此把土地变成了"集体所有"（包括宅基地）。小岗村就是凤阳县梨园公社严岗大队下的一个生产队。

人民公社的显著特征是平均主义。根据老村民回忆，在鼎盛时期，公社是一个"一大二公"的组织，公社的管理"军事化"，生产"战斗化"，生活"集体化"。公社除了提供最基础的教育和基本医疗服务外，还开设小卖部，社员可以在那里购买鞋袜、毛巾、肥皂

70年代的小岗村②

---

① 世界银行.1983年世界发展报告[M].北京：中国财政经济出版社，1983：148—149.
② 汪强摄，图片来自金像奖获得者汪强作品《小岗大路越走越宽》[EB/OL]. (2018-11-24) [2021-07-25]. http://www.360doc.com/content/18/1124/12/21574872_796903330.shtml.

和火柴等日用品。许多公社社员平时都是集体居住,大家在集体食堂吃饭,男女分开,夫妻只允许在周日见面。

1958年秋,小岗村加入人民公社后,村里的集体土地、牲畜、林木、农具、农作物,还有社员的自留地、家庭副业等,统统上交公社。据不完全统计,那时小溪河人民公社所属的9个生产大队,共有如下资源:土地9,224亩、机器9台、农具711件、劳力2022人、耕畜400头、烤烟116,050公斤、粮食383,000公斤、资金201770元等。①

在人民公社时期,小岗村的村民过着"三靠"生活,即"吃粮靠返销、用钱靠救济、生产靠贷款"。人民公社体制强调个人服从集体,小集体服从大集体。例如,为了搞"万头养猪场",公社将社员家中的猪、鸡、鸭等全部集中起来。当时,严宏昌——小岗村改革带头人——年仅10岁,就在猪场喂猪。

"大跃进"

与此同时,中国经历的另一场社会经济运动是"大跃进"(1958—1962)。从1958年开始,中国试图通过加快工业化进程,快速实现从农业社会向社会主义社会的过渡。"大跃进"的一个焦点是钢铁产量。"十五年内,赶英超美"是当时流行的口号。

可以说,在社会主义建设总路线的指引下,建立人民公社是为了促进"大跃进"。"总路线""大跃进""人民公社"在当

---

① 王耕今等.乡村三十年:凤阳农村社会经济发展实录(1949—1983年)[M].北京:农村读物出版社,1989:179.

时被称为"三面红旗",也可以说,这是当时国家发展的总体战略。当时,中国计划经济的决策者希望利用农村大量劳动力来加快工业化进程,具体的政策是通过工农业"剪刀差"和"统购统销"制度,将国民经济的天平向工业倾斜。

例如,为了加快工业生产,在中央计划的指令下,当时几百万人转成了国有职工。仅在1958年,非农业岗位就增加了2,100万人。为了满足工业需求,虽然农业增长并没有加快,但中央计划部门还是加大了粮食征购。在1958年,粮食征购目标增长了22%,而实际农业产量仅增长了2.5%。[1]

由此,大量粮食从农村运往城市,大量劳动力从农业部门转向钢铁生产,这导致了农业生产的大幅下降。基于统计部门官方数据,1958年中国粮食总产量是2亿吨,1959年是1.7亿吨,1960年是1.43亿吨,到1961年是1.47亿吨。但是相对应的,政府粮食征购比例反而上升,1958年是25%,1959年是37%,1960年是32%,1961年才又回落到24%。[2]

为了实现不切实际的产量和指标,公社社员大搞"小高炉"来生产钢铁。在炼钢高峰时,凤阳县有63,000人奔赴炼钢第一线。[3] 为了燃料,他们大肆砍伐树林,造成环境破坏。为了原料,他们从农户家里拿来锅碗瓢盆和废铜烂铁。结果是,生产

---

[1] 林毅夫,蔡昉,李周著.中国的奇迹:发展战略与经济改革[M].上海:上海三联书店,上海人民出版社,1994:第2章,第5节.

[2] 国家统计局综合司.全国各省、自治区、直辖市历史统计资料汇编(1949—1989)[M].北京:中国统计出版社,1990.

[3] 王耕今等.乡村三十年:凤阳农村社会经济发展实录(1949—1983年)[M].北京:农村读物出版社,1989:166.

出来的并不是钢铁,而是没有多少经济价值的低质铁块。

忽视了农业生产,饥饿便接踵而至,接下来就是1959—1961年三年严重困难时期。小岗村减员近一半,农业生产力随人口骤降。根据村里老人回忆,整个凤阳县情况亦是如此。

1960年,凤阳全县粮食总产量降到4,753万公斤,比1949年的4,991.4万公斤还低5%。1961年,全县29万人,比1957年的38万减少了9万人。①

在许多凤阳县老人的记忆中,20世纪50年代到1962年,生活得非常艰难。②

"文化大革命"

农业生产水平低下的情况一直延续了十几年,其间中国经历了十年"文化大革命"(1966—1976)。这十年期间,农村工作中的"左"倾错误导致了过于强调意识形态,把不同性质的问题都认为阶级斗争或者是阶级斗争在党内的反映。对工业、农业等重要问题有正确认识的邓小平被打成了"走资本主义道路的当权派",并一度被撤销在党内外的一切职务。③"文化大革命"结束后,"左"倾错误终被纠正,1977年,邓小平回到了领导岗位。

---

① 陈怀仁,夏玉润.起源:凤阳大包干实录[M].合肥:黄山书社,1998:2—3.
② 王耕今等.乡村三十年:凤阳农村社会经济发展实录(1949—1983年)[M].农村读物出版社,1989:148.
③ 在"大跃进"后,60年代初,刘少奇和邓小平与周恩来、陈云等中央领导协同一致、密切配合、共同推动了国民经济调整工作。

三、改革前的穷困

从数据中可以看出凤阳县当时有多穷：

据《乡村三十年：凤阳农村社会经济发展实录（1949—1983年）》一书记载，1956年到1978年的23年中，凤阳县共向国家交售粮食4.8亿公斤，国家返销给凤阳的粮食达6.7亿公斤。同时国家还给凤阳拨发救济粮食2.05亿公斤、救济款2,838万元。凤阳所用国家贷款、无偿投资、预购定金、救灾款等共达16,426万元。① 表1显示了小岗村的粮食生产情况。

表1 小岗村粮食状况（1966—1976）

年份	人口（人）	全年自产粮（公斤）	供应粮供应时间（月）	供应粮（公斤）
1966	103	11,000	7	7,500
1967	103	15,000	7	7,500
1968	105	10,000	7	7,500
1969	107	20,000	3	4,000
1970	107	17,500	5	7,500
1971	101	17,000	5	7,500
1972	101	14,500	7	10,000
1973	109	17,000	5	7,500
1974	109	14,500	6	10,000
1975	111	14,500	10	12,500
1976	111	17,500	5	7,500

来源：小岗村大包干纪念馆。

---

① 王耕今等. 乡村三十年：凤阳农村社会经济发展实录（1949—1983年）[M]. 北京：农村读物出版社，1989：372.

早在 1793 年，英国马戛尔尼使团访华时，马戛尔尼一路见到丰茂的农田，赞叹道："一路上，我见到中国农民辛劳耕作，田尽其用，或种粮食，或种蔬菜，中国人一定是世界上最好的农民"。①

但是，将近二百年过去了，疑问还萦绕在人们心中："世界上最好的农民"为什么还饿着肚子？

现任国务院总理李克强在"文化大革命"期间曾是"插队"凤阳县农村的一名知青。在"上山下乡"运动中，城市里初中学历以上的知识青年被派到农村务农，以减轻当时的城市就业压力。

李克强总理曾回忆："当年我在安徽凤阳插队，当过生产队的'头儿'，也当过大队支部书记。""我每天起得很早、睡得很晚，生产队每个人的生产任务，这个人插秧、那个人挑担子，都安排得无一遗漏。"但即便是这样，村里人还是吃不饱。他回忆说，在生产队缺粮严重的时候，他甚至需要拿大队的公章，给村里的妇女儿童开"逃春荒"的证明。②

一般来说，在凤阳县，每年秋收后农民的口粮可以撑到年底，政府的救济会从来年元月开始下发。但是小岗村不一样，太穷！基本上每年 11 月入冬就要靠政府救济，一直到来年夏收。每家农户有一个"粮本"，粗粮细粮加一起，每人每天政府提供八两粮食。在小岗村，无论老少，农忙后大多要出门讨饭。

---

① 张芝联. 中英通使二百周年学术讨论会论文集 [M]. 北京：中国社会科学出版社，1996.

② 李克强. 代表委员建议要件件有回应 [EB/OL]. (2014-03-12)[2021-04-19]. http://politics.people.com.cn/n/2014/0312/c1024-24613890.html.

生活困难时期在田里拾荒的孩子①

根据时任凤阳县委书记陈庭元回忆:"1978年大年初三,从临淮关火车站到凤阳县共18里路。一路上,我不时看到三五成群的人在要饭,心里很难过。凤阳县有近110万亩地,为什么县里40万农民却吃不饱饭?"②

其实,穷的不光是凤阳。1977年的安徽,全省28万多个生产队,只有10%能勉强维持温饱。

1978年,大旱。大旱加剧了小岗村的贫穷。时任小岗生产队长严俊昌在我们的访谈中回忆:"我那时30多岁,那些年从来都没有吃过饱饭。当上队长也没让村里人吃过饱饭。实在没法儿,就找村里的老人商量,怎么解决吃饭问题。"

工分制

工分制,源于20世纪50年代早期的农业互助组,之后在初级合作社、高级合作社和人民公社期间被广泛应用。社员每天的劳动都按工分计算,到了年底,再根据集体的收成和

---

① 图片来自小岗村的丰收路 [N]. 光明日报, 2018-09-23(08).
② 王耕今等. 乡村三十年:凤阳农村社会经济发展实录 (1949—1983年) [M]. 北京:农村读物出版社, 1989:372.

个人的工分数统筹分配。村里的老人告诉严俊昌,根据他们的经验,工分制导致出工不出力,是贫困的根本原因。

那工分是如何计算的呢?工分制是根据年龄、性别、体力、技术,评定出劳动力一天应得的工分数。例如,一个十二三岁的小男孩给村里放牛,每天可得2个工分,以这个日工分标准,记录他一年的劳动工分总数。工分的价值,会因计算单位不同(如生产小队、生产大队、人民公社)而不同,单位级别越高,其结果就越"平均"。

因为农业生产性质特殊,在现实中很难对每个人的劳动质量和数量做出准确的评估,而且监督成本也很高。所以,工分制只是个大概评估,因为不准,便深深影响了人的劳动积极性。

当时,就小岗村而言,一天最高的工分是10分。在好的年份,年终可折成5毛到1块钱;遇到不好的年份,可能也就只有5分到1毛钱。满18岁的年轻壮劳力,理论上一天可以得到10个工分。但实际上,工分是事先定好了的,不是事后评估确定的。而事先还是事后,是一个很关键的问题。

如此结果便是,村民们往往出工不出力,因为多干少干差不多。用他们的话说,这个制度"纵容了偷懒耍滑的人"。小岗村流传这样的顺口溜:"迟出工,早下工,到了队里磨洋工,反正记的一样工。"①

可见,工分制缺乏激励机制,有时甚至适得其反。

---

① 安徽小岗村之变:从填饱肚子到鼓起腰包 [EB/OL]. (2018-01-17)[2021-04-19]. http://m.people.cn/n4/2018/0117/c1265-10411961.html.

举一个例子,有一次公社无偿分配给小岗村的化肥,后来被发现在播种时根本没用。还发生过将耕牛宰了吃的事情,队里的耕牛死了、犁耙坏了,谁也不在乎。

看起来,一个恶性循环正在形成。

集体福利随着收成的下降而下降,大家干活没有积极性,有的干脆放弃了集体劳动。当初是想利用农业剩余来支持和加速工业化进程,而结果显然与初衷背道而驰——小岗村需要国家的救济越来越多!

四、改革蓄势

在小岗村里,村干部职位经常轮换。"文化大革命"时期尤其如此,但是上面派的工作队,每次总是首先抓一通阶级斗争,支持一部分人'整'另一部分人。[①]民兵排长、妇女主任、指导员、文书与计工员等职位,几乎每户都轮流当过。但是,相对而言,队长、副队长与会计这三个关键岗位的人员比较固定。

领导班子

1978年10月,小岗村秋收刚完,又到了"算盘响、换队长"的时候。梨园人民公社对小岗生产队的领导班子作了调整:任

---

① 王耕今等.乡村三十年:凤阳农村社会经济发展实录(1949—1983年)[M].北京:农村读物出版社,1989:400.

命严俊昌为生产队长，严宏昌为副队长，严立学为会计。

严俊昌，出生于1940年，其父亲是严家齐。严俊昌是一位饱经风霜、耿直、淳厚而又不

严宏昌、严俊昌、严立学（从左至右）（1979年）①

肯折腰的汉子。在"大跃进"前，他曾读过几年小学；1962年，担任过小岗生产队的副队长，不久又当上了队长；1976年，严俊昌因为无法带领社员们走出困境，自认有愧，引咎辞职。

严宏昌，当年29岁，父亲是严家太。严宏昌排行老大，有三弟三妹。由于家境时好时坏，严宏昌断断续续地读了几年书，高中时被迫辍学。1970年，严宏昌刚开始参加队里劳动时，由于人际关系不好，每天只能得7个工分。为了挣钱养活自己，他常外出在建筑工地打工，见过一些世面。1977年的时候，他一个月可以挣200块钱。1978年秋，他在县城的轧花厂打工，后被梨园公社召回，请其出任小岗生产队的副队长。

严立学，1941年出生，其父是严国昌。严立学会记账，被村民认为是知识分子。1957年，严立学到凤阳临淮中学读书，1960年转至林场半工半读，后来想再回到临淮中学继续就读，

---

① 汪强摄，图片来自赵征南. 小岗村：40年，老金子家与改革开放同行 [N/OL]. 文汇报，2018-10-14[2021-07-10]. http://dzb.whb.cn/images/2018/10/4/41014.pdf.

未成。1961年,严立学返乡后,相继当过小岗、大严、小严三个生产队的会计;1964年,担任小岗生产队队长。在此后的十多年里,一直是小岗生产队领导班子成员。

初期试错

对于饥饿,严俊昌有着痛彻心扉的记忆。实行"大包干"前,整个村的粮食年产量在15,000公斤左右,年景不好时,每人一年还不到100公斤的粮食。严宏昌回忆:"根本不够吃。饿急了,树皮、野菜、葫芦秧什么的,能吃的,村民们都煮煮吃了。"

说到贫困的原因,一些老村民说:"我们都是庄稼人,种了一辈子地了。看着这些庄稼地荒着,心里很难受。当初曾叫过'责任田'或'救命田'。种地人不交公粮,还常年吃国家救济,实在不好意思。说实话,我们知道如何多种粮食,只是'政策'不允许啊!"[1]

新班子上台,似乎有新的动作。的确,他们开始在"责任田"上做文章。但回头看,当初的尝试没有什么突破,还是停留在老框架内,没有从人民公社的工分制中转出来。

1978年秋收后,公社允许小岗生产队分为两个小组,实行"包干到组"。但是,组刚分好没多久,相互之间就起了争执。因为,工分仍是事先定好的,这样即便生产队分成两个小组,

---

[1] 王耕今等.乡村三十年:凤阳农村社会经济发展实录(1949—1983年)[M].北京:农村读物出版社,1989:400.

激励作用也不大。有人提出,劳动应该与所得更好地挂钩。

新班子成员琢磨着:"如果将组再分得更小些,是不是效果会更好些呢?"但是,他们自己没权改变这个局面。于是,他们就去向公社时任党委书记张明楼请示。张明楼在农村工作了几十年,知道农民生活的困苦。他也了解小岗村的困难,工作做起来实属不易,也很难缠。所以,这回他破了个例。

随后,小岗生产队被分成了4个组。但是没过多久,问题又来了。组分得越小,在计工出勤上,谁吃亏、谁占便宜,大家都看得清清楚楚,矛盾就更明显、更直接。原来是社员之间"捣",现在甚至到了兄弟们之间"闹"。

由于不好意思再去找张明楼,严俊昌、严宏昌、严立学三位小队干部瞒着公社领导,偷偷地开了个会,决定把全队分成8个小组,每个小组尽量在邻居之间、兄弟之间、父子之间搭配好关系。他们琢磨着,这样或许就能促进情感与合作。

但即便这样,也无济于事。

对于村民而言,他们在人民公社制度下劳动生活了几十年,他们对这套体系没有什么好感。长期的贫困与饥饿,使他们自顾不暇。更糟的是,"文化大革命"时期意识形态极端,那时大兴以"阶级斗争"为纲,使得"根连枝结、唇齿相依"的亲人们都有可能成为"势不两立"的敌对者。

总之,组虽然分小了,村民之间还是矛盾重重。由于缺乏信任与合作,他们各自打着小算盘,心不能往一处使,经常互相抱怨、捣鬼、逃避责任,甚至拆台。

经验与创新

副队长严宏昌年轻好胜,他深知,像这样干下去,小岗村根本没有希望。他在外面打过工,见过世面,想来点新招。

当时村里最年长的属关庭珠。一天晚上,严宏昌来到关庭珠家,请教如何搞好生产。关庭珠说:"1962年搞'责任田',管用。要想不吵不闹,只有一家一户分开,单干。就怕政府不准干,你们村干部也不敢干。"[1]

村里的老人一定还记得,20世纪50年代末,那些想退社搞单干的干部曾被捆起来拉到乡里开了批斗会。在60年代初,时任安徽省委书记曾希圣,因为支持推广"责任田"被免职。

关庭珠老人所说的"责任田"是指"大跃进"后三年生活困难时期,政府允许农民临时搞的"定户到田,责任到人"的田间管理责任制,实质上就是"包产到户"。在生活困难最严重的时期,很多地方,包括小岗村都实施过"包产到户"。

如前所述,上了年纪的人把"包产到户"叫作"责任田"或"救命田"。"责任田"政策的核心就是把田地和产量配额包给农户,这种责任制与中国传统的农耕传统习惯类似,以每家每户为一个生产单位。

但是,"责任田"在当时为一大禁忌,因为它不符合人民公社的社会主义集体经济原则。在"文化大革命"时期,"责任田"

---

[1] 郑明武. 希望田野:小岗村包产到户与中国改革开放起步 [M]. 长春:吉林出版集团,2011:第2章.

被贴上了走"资本主义道路"的政治标签。其实在"文化大革命"前,"责任田"就曾被当作"修正主义"或"走回头路"而遭过批判。

然而,尽管在生活困难时期,为了恢复生产,不少地方临时搞了"责任田";但在政府高层,对该政策的争议从未停止过。那时,安徽省有80%的村庄实施了"责任田",甘肃省临夏地区达74%,浙江省兴昌县、四川省江北县达70%,全国平均数字大约是20%。

1961年11月,中共中央发出了《关于在农村进行社会主义教育的指示》(以下简称《指示》)。《指示》中说:"目前在个别地方出现的包产到户和一些变相单干的做法,都是不符合社会主义集体经济原则的,因此也是不正确的。"①

邓子恢,时任中共中央农村工作部部长,对此持有不同意见。1962年,在《关于农村问题的报告》中,邓子恢认为分配中的平均主义和经营管理中的混乱,是造成农业生产力下降的两个重要原因。要调动社会的积极性,克服平均主义,必须有严格的生产责任制。

同年7月,时任国务院副总理的邓小平在谈到"包产到户"问题、如何恢复生产时,他引用了刘伯承经常用的一句谚语:"黄猫、黑猫,只要捉住老鼠就是好猫。"②

---

① 中共中央文献研究室.建国以来重要文献选编:第十四册[M].合肥:中央文献出版社,1997:767.
② 后来被传为"不管黑猫白猫,捉到老鼠就是好猫",为世界熟知。参见邓小平.邓小平文选:第一卷[M].北京:人民出版社,1994:323。

时任国家副主席刘少奇也因为支持包产到户受到了毛泽东的批评。毛泽东还提醒他们:"千万不要忘记阶级斗争。"①

随后,中央政治局错误地对"责任田"和"单干风"进行了批判。后来包产到户的政策争议被上升成为资本主义和社会主义之间的一场意识形态的阶级斗争。②

随着"左"倾错误的发展与蔓延,刘少奇、邓小平、邓子恢在"文化大革命"中都遭到打压,被撤销了领导职位,其中,刘少奇和邓子恢在"文化大革命"中去世。

五、冒着风险的改革

是继续饿肚子,还是冒风险找出路?搞不好这会是个生死抉择。严俊昌、严宏昌、严立学面临两难。到底怎么办?严宏昌找严俊昌和严立学碰头商量,不料他俩也早就问过村里的老人。三人不谋而合地认为:出路是单干。

严宏昌对严俊昌说:"俺小哥,你家人多,这个头我来带。我们开个社员大会,大家如果同意,就分田到户。"就这么定了。

冬夜密会

严立华有两间茅草房,是平时村民们聚会的地点。1978年11月24日夜晚,一次秘密会议就在那里召开。

---

① 陈怀仁、夏玉润. 起源:凤阳大包干实录 [M]. 合肥:黄山书社,1998:13.
② 罗平汉. 农村人民公社史 [M]. 北京:人民出版社,2016.

严立华当时 33 岁。三年困难时期,他死里逃生原本的六口之家只剩他一个孤儿。严立华把他家茅草屋用来开秘密会议,可能会招来不测。但他也没多想,用他自己的话就是"反正这条命也是捡来的"。

那是一个初冬的夜晚,茅草屋里闪耀着煤油灯幽暗的灯光,大家吸着烟,阵阵烟雾腾起。除严立华外,小岗村其他 20 户人家,来了 18 个户主。关友德、严国昌两家缺席,因为他们在外讨饭。

事先,严俊昌、严宏昌和严立学已碰过头,他们决定搞"大包干"。

严宏昌先开口:"今天把大家找来开个会,主要是想听大家说说,怎样才能不吵架,把生产搞上去。"

老村民严家芝说:"要想不吵闹,要想吃饱饭,看来只有一家一户单干。"

关庭珠接着说:"刚解放时,都是单干。那时候大家都和和气气,家家都有余粮。单干能成,只是政府不允许。"

……

大家你一言,我一语,讨论热烈。

"为什么不单干,如果单干再干不好,只能怪自己。"

"如果同意单干,保证不给你们队干部添半点麻烦。"

"既然大家都想单干,我们当村干部的也不装孬。"

……

最后,严宏昌站了起来,他说,"看来只好单干了。但是,事先我们需要定个规矩:一,我们分田到户,谁也不能说出去,谁说出去,谁不是人;二,每年到了交公粮的时候,该是国家交国家,该是集体给集体,到时不能装孬种,也不要让村干部上门催。大家如果同意,我们村干部就同意单干。"

在当时,分田到户单干是有政治风险的。为此,村干部建议写个东西,"落字为证",这样谁也不能事后赖账。大家签字,不会写字的就按个手印。

"同意,我们同意按手印。"大家回应道。

严家芝在一旁插话:"但是,万一被上头发现了,弄不好村干部要蹲班房。他们家里的老小怎么办?"

一阵沉寂。

老村民严家齐打破了沉寂:"万一走漏风声,如果有人要坐牢,我们大家负责把他们家的活全包下来干,把他们的小孩养到18岁。"

"好!就这么定!"大家异口同声。[1]

"大包干"上的红手印

讨论结束,行动开始。

小岗村村民的文化水平都不高,相比之下,副队长严宏昌受过的教育程度高些。他起草了一份79字的文书,村民们称之为"大包干",其中还有3个错别字。敢作敢为,他把自己的名字签在了最前面。

---

[1] 这部分的对话内容基于我们的实地访谈,以及陈怀仁,夏玉润.起源:凤阳大包干实录[M].合肥:安徽黄山书社,1998.

就这样,小岗村的 18 名户主,加上严立华,根本没有征求家里人的意见,就定下了"大包干"的规定。要点如下:

一,夏秋两季收成后,该上交国家的交国家,该交集体的交集体,剩下粮食属自己。

二,"明组暗户",谁也不能说出去。

三,如果有村干部因此坐牢,大家负责包干他家的活,并把小孩养到 18 岁。

写完"大包干",小岗村那天参会的户主都发誓保证遵守,并一一按了红手印。

就在这个寒冷的夜里,小岗村民压根儿没有想过这份"大包干"的历史意义。但不经意间,他们却点燃了中国农村改革的星星之火。本来名不见经传的小岗村也由此在中国改革的大浪潮中留下了举足轻重的脚印。

这张按有红手印的文书,后被中国革命历史博物馆[①]收藏,收藏号是:GB54563。

我们不妨再仔细地读读这份红手印的契约。这里的

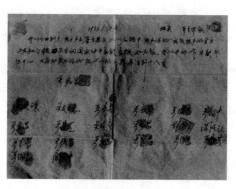

大包干契约上的红手印

[①] 2003 年,中国革命历史博物馆与中国革命博物馆合并,在此基础上成立了今天的中国国家博物馆。

关键是,村民变成了扣除各项份额后的剩余索取人,由此有效地克服了监督和计量农业劳动的困难。

六、一石激起千层浪

虽然当时的官方政策并没有允许,但是"大包干"后,小岗的农民干活特别卖力,他们每天出工早、收工晚。以前出了名的懒惰一扫而尽。什么原因?

俗话说,世上没有不透风的墙。

周边公社里谣言四起,说小岗村搞"明组暗户",分田单干。这引发了上级的关注,公社来人开始调查了。

政治逻辑还是经济逻辑?

公社书记张明楼来调查了。起初严俊昌、严宏昌矢口否认。又过了几天后,小道消息又传到了公社。张明楼进一步"明察暗访"后,变得很生气:

"你们胆子也太大了,要逮人,先逮你俩。这还不够,连我这个公社书记也要受牵连。共产党的政策你们懂吗?这叫单干!"

"小岗太穷了,我们只想多点粮食,有碗饭吃。"严俊昌回答。

"你们种多少粮食并不重要,重要的是不能搞单干。如果你们粮食不够,国家可以救济。我理解你们的难处,你们也要理解我的难处。这样吧,你们先回去把分开的拢起来。"书记下了命令。

对小岗村搞"大包干"一事,其实当时上面领导的意见并不完全一致。

陈庭元当时是凤阳县委书记,他似乎更理解小岗的做法。因此,他并没有明令禁止,而是采取了"不制止、不宣传、不推广"的办法。① 对小岗而言,他这种"睁一只眼、闭一只眼"的态度,实际上是救了他们。

开花结果

汗水很快结出果实。1979 年,小岗共生产了 66,185 公斤粮食,相当于 1966 年至 1970 年 5 年粮食产量总和;以及 17.6 万公斤油料作物,相当于前 20 年的油料总产量;还向国家上交了 12,497.5 公斤的粮食、12,466.5 公斤的花生和芝麻。小岗村还破天荒地第一次偿还国家贷款 800 元。②

这年,小岗村人均收入高达 400 元,是 1978 年的 18 倍。全村还有 35 头猪可供出售,储备粮 500 多公斤,余额 150 元。唯一没有向国家交足的是棉花。村民感到内疚,并保证"明年一定补齐"。③

大丰收的消息传开后,别的生产队也要求向小岗看齐。他们说:"同是一个政府领导,为什么小岗能干,我们不能

---

① 贾鸿彬. 小岗村 40 年 [M]. 南京:江苏凤凰文艺出版社,2018:24—27.
② 贾鸿彬. 小岗村 40 年 [M]. 南京:江苏凤凰文艺出版社,2018:24—27.
③ 陆子修. 风起小岗村——回望农村改革 30 年 [EB/OL]. (2008-10-30) .[2020-01-10]. http://znzg.xynu.edu.cn/a/2017/07/11235.html.

1979年小岗生产队第一次大丰收①

干?"于是乎,他们也开始效仿小岗村,有的开始"承包到户",有的开始"明组暗户",开始搞"大包干"。

实践先于政策

说到官方政策,其实在1979年的大部分时间,"包产到户""分田单干"仍是中国农业政策的"禁区"。例如,1979年1月下发的中央4号文件、4月下发的中央31号文件,以及9月通过的《关于加快农业发展若干问题的决定》,都明令禁止。

可以说,改变官方政策和启动农村改革的举措似乎是自下而上,而不是自上而下的。但无论方向如何,关键是要取得成果。

与之相关的,1978年5月11日,《光明日报》发表《实践是检验真理的唯一标准》的文章,引发了一场关于真理标准问题的大讨论。同年12月,党的十一届三中全会召开。此次会议具有划时代的意义,它纠正了"文化大革命"时期的"左"倾错误,把工作重心转移到经济建设上来,发出了改革开放总号令。

---

① 图片来自郭晨. 小岗村的丰收路 [N/OL]. 光明日报, 2018-09-23[2021-07-10]. https://epaper.gmw.cn/gmrb/html/2018-09/23/nw.D110000gmrb_20180923_2-08.htm.

但是，即便如此，十一届三中全会也并没有明文宣布"包产到户"合法，而实际情况是正好相反，一年后的十一届四中全会的文件中还留有"不要包产到户"的字样。

显然，政策滞后于实践。

1979年11月，时任安徽滁县地委书记王郁昭得知小岗生产队获得丰收后，来到小岗考察。看到稻草成堆、粮食满囤，他对严宏昌说："要是全国农民都能像小岗这样干，国家就一定能生产更多的粮食！"接着他又说："陈庭元书记是对的。他允许你们干一年（大包干），我们地委允许你们干三年。"①

两个月后，1980年1月，在王郁昭和陈庭元的陪同下，时任安徽省委书记万里来到了小岗村。②

万里一行在严宏昌家开起了座谈会。万里问："你们讲讲，什么样的生产责任制最好。"村民们说："包干到户最好。"接着，他们把小岗一年来取得的成绩向万里做了汇报。

万里问严俊昌："你这个村干部说说'大包干'前后有什么不同。"

严俊昌告诉万里："'大包干'以前，大家干活不卖力，我怎么打铃吹哨子都不管用。'大包干'后就不一样了，我不用催，大家都早出晚归，有些人天不亮就出工了。"

万里说："这样干，情况一定会变好。我支持，只怕没人敢。你们敢干，我支持你们。地委批准你们干三年，我让你们

---

① 陆子修.风起小岗村——回望农村改革30年[EB/OL].(2008-10-30).[2020-01-10]. http://znzg.xynu.edu.cn/a/2017/07/11235.html.

② 以下对话根据与严俊昌的访谈内容构建。

干五年。只要对国家有利、对集体有利，能改善人民生活，就是好事。"

当时，中央还没有下达明确政策，万里的来访，无疑对先行于政策的实践是巨大的鼓励。

的确，万里的讲话，很快传遍了梨园人民公社，传遍了凤阳县的各个地方。各地开始纷纷效仿小岗村的"大包干"做法，从"包产到组"到"包产到户"，小岗村的实践很快得到普及。有些地方，每当遇到公社干部阻止时，社员们就以理争取："万里是省委书记，他同意小岗的做法。同一个政府，你们为什么不同意？"①

中央政策的制定

时间虽然已到了1980年春天，但是从全国形势来看，小岗村进行的家庭联产承包责任制还是存在很大阻力。例如，1980年1月份，国家农业委员会在北京召开的全国农村人民公社经营管理会议上，多数领导干部还是坚持已有的中央文件规定。换言之，家庭联产承包责任制仍是被禁止的。

会后，在国家农业委员会主办的《农村工作通讯》上，《分田单干必须纠正》和《包产到户是否坚持了公有制和按劳分配》两篇文章对小岗村的实践进行了强烈的抨击，指责小岗村是"挖社会主义墙脚"。

---

① 这部分的对话内容基于：张广友. 风云万里 [M]. 北京：新华出版社，2007；陈怀仁，夏玉润. 起源：凤阳大包干实录 [M]. 合肥：黄山书社，1998；以及笔者团队的实地访谈。

然而，柳暗花明。1980年，杜润生作为农业委员会副主任主管国家的农业工作。他在中央决策层内部转发了一份"家庭联产责任制"的报告，并加上了自己对其所下的正面评论。

关键时刻，还是中国改革开放总设计师邓小平发话了。1980年5月31日，他在《关于农村政策问题》的讲话中肯定了家庭联产承包责任制的做法。他指出："农村政策放宽以后，一些适宜搞包产到户的地方搞了包产到户，效果很好，变化很快……'凤阳花鼓'中唱的那个凤阳县，绝大多数生产队搞了大包干，也是一年翻身，改变面貌。有的同志担心，这样搞会不会影响集体经济。我看这种担心是不必要的。"①邓小平还特别强调指出："从当地具体条件和群众意愿出发，这一点很重要。"②

万里作为时任安徽省委书记，他认为当时邓小平的首肯很关键。他说："总之，中国农业的改革，没有邓小平的支持是搞不成的。安徽燃起的包产到户之火，还可能被扑灭。"③

随后，1980年9月，中共中央印发了《关于进一步加强和完善农业生产责任制的几个问题》的通知。④该通知指出，可以"包产到户"，也可以"包干到户"。从此，"大包干"终于成了一个全国性的官方政策。

与该通知相辅相成，1982年的中央"一号文件"肯定了"包

---

① 邓小平. 邓小平文选：第二卷 [M]. 北京：人民出版社，1994：315。
② 邓小平. 邓小平文选：第二卷 [M]. 北京：人民出版社，1994：316。
③ 陈怀仁，夏玉润. 起源：凤阳大包干实录 [M]. 合肥：黄山书社，1998：322。
④ 中共中央印发《关于进一步加强和完善农业生产责任制的几个问题》的通知 [EB/OL]. （1980-09-27）[2021-04-19]. http://www.ce.cn/xwzx/gnsz/szyw/200706/13/t20070613_11735658.shtml?ivk_sa=1023197a。

产到户""包干到户""包田到户"在内的各种生产责任制都是社会主义集体经济的责任制。此后,中共中央连续五年在每年1月发布和"三农"相关的"一号文件",旨在稳定家庭联产承包责任制,不断解决遇到的新问题。

20世纪80年代初期,小岗村和其他几个试点的成功经验迅速在全国范围得到了普及。原来效率低下的公社集体合作制开始瓦解。由此,中国迈出了走向生机勃勃市场经济改革最关键的一步。

我们不妨归纳一下要点。"大包干"或官方语言中的"家庭联产承包责任制",分为三个部分:包工、包产、包地,到户(不是到组)。关于包地,虽然土地所有权仍属于国家或集体,但家庭联产承包责任制赋予了农民不同程度的自主经营权和剩余索取权,显然这种制度层面微观激励的调整更适应经济的发展。

回头看改革开放,中国经济迅猛发展得益于资源配置效率的提高,以及充分发挥了低价劳动力的比较优势,这些都与当时在农村实行家庭联产承包责任制是分不开的。这些先于官方政策、闪烁着企业家精神的基层实践,后来得到了高层官方的认可,并为以后中国的工业化进程奠定了制度基础。

七、家庭联产承包责任制的效果

小岗村的故事显示,改革前中国的农业体制不但缺乏激励,而且监督成本很高。国家从农村获取剩余价值来加速工业化进程,不但得不到广大农民的广泛支持,有时甚至是适得其反。

20世纪70年代末到80年代初,中国农民自发以家庭联产承包责任制的方式,突破政策限制,最终得到了政府的许可,由此促进了制度的变迁。与人民公社制度有所不同,家庭联产承包责任制有效地解决了监督成本的问题,赋予农民一定程度的经营自主权和所有权,更好地激励了农民促进农村经济,从而大大提高了生产力。

到1980年,"大包干"已得到了官方默认。那时,小岗村又一次创造了惊人的成绩:年产粮食111,000万公斤,比1979年增长了67%。1982年发布的改革开放后第一个中央1号文件肯定了"大包干"的做法。到1983年年末,人民公社制度基本瓦解,取而代之的是乡镇政府。至此,全国农村实行家庭联产承包责任制的生产队达到99%,其中实行小岗村大包干制的占生产队总数的98%。

家庭联产承包责任制对农业增长的效果是直接的、巨大的。如表2所示,农业绩效方面,从1952年到1978年,中国农业平均增长率只有2.9%,农作物的平均增长率是2.5%,粮食(谷物)的平均增长率是2.4%,而同期中国人口的平均增长率大约是2%,也就是说,粮食增长只比人口增长快0.4%。这意味着,在这30年的时间里,中国人民的生活基本没有得到改善。但是,从1978到1984年,实行家庭联产承包责任制后,农业增长率达到7.7%,增长了将近5个百分点,是1949年以来农业增长最快的时期。

表2 改革前后的农业增长率　　　　　　单位：%

指标	年份		
	1952—1978	1978—1984	1984—1987
农业	2.9	7.7	4.1
农作物	2.5	5.9	1.4
粮食	2.4	4.8	−0.2
人口	2.0	1.3	1.5

来源：历年《中国统计年鉴》。

更严格的分析显示，在20世纪80年代初，如果控制土地、资本、化肥等因素，中国从人民公社体制向家庭联产承包责任制的转变使农业生产效率平均增长了20%。[1]

以上是全国数字，现在看看凤阳县。

根据时任凤阳县委书记陈庭元在1984年的总结："1983年是凤阳县实行了'大包干'的第五个年头，也是农村形势最好的一年……我县是1979年认真贯彻党的十一届三中全会精神，在全县农村普遍实行'大包干'生产责任制的，并且很快地由'包干到组'，发展到'包干到户'。从而，极大地调动了广大农民的劳动积极性，农业生产得到了迅速发展，五年跨了五大步，一年增产一个亿，产量和产值都翻了番……全县农业形势是一片欣欣向荣的兴旺景象。"[2]

---

[1] LIN J Y. Household farm, cooperative farm, and efficiency: evidence from rural decollectivization in China[R]. Center Discussion Papers, No. 533. New Haven: Yale University Economic Growth Center, 1987.

[2] 王耕今等. 乡村三十年：凤阳农村社会经济发展实录（1949—1983年）[M]. 北京：农村读物出版社，1989：462—463.

在法律层面，根据1982年第五届全国人民代表大会通过的《中华人民共和国宪法》，农村和城市郊区的土地属于集体所有。这意味着家庭联产承包责任制并没有从根本上改变土地集体所有制的性质，只是将土地的所有权、经营权分开了。当时，无论是观念，还是实践，都是突破。这不啻基于中国现实的一个制度创新。

由此，家庭联产承包责任制打破了土地单一的产权结构，实现了土地所有权与承包经营权的分离，这大大地调动了农民的积极性，导致了劳动生产率的提高，同时释放了数以亿计的农村剩余劳动力。

到1993年，第八届全国人民代表大会通过《中华人民共和国宪法修正案》，用"社会主义市场经济"取代了"计划经济"；同时删去了"农村人民公社"的提法，并确立了"家庭联产承包为主的责任制"的法律地位。

制度技术

在此，我们有必要就制度技术的作用进行讨论。与青铜制造、蒸汽机和计算机芯片等物理技术形成不同，制度技术是组织人们做事的方式，例如公务员考试、股票市场、风险投资和法治等。从历史上看，制度技术和物理技术在经济增长中起着重要作用，两者相互促进。用马克思的话说就是，前者关乎"生产关系"，后者关乎"生产力"。一项好的、长期的、涉及资源配置和行动计划安排的战略决策，往往将制度技术和物理技术相结合，使其发挥更大的作用。中国农村改革所实行的"大包干"或"家庭联产承包责任制"是一种制度性创新,它涉及生产关系,效果显著。关于生产关系的作用,马克思特别关注。尽管制度经济学门派林立,视角有别[1],但是,除了"交易成本",他们也都非常重视"产权",并把产权看成制度问题,是一组权利。埃里克·弗鲁博顿(Eirik Furubotn)和斯韦托扎尔·平乔维奇(Svetozar Pejovich)对产权的定义如下,它放在中国改革的大环境中,也很具启发:

"一般认为,产权包括三个要素:(1)资产的使用权;(2)资产的占有权和收益权;以及(3)改变资产实体或形式的权利。"[2]

由此看,中国农村的"大包干""家庭联产承包责任制"或者其他类似形式的制度安排,无论在思想上还是实践中,都是意义重大的制度技术创新。在当时政治和意识形态可行的前提下,把本属于公有制的土地产权的黑箱打开,将其内核模块[3]

---

[1] 就像马克思做的那样。其他还有 COMMONS J R. Institutional economics: its place in political economy[M]. Madison: University of Wisconsin Press, 1934;COASE R H. The new institutional economics[J]. Journal of Institutional and Theoretical Economics, 1984,140: 33—47;DEMSETZ H. The cost of transacting[J]. The Quarterly Journal of Economics, 1968, 82(1): 33—53;NORTH D C. Institutions, institutional change and economic performance[M]. New York: Cambridge University Press, 1990。

[2] FURUBOTN E G, PEJOVICH S. The economics of property rights[M]. Cambridge, MA: Ballinger, 1973.

[3] 哈佛商学院的金·B. 克拉克(Kim B. Clark)教授观察到,技术本质上是"模块化的"。例如,汽车有发动机、变速箱、车身等模块。然后将"模块"组装成"架构"。模块中的创新称为"模块创新",新的模块配置被称为"建构创新"。见 BALDWIN C Y, CLARK K B. Design rules, volume 1: the power of modularity[M]. Cambridge, MA: MIT Press, 2000。

重新配置，并加上一定的时限，这就成就了中国农村土地制度改革强大的具有生命力的制度基础。

与此相关的是制定改革战略和政策的话题。新古典经济学的缺陷在于，它本质上未考虑制度的因素，该模型是"非制度"或"前制度"的，其中没有制度背景、路径依赖、人的心理以及政治方面的考量，基本处于"真空"（或"涅槃"）的境界。但是，在现实世界中制定发展战略就不是这回事了。现实中的战略规划和政策制定必须更具成果性。这不仅需要思想实验，认识到理想状态是什么，更关键的是要在可行的选项中做出选择，而且这些选项一定都是有缺陷的，需要时间来进行阶段性的改进。

非均衡？没错。但这也为下轮创新提供了空间。制度是演绎和进化的，就像一个复杂的生物系统。进化中的系统是一个均衡的过程，但不是静态的均衡。随着时间的推移，如果这个动态的均衡想生存下去，就必须不断地试错、创新，因为停滞就是死路一条。

因而，在可行的范围内，重点分析不同制度安排的影响，要认真考虑以下问题：（1）是否有替代方案；（2）是否有可操作性；（3）是否有净收益。如小岗村"大包干"就是一个很好的例子。理论与实践相结合的精神是制定发展战略和公共政策所要遵循的。

把这种做法放在中国改革开放的背景下，就是所谓的"实践是检验真理的唯一标准"，用邓小平的话说就是"发展就是硬道理"。

在这里,小岗村作为中国农村改革的发源地,只是一个突出的例子,它尤其展示了制度技术创新对经济增长的显著作用。放在20世纪70年代末80年代初的背景下,这就是一部精彩的剧作,剧中充满了理论与实践、政治与经济的张力,也彰显了领导力和企业家精神,剧中的各个人物按照莎士比亚的话来说,就是要"扮演各自的角色"①。放眼中国改革开放大潮,可以说,小岗村这部剧作是改革开放40多年来的序幕。②

八、今天的小岗与新的挑战

从1978年11月24日小岗村民秘密签订那份"大包干"契约算起,40多年过去了。

今天的小岗村被誉为中国"大包干"的第一村。改革开放40年来,党的三位总书记江泽民(1998年)、胡锦涛(2008年)、习近平(2016年)先后访问过小岗村。小岗村是中国农村改革的发祥地,小岗精神奇迹般地帮助千百万中国农民摆脱了贫困。现在每天有成百上千的游客来到这里参观学习。

可以看出,小岗人也为他们历史性的创举深感自豪。村里建起了"大包干纪念馆",在纪念馆和村广场上,都可以看到

---

① 莎士比亚语,原文是"Play the play"。
② 因为在全国农村推广了家庭联产承包责任制,农民从土地上解放出来,这使大量的农村剩余劳动力转移到城市成为可能,也使城市劳动密集型制造业的扩张成为可能,由此极大地改善了经济资源的配置效率。有学者估计,1996—2015年,中国GDP增长中,全要素生产率的贡献占40%。

18枚红手印的"大包干"契约。

但是,在持续发展的道路上,小岗村面临的挑战依然不小。

今天的小岗村谈不上富裕。随着年轻一代纷纷前往大城市,小岗村的人口正在逐渐减少。

尽管贫困和饥饿已不再是问题,但村民仍依靠单一传统的农业过活。小岗是凤阳县收入水平最低的村庄之一,2003年,小岗村人均收入约2,300元,低于全县平均水平。

持续增长的新动力是什么?包括小岗村在内的几乎所有村庄都在寻找这一问题的答案。

回头看,20世纪80年代,随着"大包干"在全国范围的推广,小岗村农业生产的增速开始放缓。这表明,实行"大包干"是对人民公社集体所有制下被压制或扭曲的制度的纠正,是激励机制红利的一次性释放。这一点也可以从全国的统计数据中看出:1984年之后,中国的农业增长率从峰值开始逐步回落。

作为"中国农村改革第一村",小岗村并没有充分利用其先发优势,而最终被其他乡镇赶超。20世纪80年代初,随着人民公社的瓦解,为了提高经济收入,许多乡村充分利用了农村廉价劳动力的释放,开始举办各种各样的乡镇企业。这是中国早期工业化进程的第一步。

南南学院学员们在小岗村

从全国看,早在1986年,乡镇企业的就业人数就达7,900万,创造的产值就达全国工业总产值的23%。到2008年,乡镇企业就业人数达1.5亿,约占农村劳动力的1/3;农民人均从乡镇企业获得的工资收入接近2,000元,约占农民人均收入的1/2。

回首往事、展望未来,老村民严立学表示:"我们本是改革的先行者,本该继续领先。但是小岗村地处偏远,交通不好,搞工业化条件不好,缺乏人才,缺少资本。现在我们老了,只能靠下一代了。"[1]

现在的小岗村比以前大多了。1993年,小岗村与大严村合并,成为小岗行政村。到2018年,小岗村有23个村民小组、人口达4,000多人。

现任小岗村第一书记李锦柱这样说他的思路:"小岗要再接再厉,不负众望,通过自身的实力和创新,建设美丽乡村,努力奔幸福和小康。但指望'80后'或'90后'大学毕业回乡种地是不大可能。小岗要发展,必须向更高水平的现代农业发展。要做到这一点,分散的土地需要合并形成规模,小田变大田,这样才适合专业团队经营。但是,要合并土地的前提是进一步土地确权,由政府认证和保护。如果土地没有经过确权,村民们会担心,一旦把土地转让给别人,他们就拿不回来。"[2]

可见,这里涉及两个重要概念——保护产权和规模经济。

为了盘活农村土地,保护农民的承包权益,2013年,中央

---

[1] 实地访谈内容。
[2] 实地访谈内容。

"一号文件"提出,用五年的时间基本完成农村土地承包经营权确权登记颁证工作。具有象征意义的是,小岗村又率先在安徽省开展农村土地承包经营权确权登记

2018年的小岗村

颁证。2015年,农村土地承包经营权"第一证"在小岗村颁发。

目前,小岗村的1.45万亩可耕地,超过一半参与了流转或租赁。到2014年,约40%的村民从事农业生产;45%的村民从事工业生产,主要为食品加工;另有15%从事服务业,如旅游业。年人均收入约为14,500元。

还可以看出,为了提高规模经济,小岗村也正力图朝着由团队管理的高附加值的农业产品企业方向发展。

作为故事的尾声,再举几个例子。小岗村已从江苏张家港引进了高科技葡萄种植园、大学生蘑菇种植园。此外,村里还建立了现代农业示范区,有小岗面业、大明牧业、美国GLG等农业产业化企业。为拓展旅游业,现代农业科技园里除了种植薰衣草及波斯菊,还种植樱桃800亩、蓝莓200亩、树莓1000亩,建成6,000平方米高标准农业组培中心和良种繁育基地,开展土壤肥力测试、土壤改良等技术研究,并与安徽科技大学合作开发生态养殖鸡鸭、虾蟹项目等。

往前看,正如习近平总书记指出的,中国现代化离不开农

业现代化。特别是随着中国城镇化率的提高,超越小农经济,以机械化、规模化、集约化经营为特征的现代化农业应该是中国农业发展的必由之路,是实现乡村振兴的必由之路。

温故知新。早在1985年,邓小平曾说:"中国社会主义农业的改革和发展,从长远的观点看,要有两个飞跃。第一个飞跃,是废除人民公社,实行家庭联产承包为主的责任制。这是一个很大的前进,要长期坚持不变。第二个飞跃,是适应科学种田和生产社会化的需要,发展适度规模经营,发展集体经济。这是又一个很大的前进,当然这是很长的过程。"[①]

[①] 邓小平. 邓小平文选:第三卷[M]. 北京:人民出版社,1993:355.

思考题：

1. 托马斯·霍布斯（Thomas Hobbes）对人性的假设是什么？亚当·斯密（Adam Smith）对人性的假设是什么？这些假设是如何体现在"大包干"中的？谁的假设更贴切，为什么？

2. 人们常常认为，激励机制隐含在制度之中。小岗村曾是人民公社制度下的一个生产队，实行工分制，那请想一想：激励在"工分"制中是如何体现的？在农业生产中，事先分配工分和事后评估工分，都会有什么问题？

3. 有学者认为，小岗的成功主要是因为明确了产权。你认同吗？为什么？中国农村土地产权保护的特点是什么？对今后可持续的经济发展意味着什么？

4. 政治逻辑与经济逻辑有何不同？在什么条件下它们趋同，在什么条件下趋异？它们对国家和市场的含义是什么？对贫穷与财富有什么影响？

5. 经济增长是土地、劳动力和资本的函数，这个命题还缺少些什么变量？在理论与现实之间，人起什么作用？制度因素是如何影响人的理性的？

6. 你对创新的定义是什么？什么是领导力？什么是企业家精神？官僚等级制度在什么时候起正面作用，什么时候起负面作用？小岗村的案例在这方面有何启示？

7. 20世纪80年代初，随着小岗村"大包干"在全国普及，农业生产力出现了大幅增长，随后又逐渐放缓，特别是小岗村的经济增长最终被其他乡镇超过。这是为什么？

8. 从小岗村的案例透视分田包产、包工到户，在什么情况下是有效的？在什么情况下效果不大？为什么？更一般性地看，帕累托主义和贝叶斯主义哪个更能解释改革的成功或可持续的增长？

9. 管理或公共政策的思维往往是跨学科的。小岗村的早期成功体现出这一点了吗？更具体说，小岗村的案例在多大程度上涉及政治学、经济学、社会学、历史？在多大程度上体现了"路径依赖"？

10. 放眼全球，立足本地，小岗村的故事在多大程度上与你们家乡（地区或村庄）相关？同样重要的是，它在多大程度上与你们家乡情况不相关？在理论联系实际方面，你有什么好的策略（或政策建议）？

补充阅读材料：

LIN J Y. Rural reforms and agricultural growth in China[J]. American Economic Review, 1992, 82(1): 34—51.

PERKINS D, YUSUF S. Rural development in China[M]. Baltimore: Johns Hopkins University Press, 1984.

STIGLITZ J E. Incentives, risk, and information: notes towards a theory of hierarchy[J]. Bell Journal of Economics, 1975, 6: 552—579.

附录1 中国人口、农业产出、粮食产出（1952—1986）

年份	人口 （百万）	农业产出指数 * （1952年为100）	粮食产出 （百万吨）
1952	574.8	100.0	163.9
1953	588.0	103.1	166.9
1954	602.7	106.6	169.5
1955	614.7	114.7	184.0
1956	628.3	120.5	192.8
1957	646.5	124.8	195.1
1958	659.9	127.8	200.0
1959	672.1	110.4	170.0
1960	662.1	96.4	143.5
1961	658.6	94.1	147.5
1962	673.0	99.9	160.0
1963	691.7	111.5	170.0
1964	705.0	126.7	187.5
1965	725.4	137.1	194.6
1966	745.2	149.0	214.0
1967	763.7	151.3	217.8
1968	785.3	147.6	209.1
1969	806.7	149.2	211.0
1970	829.9	166.4	240.0
1971	852.3	171.4	250.2
1972	871.8	169.6	240.5
1973	892.1	183.8	285.0
1974	908.6	190.1	275.3
1975	924.2	196.0	284.5
1976	937.2	195.3	286.3
1977	949.7	194.3	282.8
1978	962.6	210.2	304.8
1979	975.4	226.0	332.1
1980	987.1	229.2	320.5
1981	1,000.7	244.0	325.0
1982	1,015.4	271.5	354.5
1983	1,025.0	292.6	387.3
1984	1,034.8	328.5	407.3
1985	1,045.3	339.7	379.1
1986	1,057.2	351.2	391.5

* 不包括社办企业或乡镇企业工业产出。
来源：农业农村部公开资料。

附录2 中国粮食产量与政府收购量（1952—1989）

年份	产出（百万吨）	收购量（百万吨）	收购占产出比（%）
1952	163.92	39.03	23.81
1953	166.83	43.05	25.80
1954	169.52	50.39	30.02
1955	183.74	47.54	25.87
1956	192.75	40.22	20.87
1957	195.05	45.97	23.57
1958	200.00	51.83	25.92
1959	170.00	64.12	37.31
1960	143.50	46.54	32.43
1961	147.50	36.55	24.78
1962	160.00	32.42	20.26
1963	170.00	37.00	21.76
1964	187.50	40.14	21.41
1965	194.53	39.22	20.16
1966	214.00	41.42	19.35
1967	217.82	41.38	19.00
1968	209.06	40.40	19.33
1969	210.97	38.45	18.23
1970	239.96	46.49	19.37
1971	250.14	43.83	17.52
1972	240.48	38.54	16.02
1973	164.94	48.41	18.27
1974	275.27	46.89	17.03
1975	284.52	52.62	18.49
1976	286.31	49.15	17.16
1977	282.73	47.67	16.86
1978	304.77	50.73	16.64
1979	332.12	60.10	18.09
1980	320.56	61.29	19.12
1981	325.02	68.46	21.06
1982	354.50	78.06	22.02
1983	387.28	102.49	26.46
1984	407.31	117.25	28.79
1985	379.11	107.63	28.39
1986	391.51	115.16	29.41
1987	402.98	120.92	30.01
1988	394.08	119.95	30.44
1989	407.55	121.38	29.78

来源：国家统计局。

附录3 文中主要角色及其曾任职务

陈庭元,凤阳县委书记
邓小平,中共中央副主席、国务院副总理,中国改革开放总设计师
邓子恢,中共中央农村工作部部长、国务院副总理
杜润生,国家农业委员会副主任,负责中国农村经济改革的政策研究
关庭珠,小岗村长者
李锦柱,(现任)小岗村党委第一书记
刘少奇,中华人民共和国主席
毛泽东,中华人民共和国主席,党的第一代中央领导集体核心
万　里,安徽省委第一书记
王郁昭,滁县地委书记
严宏昌,小岗村生产队副队长
严家齐,小岗村长者
严家芝,小岗村长者
严俊昌,小岗村生产队队长
严立华,孤儿(两间茅草屋的主人)
严立学,小岗村生产队会计
张明楼,梨园人民公社书记

3 乡镇企业与减贫效应
——他们是怎么做成的？[①]

一、引子

1987年6月，邓小平在会见南斯拉夫客人时谈起中国蓬勃发展的经济，他说："农村改革中，我们完全没有预料到的最大的收获，就是乡镇企业发展起来了，突然冒出搞多种行业，搞商品经济，搞各种小型企业，异军突起。这不是我们中央的功绩。乡镇企业每年都是百分之二十几的增长率，持续了几年，一直到现在还是这样。乡镇企业的发展，主要是工业，还包括其他行业，解决了占农村剩余劳动力百分之五十的人的出路问题。农民不往城市跑，而是建设大批小型新型乡镇。"[②]

[①] 此故事的写作过程涉及多个环节，包括选题讨论、文献研究、实地考察、采访记录、图表绘制、网络查询、翻译、后勤支持等，特别感谢周强、尹建红、孙菁、林源、楚先、张浩嵩、加布里埃尔·勒纳、佐伊·乔丹、赵婷等人的参与和协助，以及学生们参与课堂讨论并给予反馈。文后附录供大家参考，以便大家对乡镇企业的发展及其对中国经济的贡献有更全面、系统的了解。

[②] 邓小平. 邓小平文选：第三卷[M]. 北京：人民出版社，1993：238.

如何理解乡镇企业的异军突起？让我们先看一组简单的数字：

1978年是中国改革开放元年。从1978年到1987年，在不到10年的时间里，乡镇企业生产总值占整个农村生产总值的比例，从不到25%增长到50%以上。1985年，全国乡镇企业总产值占全国GDP的13%，10年后，也就是1995年，这个数字超过了30%；同年乡镇企业出口额也占据了全国出口总量的40%以上。乡镇企业的就业人数，从1978年的2,000多万，增长到1998年的1.25亿、2007年的1.5亿。相应的，乡镇企业人均年收入，从1978年的100元，增长到1998年的6,000元，再到2007年的9,000多元。[①]

放在全球工业化的时空中，这些数字意味着什么？

从全球看，人均收入的真正增长只是18世纪以后的事儿，历数欧洲、美洲、亚洲的主要高收入国家，最重要的增长变量是工业化。工业化所到之处，人民生活水平就提高了；工业化不及之地，人民生活依然贫困。中国过去四十多年的成就总体上也印证了这个命题。背后的道理是什么呢？不是生产而是生产效率。

美国经济学家霍利斯·钱纳里把经济发展分成三个主要阶段：[②]

---

① 除另有说明，本文有关乡镇企业绩效的数据直接引用于《中国乡镇企业年鉴》或基于年鉴提供的数据计算得出。

② CHENERY H, SRINIVASAN T N. Handbook of development economics[M]. Amsterdam: North-Holland, 1988.

第一阶段是初期产业阶段。此时的产业结构以农业为主体,主要特点是劳动密集型,人均 GDP 在 350 美元到 700 美元之间。

第二阶段是中期产业阶段。此时产业结构以非农为主体,新兴的服务业开始发展,其中包括金融、信息、广告和咨询,主要特点是资本密集型,人均 GDP 在 700 美元到 5,500 美元之间。①

第三阶段是后期产业阶段。此时知识密集型产业开始从服务业中分离出来,并逐步占据主导地位。

从这个三阶段发展框架来看,乡镇企业在中国从农业社会向工业化国家的发展过程中发挥了重要作用。

在确立乡镇企业的重要性之后,人们不妨要问:乡镇企业到底有什么特点?在中国特殊的历史环境和政治、经济背景下,乡镇企业是如何演变和发展起来的?教科书中所阐述的"理性"的和"现代"的企业有着清晰的产权界定,中国的乡镇企业与所谓的"理性"的和"现代"的企业有什么差异?差异是越来越大,还是越来越趋同了?究竟什么才是真正"理性"和"现代"的经济组织?

更重要的是,在中国改革开放的历程中,乡镇企业为何得以迅速发展?一路走来,政府与市场都充当了怎样的角色?乡镇企业的发展对减贫的作用有多大?乡镇企业的故事对其他发

---

① 这个阶段也可以细分为:初期阶段人均 GDP 为 700—1,500 美元,中期为 1,500—3,000 美元,后期为 3,000—5,500 美元。

展中国家有何启示?

邓小平有一句名言:"发展就是硬道理。"他是在什么背景下说出这句话的?

带着这些问题,让我们回顾历史,去寻找答案。

二、历史背景

在我们走进历史之前,有必要对乡镇企业这个概念有个初步认识。什么是乡镇企业?根据1997年颁布的《中华人民共和国乡镇企业法》(以下简称《乡镇企业法》),乡镇企业是指"农村集体经济组织或者农民投资为主,在乡镇(包括所辖村)举办的承担支援农业义务的各类企业"。"农村集体经济组织或者农民投资为主"是指农村集体经济组织或农民投资超过50%,或者虽不超过50%,但能起到控股或者实际支配作用。"实际支配作用"是指企业投资虽然不是农村集体经济组织或农民为主,但是利用了农村耕地、利用了农村基础设施资源和劳动力,由农村集体经济组织或农民实行管理,并实际上起到了支配作用。

乡镇企业的经营范围很广泛,不仅是农业,还涉及建筑业、交通运输业、商业、饮食业、服务业和其他行业。乡镇企业必须具备以下几个条件:

- 有固定生产经营组织、场所、设备和人员;
- 全年生产或经营时间在三个月以上;
- 有当地工商行政部门颁发的营业执照(农业企业除外)。

不过,《乡镇企业法》是在 1997 年才颁布的。从时间上看,这是实践在先、立法在后。换言之,是乡镇企业在政策和法律环境不确定的条件下,已经经营了多年后,中国才颁布了法律。显然,这是对先行实践给予法律上的界定与认可。

四十多年前,中国的经济改革正是从广大农村拉开的序幕。追根溯源,乡镇企业的前身是 1978 年以前人民公社体制下的"社队企业",即由公社和大队两级组织举办的集体企业。1978 年以后,随着改革的推进,中国农村普遍实施了家庭联产承包责任制,人民公社体制开始解体。替代"公社"的是"乡镇"。①

1982 年《中华人民共和国宪法》规定,"乡镇"政府代表中国最基层行政机构,由此,"乡镇"这个名字取代"公社",正式登上历史舞台。乡镇是连接中国城乡之间的纽带,一头连着城市,一头连着农村。今天,中国乡镇级行政区共有 41 636 个,个别大的乡镇人口超过 10 万。

1983 年,中央政府要求全国各地方在 1984 年年底之前完成建立乡镇政府的工作。乡镇政府的建立标志着人民公社体制的终结。之后,"社队企业"全部改称为"乡镇企业"。

这可不仅仅是改个名称而已。这一改,涉及许多方面,意义深刻。前后比较一下,可见一斑。

乡镇企业的前身——社队企业

历史上,中国农村是自给自足的自然经济。出于生产和生

---

① 参见上一个故事。

活的需要，农民除了农业生产外，还常靠经营小作坊和搞副业来增加收入。1949年前，副业往往以家庭为单位。然而到20世纪50年代后期，根据国家政策，一些农业集体开始取代农业合作社，小的农业合作社副业被合并到大的集体里成为集体手工业。那时，农村副业总产值仅占农业总产值的很小一部分，约4.5%。①

1958年，中国开始开展农村人民公社化运动。公社是农村、农业的高级集体化。在人民公社体制中，农民既没有对生产资料的占有权，也没有对自身劳动力的支配权。当时，在"大炼钢铁"口号的鼓励下，许多人民公社或公社所属的生产大队开始把原有的集体副业和手工业合并起来从事非农生产，如生产钢铁。这些是70年代末、农村改革前社队企业的雏形。

一般而言，社队企业，在法律上不是独立法人；在经济上完全依附人民公社或生产大队，不是独立的核算单位；在劳动与报酬方面，社队企业的职工"半工半农"，不领工资，而是挣"工分"。工分是人民公社分配制度的标志。②

"大跃进"期间

公社社队企业炼钢小高炉

---

① 数据来自国家统计局1980年3月编印的《建国三十年全国农业统计资料（1949—1979）》。

② 关于工分可参阅上一个故事。

(1958—1959年),社队企业数量急剧增长。1959年,社队企业数目超过70万,总产值达100亿元。但是,随着"大跃进"的失败和接踵而来的"三年困难时期"(1959—1961年),社队企业数目也迅速减少。到1962年,社队企业数目急速下降到2.5万个,总产值7.9亿元。[①] 虽然大多数社队企业垮了,但还是有一些生存下来了,通过社队企业为农村剩余劳动力寻找出路和增加收入的思想也一直存在。即使在动荡的"文化大革命"期间(1966—1976年),存活下来的社队企业数量还是比较多的,特别是在人多地少的(如浙江和江苏)地区。

表1 社队企业发展情况　　　　单位:亿元

年份	社队企业总产值	工业产值
1971	102	78
1972	123	94
1973	141	103
1974	167	129
1975	213	169
1976	272	243
1977	381	323
1978	493	385

来源:王凤林等.乡镇企业经济学概论[M].北京:新时代出版社,1988:28—29。

从全国看,到了70年代,社队企业得到了一定的恢复和发展。在国家政策引导下,为了加速农业机械化,一些社队企业开始从事所谓的"五小工业",即小钢铁、小水泥、小化肥、小

[①] 何康.中国的乡镇企业[M].北京:中国农业出版社,2004:23.

水电和小农具。还有一些社队企业靠近大城市，与城市工厂关系较密切，它们接受委托加工，为城市工业提供零配件。

到1978年，全国共有社队企业152万个，产值514亿元，吸纳了农村剩余劳动力2,826万人，占农村总劳动力的9.5%，实现利润88亿元，上缴税收22亿元，占国家税收总额的2%，承担农业社会支出达30亿元。[1]

社队企业脱胎换骨（1978—1984）

20世纪70年代后期，小岗村的农民开启了"大包干"的先河，用官方语言就是"家庭联产承包责任制"。之后，"大包干"的做法在全国各地得到了推广。[2] 在家庭联产承包责任制下，土地所有权依然属于集体，但在一定程度上也承认了农民对土地的使用权和剩余的索取权，只要农民按包干规定向国家和集体交纳粮食。

家庭联产承包责任制的实施，不仅提高了生产效率，也使农民从土地上解放出来。农民对自己的劳动力有了支配权，择业和迁居机会随之增加。当然，当时迁居还是比较困难的，因为户籍制度并没有同步改革。户籍制度把居民划分为城市户口和农村户口两大类，严格限制了农村人口进入城市。因此，就迁居而言，即便在家庭联产承包责任制改革后，农民也并不能自由地迁居到乡镇以上的城市。

---

[1] 农业部乡镇企业局.中国乡镇企业统计资料（1978—2002年）[M].北京：中国农业出版社，2003：318.

[2] 参见上个故事。

3 乡镇企业与减贫效应——他们是怎么做成的?

"户口"是 20 世纪 50 年代的政策产物。户籍制度经历了半个多世纪,已成为中国政治经济条件下的一种独特的制度安排,在其他国家很少见。1958 年国家颁布的《户口登记条例》规定,农民迁往城市必须持有城市劳动部门的录用证明、学校的录取证明或城市户口登记机关的准予迁入的证明。当时政府还规定,严禁把粮票等发给没有城市户口的农村人;流入城市的农民须遣返原籍。

1978—1984 年,在中国农村改革的大潮中,体制上从属于人民公社的社队企业开始脱胎换骨,向乡镇企业转变。但是,在很大程度上,户籍制度也决定了乡镇企业的发展特点,即所谓"离土不离乡""进厂不进城"。

当时,社队企业在名称上并没有改称乡镇企业,那是 1984 年以后的事;但是与 1978 年前的社队企业相比已有了实质上的差异。比如,在 1978 年前的公社制度下,集资创办或个体创办企业是不可能的事,农民也不能创办企业或换工作,1978 年实行了家庭联产承包责任制使这成为可能。家庭联产承包责任制在实质上把农民从土地上解放了出来,这是乡镇企业兴起的制度基础,意义不可小觑。

家庭联产承包责任制使农民获得了更大经济自由。他们可选择退出效率低的社队企业,加入效率高的社队企业,找到与自己技能相匹配的工作和收入。这对当时的社办企业而言,无疑是启动了一个优胜劣汰的机制,其结果提高了生产要素的配置效率。

1978—1983 年,社队企业从 154 万个减少到 134 万个,总产值却显著增加了，从493亿元增长到1,016亿元，其中工业总产值从385亿元增长到757亿元。①

从就业看，社队企业的就业人数从1978年的2,827万人增长到1983年的3,235万人。其中，第一产业人数从大约600万下降到300万；附加值较高的第二产业就业人数从1,900万迅速增加到2,650万；第三产业就业人数基本持平，1978年是248万，1983年是274万。②

从社队企业员工的人均年收入看，1978年是306元，1983年是544元，增幅十分显著。③

而且，在这一时期，新的企业所有制和产权形式开始出现，1978年前，中国农村并不存在非集体的社队企业；换言之，社队企业都是清一色的集体所有制。但是，随着家庭联产承包责任制的落实，一些社队企业开始承包给了个体农户经营。与此同时，农村个体或联户形式的私营企业也开始悄然出现，其产值约占社队企业总产值的10%，就业约占社队企业总人数的20%，虽然数量很有限，意义却十分重大。

然而，对于这类非集体的个体或联户形式的私营企业，当时官方并没有明确的说法。但是，为了促进地方经济的发展，中央政府开始给予地方政府更多的经济和财政自主权。广东是

---

① 张毅.中国乡镇企业：艰辛的历程[M].北京：法律出版社，1990：25.
② 《中国乡镇企业年鉴》编辑部.中国乡镇企业年鉴2003[M].北京：中国农业出版社，2003.
③ 张荐华.乡镇企业的崛起和发展模式[M].武汉：湖北教育出版社，1995：21.

一个突出的例子，中央政府允许广东"先行一步"①。总体而言，市场的氛围逐渐加强。然而在当时，保护私人产权的正式规定或法律法规尚未出台。

一边是集体企业，一边是私营企业，当时在政策法规相当不明朗的情况下，有些联户或个体经营者，不但不去理顺产权，而且故意把产权弄得很模糊；还有一些企业以各种形式挂靠集体，戴上所谓集体企业的"红帽子"。②这在当时是相当普遍的现象。这看起来与教科书中所强调的产权清晰的"现代企业"的定义很不一致，考虑到当时情况并不明朗，这种做法也并非不"理性"。在当时，毕竟"集体所有"比"私人所有"不仅在政治上更安全，而且在经济上能获得不少实惠（见表2）。

表2　私营企业挂靠集体企业的好处

	集体	私营
法人资格	有	无
业务范围	可开展"三来一补"	不能开展"三来一补"
产品税	3%	5%
所得税	可免征	1%—3%
贷款	乡镇出面担保	无担保，融资难
利息	6.40%	9.60%
场地	乡村集体无偿提供	高租金

来源：国家"七五"期间私营经济研究课题组.中国的私营经济：现状·问题·前景[M].北京：中国社会科学出版社，1989。

---

① 傅高义.先行一步：改革中的广东[M].凌可丰，丁安华，译.广州：广东人民出版社，1991。
② 国家"七五"期间私营经济研究课题组.中国的私营经济：现状·问题·前景[M].北京：中国社会科学出版社，1989：197.

看来，人的理性并不是绝对的，理性与制度环境相关。能够果敢且巧妙地应对制度和政策的不确定性，才是真正的企业家精神，无论是在政治领域还是在经济领域。

在改革初期外部条件不确定情况下，什么是最佳的经济组织形式呢？集体还是私营，这对许多企业家来说是个说不准的问题，他们如同走在钢丝上，必须把握好平衡。就这样走着走着，到了1984年。

1984年年初，中共中央发布涉农的"一号文件"。文件指出，在发展社队企业的同时，鼓励农民个人兴办或联合兴办各类企业。这意味着官方放松了对私营经济的限制。同年3月，中共中央和国务院转发《关于开创社队企业新局面的报告》（4号文件），同意"社队企业"改名为"乡镇企业"，并承认"乡镇企业已成为国民经济的一支重要力量，是国营企业的重要补充"。

自此，中国乡镇企业从原来的"两轮驱动"变成了"四轮驱动"，并进入了高速增长期。"两轮驱动"指的是"乡办"和"村办"的集体企业；"四轮驱动"指的是除"乡办"和"村办"集体企业外，再加上"个体"和"合伙"的私营企业。

中央层面的政策支持极大地促进了乡镇企业进一步的蓬勃发展。

第一轮 乡镇企业兴起（1984—1991）

根据国家相关部委的数据资料，1984年，全国乡镇企业达到了606万家，是1983年的4.5倍。1985年进一步猛增到1,222.5

万家，就业人数达 6,979 万人，总产值达 2,728.4 亿元，占农村社会总产值的 40% 以上，接近全国社会总产值的 1/4。到 1989 年，全国乡镇企业达 1,860 万家，就业人数达 9,360 万人，总产值达到 7,530 亿元，创汇突破 100 亿美元，占全国创汇总额的 20%。

到 1991 年，全国乡镇企业进一步增长，数量达 1,900 万家，总产值首次突破 1 万亿元，占全国社会总产值的 1/4，占全国农村社会总产值的近 60%，其中：工业产值 8,500 亿元，占全国工业总产值的 1/3；出口超过 600 亿元，占全国外贸总额的 1/4；向国家上缴税收 454.6 亿元，占当年税收总额的 15.2%。[1] 就业人员占农村总劳动力的 22%；农民人均纯收入中来自乡镇企业的收入比重达 22%，其中东部地区 24%，中部地区 18%，西部地区 12%。[2]

根据中外学者的研究，乡镇企业初期的全要素生产率（Total Factor Productivity，TFP）非常高，是国有企业的 3 倍[3]，后来逐渐下降。

当时，乡镇企业作为独立核算的经济实体，与计划经济体系内的企业不同，具有以下几个显著特点：一是乡镇企业面临硬预算；二是产供销活动主要由市场决定；三是实行灵活多样的劳动和分配制度，职工可以"半农半工"；四是规模一般较

---

[1] 范恒山. 所有制改革：理论与方案 [M]. 北京：首都经济贸易大学出版社，2000：265.
[2] 根据《中国乡镇企业统计年鉴》数据计算。
[3] WEITZMAN M L, XU C. Chinese township-village enterprises as vaguely defined cooperatives [J]. Journal of Comparative Economics, 1994, 18(2): 121—145.

小、技术含量不高,多为劳动密集型企业,经营范围广泛,三个产业都有涉及(见表3)。

表3 江苏乡镇企业的产业构成　　　　　　　　单位:%

	第一产业		第二产业		第三产业	
	产值占比	从业人员占比	产值占比	从业人员占比	产值占比	从业人员占比
1985	2.15	3.62	78.33	70.59	19.52	25.79
1987	1.96	2.77	81.75	75.42	15.75	21.81
1989	1.70	2.55	82.53	75.03	15.77	22.42
1991	1.54	2.53	84.75	74.91	13.71	22.56

来源:杨东涛等.趋势与制约:江苏乡镇企业发展中的矛盾分析[M].北京:中国农业出版社,1997。

从企业数量看,1984年,集体乡镇企业与私营乡镇企业之比是1:3。但到80年代末,个体与合伙制的私营乡镇企业迅速增加,占比超过了90%。乡镇企业对城市中的国有企业构成了明显的竞争威胁。国有企业的工业产值占比快速下降,从1985年的83%下降到1990年的70%,之后又降到了1995年的45%。

需要指出的是,这一时期乡镇企业的快速增长,与所谓的"价格双轨制"是分不开的。"价格双轨制"是中国从计划经济向市场经济过渡时期做出的独特的制度安排。这是一种渐进的改革战略,采取"增量"改革法,与俄罗斯的"休克疗法"有很大不同,虽然两国经济改革的方向都是从计划转向市场。

什么是价格双轨制呢? 1985年,国家在保持计划内对生产资料价格控制的同时,决定废除对计划外生产资料的价格控制,允许同一种材料或产品有体制内"计划"价和体制外"市场"价的两种价格体系。如此一来,国有企业还在计划内经营,而乡镇企业可以市场的价格买卖生产资料。就是这样,乡镇企业一直在国家与市场的双重压力下、在夹缝中生存,且保持高速增长、充满活力,适应能力很强。这是"价格双轨制"好的一面,

1986年,瑞安县梅头镇农民集资办的金属铸造厂生产情景①

但它也有负面作用,如权力的寻租和腐败。某些官员可能会利用手中的权力,将计划内的生产资料或产品以市场价格转手,从中攫取好处。

但是,作为"转型经济"的一种发展战略或政策工具,双轨制本身就是过渡性的。随着体制外市场商品价格机制的逐步发育和成熟,到了90年代初期,价格双轨制就退出了历史舞台。1992年10月,中国共产党第十四次全国代表大会正式宣

---

① 图片来自指尖上的改革开放图片展–乡镇企业"异军突起"[EB/OL]. [2021-07-10]. http://www.cssn.cn/zjsdggkf/201811/t20181109_4772831.html。

布中国"经济体制改革的目标是建立**社会主义市场经济体制**",并进一步指出"**使市场在社会主义国家宏观调控下对资源配置起基础性作用**"。

这句话意味着什么?简而言之,市场的建立不可能一蹴而就,必须是一个过程,需要一步一步来。具体来说,在市场化改革的过程中,中国已经从"计划经济主导"到"有计划的商品经济",现在又走向了"社会主义市场经济"。在此背景下,2013年11月,党的十八届三中全会进一步明确提出,深化改革就是要"**使市场在资源配置中起决定性作用**"。

值得注意的是,这种官方的表述意味着,中国已明显地从较为保守的改革政策中走了出来。以前是"鸟笼经济",这是陈云的说法。陈云曾说,"搞活经济是在计划指导下搞活,不是离开计划的指导搞活。这就像鸟和笼子的关系一样,鸟不能捏在手里,捏在手里会死,要让它飞,但只能让它在笼子里飞。没有笼子,它就飞跑了。"①

就市场导向的政策而言,与邓小平相比,显然陈云更为谨慎。陈云还说过:"我们要改革,但是步子要稳。""随时总结经验,也就是要'摸着石头过河'。"②

第二轮 乡镇企业迅猛发展(1992—1996)

1989—1991年,随着私营企业的迅速发展,"姓资姓社"的争议再起。由此,政府开始对乡镇企业采取了越来越保守的政

---

① 陈云.陈云文选:第三卷 [M]. 第2版.北京:人民出版社,1995:320.
② 陈云.陈云文选:第三卷 [M]. 第2版.北京:人民出版社,1995:279.

策，比如贷款零增长。乡镇企业的发展出现了回缩的迹象。例如，乡镇企业数量从1988年的1,888万下降到1991年的1,850万；就业人员占农村劳动力的比重从1988年的23%下降到1991年的22%。

这时，中国的改革到走到了十字路口，需要强有力的政治领导力。1992年邓小平视察南方逆转了乡镇企业的后退之势。

1992年1月18日至2月21日，邓小平先后到武昌、深圳、珠海、上海等地视察，并就一系列重大问题发表谈话，即为中国改革开放史上著名的"南方谈话"。

在视察中，邓小平鼓励大家加快改革步伐："改革开放胆子要大一些，""看准了的，就大胆地试，大胆地闯。"[1]谈到"姓资姓社"问题，他说："计划多一点还是市场多一点，不是社会主义与资本主义的本质区别。计划经济不等于社会主义，资本主义也有计划；市场经济不等于资本主义，社会主义也有市场。""社会主义的本质，是解放生产力，发展生产力，""社会主义要赢得与资本主义相比较的优势，就必须大胆吸收和借鉴人类社会创造的一切文明成果，吸收和借鉴当今世界各国包括资本主义发达国家的一切反映现代社会化生产规律的先进经营方式、管理方式。"[2]邓小平的话一语中的，解开了"姓资姓社"争论的死结。

---

[1] 中共中央文献研究室.邓小平关于建设有中国特色社会主义的论述专题摘编[M].北京：中央文献出版社，1992：102.

[2] 中共中央文献研究室.邓小平关于建设有中国特色社会主义的论述专题摘编[M].北京：中央文献出版社，1992：98.

视察南方期间，邓小平还视察了广东顺德的珠江冰箱厂。听说这家乡镇企业在短短的时间里产量翻了数倍，质量也特别好，他高兴地说："发展才是硬道理。"①

邓小平的南方谈话为中国经济改革注入了新的动力。同年10月，党的十四大报告正式提出中国经济体制改革的目标是建立社会主义市场经济体制。随后，关于发展乡镇企业，国务院下发了一系列文件，确认发展乡镇企业是繁荣农村经济、增加农民收入、促进农业现代化和国民经济发展的必由之路，要坚持不懈地搞好乡镇企业。这些方针为乡镇企业的发展创造了空前良好的政策环境。

随之，乡镇企业再次腾飞。

从1992年到1996年，乡镇企业总产值由1.76万亿元增至6.83万亿元，年均增长率为42%。总利润由1,079亿元增至4,351亿元，年均增长44%。上缴税收从605亿元增加到2,366亿元，年均增长44%。出口额占全国出口总额的比例也从17%迅速上升到48%。值得注意的是，在很大程度上出口业绩激增归功于来自新加坡和中国香港、台湾和澳门地区的直接投资，这些投资绝大多数流向了劳动密集型产业。例如，1995年，乡镇企业在村一级创造的产值中约有28%是由外商投资企业创造的。②到了90年代末，乡镇企业的出口额占全国出口总额的52%。

---

① 中共中央文献研究室. 邓小平关于建设有中国特色社会主义的论述专题摘编 [M]. 北京：中央文献出版社，1992：238.

② 王岳平. 外商直接投资与中国工业发展的实证分析 [C]. 北京：北京大学中国经济研究中心工作论文系列，1997013.

图1至图4统计数字展示了乡镇企业的产出、就业和所有制变化情况。

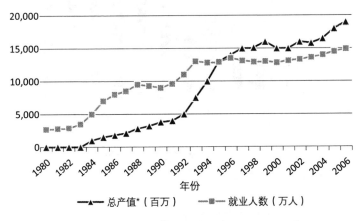

图1　乡镇企业总产值和就业人数（1980—2006）

* 产值按照1980年不变价格计算。

来源：相应年度《中国乡镇企业年鉴》。

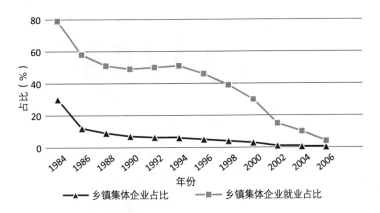

图2　乡镇集体企业数量和就业人数在总数中的占比（1984—2006）

来源：相应年度《中国乡镇企业年鉴》。

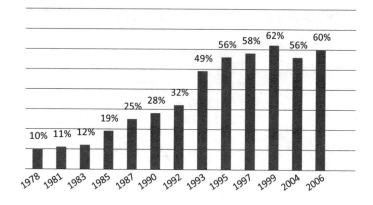

图 3 乡镇企业工业产值占全国工业产值比重（1978—2006）

来源：相应年度《中国乡镇企业年鉴》。

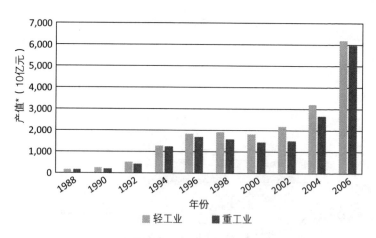

图 4 乡镇企业轻重工业产值增长趋势（1988—2006）

* 按时价计算。

来源：相应年度《中国乡镇企业年鉴》。

面向现代企业的改制

1997年,受亚洲金融危机的影响,中国出现了产能过剩、通货紧缩、经济增长放慢的局面。相应的,乡镇企业个数趋于下降,总产值增长开始减缓,就业人数也徘徊不前。(见图1)

此时,面对经济紧缩,企业的产权问题和公司治理问题就变得越发突显。企业面临整合,需要创新,不然并购或上市就很难进行。企业要并购或上市,必须有清晰的产权,这样才能转让,而这些都是乡镇企业的弱点。如前所述,乡镇企业以产权模糊著称,不少私营的乡镇企业更愿意戴上一顶所谓的"红帽子"。

这种产权模糊的做法或许在"朋友"之间还行得通,其背后的逻辑是经济学家所说的"重复博弈",由此建立彼此的信任。确实,在中国的场景下,他们常常是老乡之间的关系。斯坦福大学政治学家戴慕珍(Jean C. Oi)教授称之为"地方社团主义"(local state corporatism)。[1]

事实上,当中央开始给地方更大的经济和财政自主权时,这改变了至少是部分官员的效用函数,即谋求体制内晋升不再是唯一的动力。对一些基层干部来说,升官还不如发财。特别是在广东,有的县很富有,有些人并不愿到县级以上的政府去当官,因为晋升与否也是一个未知数。[2]

当时乡镇企业蓬勃发展,背后的道理究竟是什么呢?或许

---

[1] OI J C. Fiscal Reform and the economic foundations of local state corporatism in China[J]. World Politics, 1992, 45: 99—126.

[2] 来自对地方官员的实地采访。

在国家和市场之间还有别的空间值得深入研究。

关于这方面的理论探讨，2009年诺贝尔经济学奖得主埃莉诺·奥斯特朗姆（Elinor Ostrom）基于重复博弈的论述很具启发性。当然，中国基层有自己的特点，我们可称为"具有中国特色的奥斯特朗姆模式"。

具体地说，在中国，重复博弈的双方并不完全平等，因为一方是基层干部，而许多乡镇基层干部并不是正式的体制内的官员，他们的收入和待遇不全都是来自财政的钱。对这些非正式官员来说，收入多少、待遇好坏，还要靠财政以外的因素。但是，他们身处政府与市场之间，两边都有好处（因为如此，所以产权模糊）。这些基层干部，以及他们的亲朋好友，有强大的动机来与本地企业家合作，即把蛋糕做大，促进经济发展，他们从中可以获利。或许你会问，既然是官员，他们为什么不直接攫取？回答是，在某种意义上，这种情况在公社时期的社队企业曾经发生过，但是经验告诉他们，结果很糟糕。

话说到此，在现有的霍布斯和奥斯特朗姆两个理论模型之间，还有一个关键的变量，至今还没有被识别出来加以充分澄清。在中国，如果我们要从理论上解释国家与市场对经济增长的作用，这个变量就非常关键。由此，我们可以解锁中国乡镇企业的发展路径，及其通过创造就业对减贫的重要贡献。

长话短说，中国的央地政治制度安排有自己的特点。虽然正式的官僚（政府）机构到乡镇一级[①]，但是乡镇或以下的权

---

① 中国历史上的封建王朝，官僚机构到县一级，高于乡一级。

3 乡镇企业与减贫效应——他们是怎么做成的？

力等级关系依然存在，主要是由基层干部（或非正式编制内的官员）维持。由此，我们所谓的"具有中国特色的奥斯特朗姆模式"是指，这些地方基层干部与企业家之间有一种出于直觉的、政治与经济逻辑融合的、通过重复博弈建立起相互信任的共生关系。这在改革早期特别奏效，当时市场作为制度安排还刚刚起步，相当脆弱，但是即便在这种情况下，一大批小型的乡镇企业却蓬勃发展。

我们可以把这个过程称之为从计划走向市场的"踏脚石"。但是，这一步相当关键的。起初，当霍布斯主义的国家有意无意地给了至少一部分基层干部支持市场的激励，市场兴起的概率就提高了。毕竟，私有产权需要科层权力结构的保护，尽管这种科层权力结构可以是正式的，也可以是半官方的或非正式的。这里，说到踏脚石，不由让人想到陈云的那句众所周知的话——**"摸着石头过河"**。

然而，这种情况只是次优。一方面，因为踏脚石不稳，前进的方向很容易出现逆转。新兴市场需要时不时地巩固和加强，不然，霍布斯主义国家还会杀个回马枪。关键时刻，高层的政治领导力极其重要，它确保改革的大方向不变。基层干部，特别是乡镇以下的基层干部，因为他们是非正式国家干部，他们的立场很容易在国家和市场之间摇摆。县级以上干部却不同，他们是正式国家干部。在逻辑上，这也说明了为什么国有企业改革不容易，因为国有企业大多相当于县级以上。

另一方面，这或许能解释乡镇企业的早期发展，但以后并不一定能奏效，特别是当企业规模成为有效竞争的重要因素时。重复博弈的缺点是短距离，高频率；若空间大了，距离远了，建立信任就困难了。说白了，重复博弈在老乡之间容易，陌生人之间难。同理，产权模糊，在熟人之间还可以对付，在陌生人之间就不行了。由此，如果问题涉及并购或上市，这都不是地方政府或官员可以解决的。因为并购或上市涉及范围是全国的，有的还是跨国的。这些问题都必须由国家层面出面来解决。

实际情况也的确如此。到了90年代，中国加快了对全国性市场的规范和立法工作。这显示出，在高层决策者看来，市场改革在基层或已得到广泛的支持。但是，地方局部的市场都是次优的市场，并不稳固，更不能说完善。为了避免出现市场化改革的倒退，这时从上至下来巩固和加强市场，可以上下呼应，胜数较大。

在这些历史的关键时刻，邓小平起到了不可替代的政治领袖的作用。

总之，要深入理解中国政府在经济发展中所起的作用，我们要从央地之间的关系入手，把一层层的关系都分析清楚，而不是泛泛一谈。例如，乡镇企业都是在乡镇一级的乡村，那里的科层权力关系是由正式的、半官方的和非官方的组成。虽然正式体制的官员没有渗透到乡村一级，但是那里有党组织的存在，而党小组和小组长都是党的强大政治组织的重要组成部分。在改革开放时期，一些企业家也成了全国人民代表大会和政治协商会议的代表。

严格地说，只要是谈发展，就不可能是最优，因为发展是由一系列次优的行动方案组成。重要的是，必须权衡利弊，注重成本效益分析。后续的方案比先前的有进步。这意味着，在这一过程中，"理性"往往是后验的，而非是先验的，贝叶斯主义多于帕累托主义。政策无论多"理性"，都必须让人看到实实在在的好处，至少情况要比以前有所改进。

只有这样，才能赢得更多支持改革的人。苏联的休克疗法本质上更是演绎而非归纳，所以这种改革战略不敌渐进的方法。别的不说，渐进改革的好处是，即使出差错，也有机会修正。休克疗法，如中国人所言，是"不接地气"也。

就乡镇企业的产权结构来说，从一开始就呈现出多样化的格局。早在1984年，有69%的乡镇企业是私营的；到了1987年这个数字上升到了90%以上。这里有什么问题吗？有一个事实不能忽视，那就是相对于集体企业来说，无论是就业人数还是产值，私营乡镇企业的规模都很小。例如，在1997年，全国乡镇企业41%的就业和49%的产出是由集体企业贡献的。集体企业的特点是产权模糊，无法转让（见图2）。

然而，在改革之初，产权模糊问题并没有阻碍乡镇企业的迅猛发展。事实上，在许多情况下，它却成了优势。即集体企业能从市场的自由和国家的优惠政策中两头受益。特别是在贷款、信贷、税收和土地使用等方面，都是地方官员说了算，他们以家长的方式给集体企业提供各种优惠和便利。然而，随着时间的推移，这种好处反而使乡镇企业软化了原来的硬预算，在不经意间逐步削弱了乡镇企业的市场竞争力。

到了90年代中期，来自两方面的新压力，相互作用，增加了乡镇企业改制的紧迫性。

一方面,价格双轨制已基本并轨合一,一直在计划之内和市场之外运作的国有企业挺过了这一关,变得更具有竞争力。换句话说,相互竞争的压力在乡镇企业和国有企业之间相互存在。事实上,要说实力的话,国有企业也有强项,因为多数在城市,在技术和人才方面更有优势。此外,国有企业当时也开始了大刀阔斧、抓大放小的改革①,通过改善公司治理,强化内部激励机制,微观基础不断改善。

尽管在相互竞争的压力下,有些乡镇企业设法通过与外资企业建立合资公司,以提高软硬技术,但这样的乡镇企业毕竟是少数,大约只占乡镇企业总数的2%。

另一方面,这时中国经济已有很大的发展,经济学家称之为"短缺经济"的卖方市场已经一去不复返了。短缺经济一个主要特点就是需求远大于供给。在中国,政府以发放各种票券的方式配给生活必需品,如食物、衣服、手表和缝纫机等。配给制于1955年开始,于1993年结束。然而,在改革初期,正是短缺经济助长了乡镇企业的迅速崛起。没有品牌,没有售后服务,也没有太多资金、设备和人力资本的投入,乡镇企业的生产捉襟见肘,有些产品甚至是粗制滥造。

---

① 总计有大约5,000家大型国有企业通过"抓大"的方式进行了整合和改组,最后剩下不到1,000家;此外,大约有100万家中小型国有企业经历了私有化的"改制"。参见 GARNAUT R, et al. China's ownership transformation: process, outcomes, prospects [M]. Washington, D. C.: International Finance Corporation and The World Bank, 2005.

3 乡镇企业与减贫效应——他们是怎么做成的？

经过 15 年市场导向的改革，中国经济已从卖方市场进入了买方市场。根据官方统计，在 1997 年的 613 种商品中，达到供需基本平衡的有 408 种，供大于求的 195 种，供不应求的只有 10 种。①

可以想象，当时的市场竞争日趋激烈，乡镇企业的业绩明显滑坡。1995 年，乡镇企业的资产回报率是 14%，然而 1997 年却下降到 12%，1999 年又降了 2 个点，到了 10%。② 1997 年，全国乡镇企业亏损面达 8%，同时，从业人员也比上年减少 458 万人。③

时过境迁，从社队企业到乡镇企业，是乡镇企业的第一次蜕变；此时，乡镇企业又面临新的挑战，必须通过改制，才能浴火重生。

与此同时，政府，特别是地方政府，也有新的变化。以前是发展型的政府，现在更趋向规制型政府，即政府官员开始从

配给制下的各种票券

---

① 汤鹏主. 中国乡镇企业兴衰变迁 (1978—2002) [M]. 北京：北京理工大学出版社，2013：170.
② 郭为，刘宗华. 回顾与反思：乡镇企业的技术选择路径和比较优势 [J]. 农业经济问题，2003，10：30—35.
③ 农业部乡镇企业局. 中国乡镇企业统计资料 (1978—2002 年) [M]. 北京：中国农业出版社，2003.

企业的微观层面退出，主要是提供公共产品，如基础设施、法律、秩序与营商环境等。

1997年1月，中国正式实施《乡镇企业法》，这为乡镇企业的进一步发展提供了法律基础。与此相一致，这些法律上的修正在1999年《中华人民共和国宪法修正案》中得到了进一步的确认——"在法律规定范围内的个体经济、私营经济等非公有制经济，是社会主义市场经济的重要组成部分"。[①] 早些时候，1993年12月还通过了《公司法》，这是一部保护"有限责任公司"和"股份有限公司"的法律。这两种类型的公司成了乡镇企业的主要组织形式。这种组织形式更趋向于现代公司——产权清晰，可转让，并符合企业并购重组和上市的要求。

到2000年年底，全国集体所有制的乡镇企业通过公司化、私有化或两者并举等形式进行重组，改制面达到80%。随着中国进一步向世界开放，新的组织形式使得乡镇企业更加适应市场化竞争。[②] 2001年，中国加入世界贸易组织（Wold Trade Organization, WTO）。在入世前后，乡镇企业改制浪潮的速度之快、力度之大，部分能够反映在统计数字上，例如，集体所有制的乡镇企业就业人数与乡镇企业总就业人数的占比快速缩减，从1997年的40%下降到2006年的4%（见图2）。

这一时期，乡镇企业发展的另一个特点是，企业布局集中度开始显著提升，产业集群和工业园区逐步形成，尤其是在江

---

① 全国人民代表大会. 中华人民共和国宪法修正案（1999年）[A/OL]. (1999-03-15)[2021-07-10]. http://www.npc.gov.cn/wxzl/wxzl/2000-12/10/content_7075.htm.

② 何康. 中国的乡镇企业[M]. 北京：中国农业出版社，2004：58.

苏、浙江、山东、河北等沿海省份尤为盛行。产业集群已成为乡镇企业整合资源、调整结构、提升产业层次,增加可持续发展能力的重要途径。

中国人口的城镇化率,1978 年是 18%,到 2004 年达到 42%。工业园区的出现,显示了中国城镇化是一个前后同时延伸的进程。在这个过程中,由于乡镇企业的发展,税收基础随之扩大。税收多了,政府才有能力提供更好的基础设施,包括连接城市与乡村之间的道路。由此,乡镇企业会进一步发展,形成了良性循环。[①] 到 2006 年,全国共有 5,661 个工业园区,其中 84 万家工业企业大部分是乡镇企业。2007 年,全国共有乡镇企业 2,300 多万家,从业人员 1.5 亿人,人均年工资 9000 多元人民币。

2008 年 10 月,中国共产党十七届三中全会通过了《中共中央关于推进农村改革发展若干重大问题的决定》。文件强调中国总体上已进入"着力破除城乡二元结构、形成城乡经济社会发展一体化新格局的重要时期"。要做好这项工作,仍离不开乡镇企业的发展。

这里需要说明一下,此时,大多数乡镇企业已不再称为乡镇企业,而是"中小企业"。一些乡镇企业已经在国内或海外上市,因为大众持股拥有,由此成了真正的"公众"企业。

---

① 之后几年,基础设施上的财政投资从 2008 年的 3.8 万亿元大幅增加到 2018 年的 17.6 万亿元。

三、发展模式之辩

中国幅员辽阔，地区差异很大，其人文地理的广度和纵深也决定了在改革开放的过程中会呈现出不同的发展模式，而且有更大的空间，进行试点、试错，迂回向前。

虽是异军突起，但乡镇企业的发展绝非一蹴而就，而是一个演变过程，其中离不开"路径依赖"。乡镇企业的起步和成长也反映了中国各地不同的历史、社会、经济和自然条件，而展示出不同的发展战略与轨迹。因此，即便一个理论框架中的同一组要素，不论看起来多么完美，如果要应用到实地，也必须要有因地制宜的战略考量，使相关的要素适应一时一地的复杂性。

总之，理论是简洁的，现实是复杂的，关键是要在两者之间把握分寸。在特殊性与共性之间看世界，乡镇企业的发展可归纳为三种模式，即"苏南模式""温州模式""珠江模式"。其他模式是或多或少包含这三种模式要素或特点的不同组合。

泛泛而言，"苏南模式"是政府导向的发展模式；"温州模式"是市场导向的发展模式；"珠江模式"是外资导向的发展模式。从历史的角度，观察其动态发展，虽然三种模式在起步时相去甚远，但是一路走来，三种模式相互竞争、相互学习、相互借鉴，特别是通过改制后发展到了今天，它们在产权形式以及与政府之间的关系上大有殊途同归的趋势。

3 乡镇企业与减贫效应——他们是怎么做成的？

苏南模式

20世纪80年代早期，全国各地的乡镇企业已经开始蓬勃发展，其中风头最劲的或许要数以苏州、无锡、常州为代表的江苏省苏南地区，那里形成了苏南模式。苏南地区的乡镇企业发展强劲，其总产值在80年代达到了全国的10%，除了发展速度令人刮目相看，当时苏南也是全国城乡收入差距最小的地区之一。

1983年，社会学家费孝通教授在其《小城镇 再探索》的报告中，首次提出"苏南模式"。苏南乡镇企业随之成了当时中国许多地方追捧和效仿的榜样。

从历史上看，苏南地区一直是中国农业生产条件最优越、经济实力最雄厚的地区之一。早在明朝，该地区的家庭手工业、纺织业就已经相当发达。到了近代，因为毗邻上海、苏州、无锡、常州、南京、镇江等大中工业城市和市场，水陆交通便利，是闻名中外的商贾云集之地。苏南地区的乡村与这些大中城市一直存有千丝万缕的联系。

在计划经济时代，这里的乡村在集体副业基础上办起了一批社队企业。到20世纪70年代，为了提高农业生产力，这些小型社队企业逐渐发展成小型农机厂，为公社制造一些农业机械，同时力图解决农村的剩余劳动力。一些非农经济的社队企业还与城市工厂建立协作关系，接受委托加工，获得技术帮助，为城市工业提供零配件等。这些社队企业在本地逐步形成了规模经济，超出了一般家庭小作坊的能力之所及。

总之，苏南乡镇企业多数脱胎于人民公社时期的社队企业。直到20世纪末，苏南乡镇集体企业一般不采取股份制等形式，而是更多地采取社区集体所有的形式，县、乡两级的党政领导者往往是发展乡镇企业的实际决策人。在管理上，他们一般广泛灵活地实行企业经营承包责任制，这使企业所有权和经营权在一定程度上得以分离。如此，虽然产权依然模糊、所有权依然缺位，但是与计划时代的国营企业相比，它无疑是一种加强乡镇集体企业活力的有效探索。

苏南乡镇企业的显著特点是集体所有制和发展型政府。政企不明、社区成员共担风险，这个特性使社区政府和企业决策者敢于大规模举债，上一些技术含量高但风险大的项目。另一方面，这种政企不明的特点也使苏南乡镇企业承担了大量的政府社会职能，如建学校、建乡村养老院等。

的确，从改革一开始，苏南地区县、乡、村的干部就积极筹办、扶植乡镇企业的发展，给予税收、信贷、土地使用等方面的优惠。此外，他们还常常协助乡镇企业与城里的国有企业和科研单位建立密切的合作关系，一方面给国企提供加工等服务，形成本地的规模经济；另一方面积极吸引来自国企的"周末工程师"——这些工程师利用周末时间，凭借自己的技能到乡镇企业赚取外快。

由此，自然而然地，就形成了以工业生产为主要产业结构的"苏南模式"。1985年，苏南地区乡镇企业的工业产值占整个地区乡镇企业总产值的95%，其中主要涉及机械、纺织、化工、建材四大行业；这四大行业的产值占乡镇企业工业总产值的80%以上。1990年，苏南地区乡镇企业创造的价值占区域农村社会总产值的60%。直到90年代中期，苏南乡镇企业中，集体经济的比重依然很高，占90%以上。①

到了90年代中后期，苏南的乡镇企业开始了大规模的公司化改制，改制面超过90%，改制的目标是建立现代企业制度，即把集体企业改制为产权主体多元化的股份制或股份合作制，并最终实现由"乡土企业"向股票市场上的"公共企业"的蜕变。与此同时，地方政府也开始从企业的微观管理层面撤离。

当时最具代表性的改制，要数苏南的江阴县。1997年，一个江阴县有10家乡镇企业在证券市场上市，持股约20亿元，形成了概念独特的"江阴板块"，这在全国是绝无仅有的。今天"江阴板块"已扩容至45家企业，其中境内A股上市30家，境外上市15家。截止到2016年，江阴上市企业累计直接融资702亿元人民币，市值超过3,000亿人民币。其中9家上市公司的母公司是"中国500强企业"、12家是"中国500强民营企业"、13家是"中国制造业500强企业"。现在，江阴民营经济发达，被誉为"中国资本第一县""中国制造业第一县"。②

一个成功的发展战略与时机和时间的顺序有很大的关系。苏南模式的繁荣似乎是一条以乡镇企业为载体进行工业化、市场化的道路。在这一过程中，政府的角色，尤其是地方官员的角色，逐渐从发展型转变为规制型。

---

① 杨东涛等. 趋势与制约：江苏乡镇企业发展中的矛盾分析 [M]. 北京：中国农业出版社，1997：42.

② 任小璋. "江阴板块"20年：44家上市公司市值超3000亿元 [EB/OL]. (2017-08-01)[2021-04-20]. https://www.yicai.com/news/5324459.html.

与苏南模式相比,温州模式又是如何的呢?让我们去看一看。

温州模式

与苏南模式形成鲜明对比的是温州模式。苏南模式以政府为主导,以乡镇集体企业为主体;而温州模式则是以市场为导向,以私人或民营企业为主体。更具体地说,温州模式是家庭或联户私营企业为主要组织形式,形成以生产日用小商品为主的产业集群。"温州模式"的发展是当地居民和当地政府官员之间冲突、妥协和长期谈判、讨价还价的结果,同时这一过程也促进了中央政策的创新与变革。

温州位于浙江省的东南部,那里资源贫乏,人均耕地只有半亩,大约只及全国平均水平的1/3。因为人多地少,历史上温州就有重商的传统。早在唐宋时期,温州就是东南沿海手工业和商业较发达的地方。为了补充农业收入的不足,当地的传统手工艺品,如制鞋、制伞、棉纺和织布等得到了发展;而人口过剩迫使一些温州人迁移到中国其他地方,成为经营、贩卖地方产品的商人。

1949年后,温州作为海防前线,国家投资长期不足。到改革开放前夕,那里是全国国有经济比重最低的地方之一。例如,1978年,温州的国有工业总产值只占全市工业总产值的35%,大大低于全国78%的平均水平。

这些历史背景决定了温州模式的乡镇企业大多以个体经营为主。1985年,个体工商户就达13万之多,其工业总产值在当时就占农村工业总产值的70%以上。因为当时的官方政策对私营企业还有种种限制,所以开始有不少私营企业挂靠在集体企业名下,并将自己利润的1%作为挂靠费上缴,同时利用集体企业的介绍信和银行账户开展"挂户经营"。[1]

在改革初期,温州以"小商品"起家,在发展商品经济、家庭工业和专业市场等方面处于领先地位。著名的商品市场包括桥头镇的纽扣市场,金乡镇的工艺品市场,柳市镇的小电器市场,萧江镇的塑料品市场和仙降镇的鞋子市场。

"家庭小作坊,日用小商品,全国大市场"是温州模式初期的特色。在很大程度上,浙江其他乡镇企业的发展也具有这些特色,如台州和义乌就是典型的例子。台州和义乌以前是地级县,而今变成了市。台州的路桥小商品市场是浙江省小商品市场的发源地;而义乌小商品市场已成为当今中国最大的小商品市场,营业面积260多万平方米,从业人员20万,日客流量20多万人次。[2]

如果说苏南模式是自上而下的,那么温州模式就是自下而上的。

说到制度创新,在"温州模式"下,精明的企业家往往是变革的推动者,而地方政府跟随其后,起到了协调和促进作用,并为企业家背书。例如,温州的乡镇企业率先以"股份合作"的方式经营,在1987年温州市政府颁布《温州市关于农

---

[1] 对当地企业家的采访。

[2] 对当地官员和商店店主的采访。

村股份合作企业若干问题的暂行规定》之前,就已有1万多家股份制的乡镇企业。当地政府把两个以上投资者组成的私营公司纳入"股份合作"的范畴。而且,这种股份制的形式在后来1993年颁布的《公司法》中得到了认可。由此,从时间先后顺序看,在温州模式中,政府起的作用更倾向于"规制型"而不是"发展型"。

当时,温州的股份合作制的特点是:绝大多数起源于家庭企业,股权结构简单,基本是自然人股,而且股份高度集中,高度自治。这与后来中国其他地区不少乡镇企业和一些小型国有企业实施的股份合作制不一样。例如,在苏南模式下的乡镇企业改制过程中,曾经因为高度集中的集体股不能流通,这反而加强了地方官员的实际决策权,使那里的股份合作制成了所谓"第二国有企业"。

1992年,邓小平视察南方后,温州模式的企业治理结构又有了新的发展,向有限责任公司和大型企业集团的方向发展。

事实上,随着竞争的加剧,尤其是亚洲金融危机之后,许多小型和低端制造业企业手头拮据,纷纷倒闭。温州的股份公司,也从1993年的3.6万家下降到2000年的2.4万家。与此同时,有限责任公司的形式却从无到有地开始发展起来。到2000年,有限责任公司数目已达到2万家。在这些有限公司中,规模最大的是鞋类公司,其次是服装和工业用具公司。现在公司的规模已经远远超出了家庭作坊的范畴,公司通常设立董事会,并从意大利、日本、德国或美国引进先进设备和工艺,在不同程度上开始了机械化、半自动化和自动化的生产。

2000年，民营经济在温州工业总产值中占95%；占温州GDP的85%，远高于全省平均水平（72%）。在浙江，从1978年到2006年间，全省工业产值的75%，以及全省GDP增长的70%，都是由民营经济创造的。

与上述两种模式相比，珠江模式又是怎么样的呢？

珠江模式

珠江模式代表以广州、深圳为中心的珠江三角洲地区乡镇企业的发展路径。在那里，地方政府采取直接的，或者通过地方政府担保贷款等方式，促进乡镇企业的快速发展。在这一点上，与苏南模式有异曲同工之处。

然而，珠江模式与众不同之处到底是什么呢？我们可以从制度和地域两个层面进行探讨。

先说制度层面。在改革开放初期，中央给广东省地方政府一系列的特殊政策。其中，最为突出的是财政包干和对外贸易投资，这极大地激励了地方政府促进经济增长的积极性。在资金、土地和劳动力方面，地方官员能够调动比其他地区更多的资源。这些资源对区域市场的形成和乡镇企业的崛起发挥了非常重要的作用。

再说区位优势。珠江三角洲毗邻香港和深圳。深圳是中国的经济特区，旨在吸引外资。随着中国开始对外开放，由于香港与深圳乃至与周边珠三角地区的密切关系，迅速形成了"前店后厂"的格局，即香港为前店、深圳与珠三角是后厂。那时，香港这个深谙资本与市场而且充满商机的城市，成了连接中国与世界的桥梁。

在通常情况下,海外投资往往投给那些能产生规模经济的企业,其中涉及土地利用和劳工政策,而不是流向个人家庭小作坊。而在80年代的中国内地,可交易的土地市场和劳动力市场根本不存在或很不成熟。毫无疑问,这一过程必须得到地方政府的支持与推动。的确,由于地方政府推动的土地政策和劳动力方面的比较优势,加上国际资本和技术(硬件和软件)的补充,这里的乡镇企业迅速发展,不仅吸收了当地的农村剩余劳动力,还吸引了来自中国其他地方的农民工。

广东省佛山市的顺德县可称为珠江模式的一个典型。它位于珠江河畔,曾经是以渔业和养蚕业为主的传统农业经济县。1978年,顺德县容奇镇成立了一家"容奇制衣厂",这是中国最早的一家"三来一补"的企业。工厂资金、设备、技术、管理人员、原材料、订单都来自香港,容奇镇只负责提供厂房和劳动力。容奇制衣厂雇用了300人,第一年就赚取了20万美元的利润,轰动一时。20世纪80年代,更多的外资被吸引进来,乡镇企业得到了迅猛发展。

到了90年代,随着中国从计划经济向市场经济快速转型,全国各地的乡镇企业开始出现竞争力下降的迹象。作为广东省企业改革试点城市,顺德率先对地方国有企业和乡镇企业进行了股权分置改革和股权多元化改革。

1993年,顺德地方政府对743个原国有企业、集体企业的所有制结构进行了改革,其中包括乡镇企业和城镇集体企业。参加改制的乡镇企业占整个顺德乡镇企业的69%。在这743家企业中，有249家上市；331家改制为经理和职工持股的股份合作社；21家原来由地方政府控股的企业里，政府转为少数股东；剩余的公用事业、交通运输、房地产、外贸等142家企业全部由县、乡人民政府独资或控股。到1996年年底，顺德共成功改制国有企业和集体企业（其中包括乡镇企业）1,001家。[1]

顺德，从一个落后农业地区发展起来的新兴工业城镇，在家具和电器制造行业表现尤为突出，并已成为中国最富裕的县之一。2007年，顺德人均GDP达到107,991元人民币（约合14,200美元）。

现在，把苏南模式、温州模式、珠江模式做一个对比，会得出什么结论呢？实际上，虽然从静态来看，三个模式可能是非常不同的，尤其是在改革开放的初期。但是，如果将其视为一个动态的发展过程，有充分的证据表明，这三个模式有趋同之势，都朝着所谓"理性"和"现代"的经济组织的方向发展。

四、乡镇企业家的风雨沧桑

一个好的故事，要有事件、有道理，还要有人物。要进一步理解中国乡镇企业的发展和演变，接下来让我们去看看三位乡镇企业家的创业历程，他们分别是年广久、潘宁和鲁冠球。

---

[1] CAO Y, QIAN Y, WEINGAST B R. From federalism, Chinese style to privatization, Chinese style[J]. The Economics of Transition, 1999, 7(1): 103—131.

这三位企业家就像一面镜子,折射出乡镇企业是如何在改革开放的大潮中奋勇进取的。

年广久

年广久,1937年出生,安徽省怀远县人。早年间,他随父逃荒,后父亲早逝。除了认得自己的名字,年广久大字不识。但是,在中国更广为人知的是他创立的"傻子瓜子"。

20世纪60年代初,年广久开始以卖鱼、卖水果和核桃为生,后来又开始琢磨炒瓜子。1966年,"文化大革命"开始,年广久的所作所为被贴上了"走资本主义道路"的标签,被以"投机倒把"罪关了二十多天,这是他第二次进监狱。早在1963年,他就曾因为同样的罪名进过监狱。虽历经打击,但年广久做生意的意志并没有被磨灭。出狱后,年广久的瓜子事业在地下"偷偷摸摸"地发展起来。他每天晚上炒瓜子,白天就把包好的瓜子偷偷地卖出去。可是,在那个计划经济的时代,葵花籽是计划内定量配给的,不能随意买卖。

1978年,改革开放后,随着农业生产力的提高和农民的收入增加,人们有了更多的闲钱可以花,他的生意也越来越红火。为了满足市场需求,年广久要做更大的瓜子生意。他在厂子里支起9口大锅炒瓜子,最多的时候雇了100多个人。但这大大突破了政府关于"个体经济雇工不能超过8人"的规定,不然,这就是在走"资本主义道路"。

年广久是一个农民,目不识丁。但是,这不妨碍他很快就意识到自己陷入了资本主义和社会主义意识形态之争的漩涡中。1982年，一份关于年广久雇工百人的调查报告送到了中央农村政策研究室负责人杜润生的手中。杜老将这份报告转交给了邓小平。

雇用8人以上的私营企业是否还属于社会主义"公有制经济的补充"？中国最高领导层并未做出断言。在最初谈到"傻子瓜子"时，邓小平只是说放一放、看一看。

到了1984年，对于"傻子瓜子"的问题，邓小平又说："还有的事情用不着急于解决。前些时候那个雇工问题，相当震动呀，大家担心得不得了。我的意见是放两年再看。那个能影响到我们的大局吗？如果你一动，群众就说政策变了，人心就不安了。你解决了一个'傻子瓜子'，会牵动人心不安，没有益处。让'傻子瓜子'经营一段，怕什么？伤害了社会主义吗？"①

同年，全国的工商户已超过10万户，包括个体户和联合经营的个体户在内的"乡镇企业"被正式定名。然而，此时的政策还是比较保守，不够确定。但年广久

年广久在街头贩卖炒瓜子②

---

① 邓小平. 邓小平文选：第三卷 [M]. 北京：人民出版社，1993：91.
② 图片来自徐明熙，金涛. "傻子"和他的瓜子 [N]. 光明日报，1983-01-04（2）.

的生意已相当有规模，雇工数量已经超过 140 人。

1985 年，为了给自己的企业找一条安全的出路，年广久决定搞联营。他与芜湖市新芜区劳动服务公司、芜湖县清水镇工业公司两家乡镇集体企业一起挂牌联营，成立了芜湖市傻子瓜子公司，成为乡镇企业的一员。作为总经理，他的月工资是 500 元。戴上这顶"红帽子"后，傻子瓜子还经营起西瓜子和花生生意，品牌越来越响，在上海、南京、苏州、武汉都有了客户，一年的产值很快达到了 500 多万元。但同时，这又为他埋下了祸根。年广久对公司、会计和法律事务一窍不通，1989 年因对资金管理不善，他再次被捕，这是他第三次入狱。

1992 年年初，邓小平在南方讲话中提到民营经济时，再次提到年广久："农村改革初期，安徽出了个'傻子瓜子'问题。当时许多人不舒服，说他赚了一百万，主张动他。我说不能动，一动人们就会说政策变了，得不偿失。像这一类问题还有不少，如果处理不当，就很容易动摇我们的方针，影响改革的全局。城乡改革的基本政策，一定要长期保持稳定。"[1]

1992 年获释后，年广久再次大力发展业务，取得了很大的成功。到 1998 年，在"傻子瓜子"的品牌下，他的家族在全国各地共建立了 8 家生产子公司和 197 家专卖店，年产值 400 万元。2001 年，年广久开始了半退休状态，把"傻子瓜子"这个品牌以面值一分钱的名义转让给了他的儿子们。他希望下一代能把传统的家族企业做成现代企业。

---

[1] 邓小平. 邓小平文选：第三卷 [M]. 北京：人民出版社，1993：371.

潘宁

潘宁，1932年出生，小学只读到四年级。20世纪80年代初，潘宁是当时广东顺德容奇镇工业与交通办公室的副主任。

潘宁在多次去外地出差学习的过程中，他意识到做冰箱可能是未来很有前景的产业。于是，他想办法说服了领导，组织了几十个人开始试制冰箱。在技术上，潘宁靠的是北京冰箱厂的支援；在资金上，容奇镇政府出了9万元的试制费。1983年9月，这支杂牌军终于成功地生产出了中国第一台双开门冰箱，并通过了国家技术鉴定。

初期的投资正是所谓的"天使基金"，但当时并没有考虑创业团队的股权问题。那时的中国人还没有学会这些概念。对于潘宁来说，在多年以后，他为此付出了昂贵的代价。

1984年10月，容奇镇成立了一家乡镇集体企业，名字叫"珠江冰箱厂"，潘宁出任厂长。他为自己生产的冰箱取名"容声"。渐渐地，"容声"变得家喻户晓，在中国形成了"南容声、北海尔"的格局。

改革开放初期，销售家用电器实为不易，特别是对乡镇企业来说。当时的乡镇企业一般都生产低端产品，产品质量不被看好。此外，城里人也看不上乡下的人，对他们产品的质量抱有偏见。到了80年代中后期，中国先后引进了79条冰箱生产线，从而引发了一场冰箱大战。为了生存和发展，潘宁视质量和技术为生命。他不仅加大了技术投资，并且还很重视产品营销。他请了香港明星汪明荃做产品代言人，"容声容声，质量的保证"这句电视广告词，几乎家喻户晓。在当时，这种电视营销手段还不多见。

1991年,容声冰箱卖出了48万台,居全国首位。公司产品连续8年在全国销量第一。

90年代初期,顺德地方政府给了潘宁全力的扶持。潘宁要扩建厂区,镇领导决定炸掉镇内的一座小山,将之夷为平地,让潘宁扩建车间。如果当时没有与地方政府双赢互利的关系,这事是不大可能的。

1992年1月29日,邓小平在视察南方时还专门视察了珠江冰箱厂,看到宽敞而现代化的车间,他接连问了三次"这是乡镇企业么?"得到确认后,邓小平说:"我们的国家一定要发展,不发展就会受人欺负,发展才是硬道理。"[1] 他认为顺德的发展充分说明了改革开放的正确,所以改革开放一定要坚持下去,而且还要胆子再大一点。[2]

1992年8月,企业改制成为"珠江电器股份有限公司",其中员工占股20%,镇政府占股80%。创业团队依然没有任何股权优势,潘宁被任命为总经理。

1994年,为筹备上市,公司更名为"广东科龙电器股份有限公司",开始启用"科龙"作为全新的集团商标,并逐步淡化"容声"这个单一冰箱品牌。同时,科龙电器开始上马空调生产线,公司销售额从1993年的18亿元人民币迅速上升到1996年的45亿元人民币。

---

[1] 发展才是硬道理 [EB/OL]. (2016-01-06)[2021-04-20]. http://cpc.people.com.cn/n1/2016/0106/c69113-28020929.html.

[2] 张政等. 顺德为什么能 [N]. 光明日报, 2019-05-26(1).

1996年6月,科龙电器在香港上市,成为第一家在香港上市的乡镇企业,并成功募集资金12亿元人民币,潘宁担任董事长和CEO。公司股份就此一分为三:镇政府持内资股41.96%,内部员工持内资股10.49%,流通股占47.55%。

之后科龙电器一路向前发展,1997年,营业收入达到34亿元,利润6.6亿元,股价一度冲破11港元,是发行价的3倍多。被香港《亚洲货币》杂志评为"中国最佳管理公司"和"中国最佳投资者关系"公司。

1998年12月,潘宁65岁时,持有41.96%控股权的容桂镇政府要换人掌权,强行免去潘宁CEO的职位。1999年4月,潘宁辞去董事长职务,并移民到加拿大。

之后,科龙业绩开始走下坡路。2001年,科龙电器亏损高达15.6亿元,又经过几年的低迷之后,到了2005年,亏损达36.9亿元,科龙陷入内外交困的境地。最终,科龙于2006年被海信收购。

鲁冠球

鲁冠球,1945年出生于浙江省萧山县宁围乡,在钱塘江边长大。15岁时,因家境贫困辍学。鲁冠球儿时的理想是当一个车工。

20世纪60年代初,鲁冠球到县里的打铁铺当学徒,但好景不长,干了三年,打铁铺倒闭了,他只得回到农村。鲁冠球不服输,决定自己创业。可当时是"文化大革命"时期,禁止搞私营经济,他只能偷偷摸摸、时断时续地经营打铁铺生意,并已小有名气。

1969年时,政府要求每个城镇都要有个农机修理厂,鲁冠球被公社邀请去接管已经破败的宁围公社农机修配厂,这是一家社队企业。他变卖了全部家当筹集了4,000元,带领6个农民开始了艰苦的创业。建厂之初,他实行"基本工资＋业绩"的方法。此后的10年里,宁围公社农机修配厂用收购的废旧钢材等作原料,生产犁刀、铁耙、万向节等五花八门的产品,员工也随之达到了400多人,年产值300余万元。①

1979年,中国改革开放的大幕拉开。"国民经济要发展,交通运输是关键"的理念深深地影响到了鲁冠球。他下定决心走专业化道路,专门生产一种叫万向节的汽车零部件,并把工厂的名字改为萧山万向节厂,产品叫"钱潮"牌,希望产品能像钱塘江的潮水一般,带来滚滚财源。

1980年年初,鲁冠球带着两卡车"钱潮"牌万向节,参加了全国汽车零部件订货会。因为不是国有企业,他被拦在场外。不甘失败的鲁冠球核算成本后,决定以低于国有工厂20%的价格在场外摆摊销售。结果"钱潮"牌万向节销售一空,并获得了210万元的订单。这坚定了他的信念：质量不行就给退货,即使亏损也在所不惜。确实,他曾因为坚持对客户的质量承诺,损失过43万元,这在当年几乎是一个天文数字。这种经历使鲁冠球意识到,市场竞争就是价格、质量与成本的竞争。

---

① 吴晓波. 激荡三十年：中国企业1978—2008[M]. 北京：中信出版社, 2008.

鲁冠球是一个不知疲倦的人，他白天工作很长时间，晚上读书几个小时，以弥补从小没有上学的遗憾。他是中国早期积极研究产权、公司治理和管理问题的企业家之一。

1983年3月，鲁冠球为了获得自主创业、自主经营的权力，以自家自留地里价值2万多元的苗木作抵押，承包了社队的厂子。1984年，当国内社队纷纷改组乡镇企业时，鲁冠球打报告要求实行股份制，但没有得到批准。他就土法上马，搞内部职工入股。同年，美国舍勒公司在广交会上"相中"他家的产品，签下3万套订单。由此，其公司成了第一家为美国通用汽车公司配套生产汽车零部件的中国生产商。

通过边实践边学习，鲁冠球认识到承包权应该是全权承包，应该将自主权充分地交给企业，如果企业没有人事权、投资权，就很难到市场上去竞争，就无法打入国际市场。

1988年，鲁冠球将万向节厂的净资产评估为1,500万元，然后与乡政府谈判。他提出将其中的750万元归乡政府，其余归"厂集体"所有。即"花钱买不管"，界定清楚企业与政府的产权关系。通过这次产权界定，鲁冠球获得了对企业的绝对控制权，却又没有丧失"集体企业"的性质，还能继续享受一些优惠政策。

对各方利益相关者来说，这是一个真正的双赢局面，而且这样做也是在政策规定范围之内。作为企业家的鲁冠球，对组织创新直觉很强烈并特别擅长。

随着中国经济转型的深入，鲁冠球在从计划经济走向市场经济的过程中，如鱼得水，企业迅猛发展。

1992年,就在邓小平视察南方这一年,鲁冠球的企业也经历了里程碑式的变化,它击败了国内所有的万向节专业制造工厂,拥有全国60%的市场份额。两年后,1994年,鲁冠球成立万向集团,其中万向钱潮公司在深交所上市,成为在深交所上市的第一家乡镇企业。之后,万向集团的业绩逐年飙升,企业蓬勃发展。

2001年,万向集团实现营收86.36亿元,利润7.06亿元,出口创汇1.78亿美元。同年,万向集团收购了美国纳斯达克上市公司UAI,这是一家美国汽车制动器及零部件的主要供应商。这仅仅是个开始,万向集团不仅在国内迅速发展,也走向了国际化的道路。2017年,除了4家国内上市公司,鲁冠球将40多家海外企业也揽入自己的企业帝国版图之内,其中在美国就有28家。

鲁冠球登上美国《时代周刊》封面

今天,万向集团在亚洲、美洲、欧洲、非洲等地拥有超过4万名员工,业务涉及汽车、新能源、房地产、金融、农业等多个领域。

2017年10月,鲁冠球去世,离世前,他将接力棒传给了儿子鲁伟鼎。生前,鲁冠球先后当选党的十三大、十四大代表,以及第九届全国人民代表大会代表。2018

年,中共中央、国务院决定授予鲁冠球改革先锋称号,颁授改革先锋奖章。

我们从鲁冠球身上可以看出,企业家要具有兼收并蓄和与时俱进的直觉和理念。他所获得的荣誉,反映了过去40年中国改革开放进程涉及方方面面,包括平衡好政治、经济和法律等方面的发展逻辑。

话说到此,或许你的耳边会再次响起那句名言"摸着石头过河",以及"发展就是硬道理"。

五、乡镇企业与减贫

让我们回到故事的开头。本故事的标题已暗示,乡镇企业的发展和减贫是息息相关的。正如我们所强调的,发展是一个历史过程,减贫也是如此。在过程中,顺序至关重要。回顾过去,我们需要做一些"逆向工程"来弄清它的因果机制。

在中国,贫困主要是在农村。邓小平说过:"工业的发展,商业的和其他的经济活动,不能建立在百分之八十的人口贫困的基础之上。"[①]"因为农村人口占我国人口的百分之八十,农村不稳定,整个政治局势就不稳定,农民没有摆脱贫困,就是我国没有摆脱贫困。"[②]

1998年4月,时任中共中央总书记江泽民去江苏考察乡

---

① 邓小平. 邓小平文选:第三卷 [M]. 北京:人民出版社,1993:117.
② 邓小平. 邓小平文选:第三卷 [M]. 北京:人民出版社,1993:237.

镇企业时强调，在我们这样一个农村人口占大多数的国家搞现代化，发展乡镇企业是一项重大战略，是一个长期的根本的方针。实践也证明，发展乡镇企业是实现农业现代化、实现农村小康的必由之路，也是一条有中国特色的工业化道路。[①]

2018年，习近平总书记在广东考察时也给予肯定，他指出：民营企业对我国经济发展贡献很大，前途不可限量。党中央一直重视和支持非公有制经济发展，这一点没有改变、也不会改变。创新创造创业离不开中小企业，我们要为民营企业、中小企业发展创造更好条件。[②]

经历了四十多年改革开放，中国究竟在减贫上获得了多少成就？

根据世界银行统计，从1981年到2008年，中国减贫人口达6.76亿；过去30年来，全球减贫成绩的大约2/3来自中国。

乡镇企业的减贫作用是什么？要回答这个问题，我们得先了解一下中国对贫困的定义，并对标世界银行的标准，这样我们的国际比较才能不离谱。

2008年前，中国有两个衡量贫困的标准：一个标准是1986年制定的绝对贫困标准——每人每年206元人民币。该标准以每人每天2,100大卡热量的最低营养需求为基准，再根

[①] 张宿堂，殷学成. 江泽民在江苏考察时指出要从战略高度重视乡镇企业发展 [EB/OL]. (1998-04-23)[2021-07-10]. http://www.people.com.cn/9804/23/current/newfiles/a1011.html.

[②] 习近平. "只能壮大、不能弱化" 习近平这样谈民营经济 [EB/OL]. (2019-12-24)[2021-07-10]. https://baijiahao.baidu.com/s?id=1653774685519053357&wfr=spider&for=pc.

据最低收入人群的消费结构进行测算。后来考虑到物价调整，2007 年时，该标准上调到 785 元。另一个标准是 2000 年制定的最低收入标准——每人每年 865 元，到 2007 年时上调到 1,067 元。

2008 年，中国将绝对贫困和最低收入这两个标准合二为一，统一使用每人每年 1,067 元为贫困线标准。此后，随着消费价格指数等因数的变化，贫困线又在 2010 年上调到 1,274 元，2011 年上调到 2,300 元，2016 年上调到 3,000 元。经过几次大幅上调，现在中国的贫困线标准已与世界银行的国际贫困线标准接近。2008 年，世界银行把贫困线标准从每人每天的 1 美元提升到 1.25 美元，现在又提高到 1.9 美元。

根据农业农村部的统计数据，2007 年中国乡镇企业总就业人数约 1.5 亿，乡镇企业职工人均年收入 9,000 多元。我们可以保守地估计一下乡镇企业的减贫效应。拿 2007 年就业人数 1.5 亿计算，假定乡镇企业平均每个职工家庭人数为 4 人，再假定其中 3 人收入为 0——这是一个极端的假设，以较大的差异幅度，可保证估算的稳健性。假设贫困线定在 2,000 元，它接近 2011 年每人每年 2,300 元的贫困线标准、明显高于 2010 年 1,274 元的标准。那么，乡镇企业减贫的效应如何呢？毫无疑问，其作用是巨大的——6.75 亿人口从中脱贫。[①]

换句话说，1978—2007 年，通过市场化改革和对外开放，创造附加值较高的非农就业机会，乡镇企业可能已经使 6.7 亿

---

① （9,000/2,000）×1.5=6.75。

多的农村人口摆脱了贫困。有明显的证据可以说明，乡镇企业的发展是中国减贫最大的解释变量，其他剩余需要解释的是边际性的且是难啃的硬骨头。① 解决剩余这些人的贫困问题，还要靠财政的投入，更需要"精准扶贫"，使扶贫资金实实在在地流到贫困人口手中。但是财政投入说到底是来自税收，乡镇企业的间接贡献也是巨大的。②

实际上，上述保守的估计并不包括乡镇企业用于农业发展的直接投资及其巨额税收贡献。例如，仅2007年，乡镇企业对农业发展的直接投资就达200亿元，税收贡献达7,200亿元（见附录）。据财政部统计，1997年至2003年，中央财政安排用于扶贫开发的资金达1,830亿元，比1986年至1996年的总和还要多。这样做的前提是不断扩大的税基。顺序颠倒不可行。制定正确发展战略的关键之一是时间顺序不能搞错。这里再加一个相关的证据，2006年，中国全面取消了农业税。与改革前的1999年相比，2006年全国农民共减轻负担约1,250亿元。③ 设想一下，如果没有前二十年乡镇企业的蓬勃发展，对工业基础做出的贡献，这是可能的吗？

根据国家统计局的数据，2018年，乡镇企业（现在多被称为非国有中小企业）的就业人数是1.6亿，年人均收入为49,575

---

① 通常指文盲、残疾人和老年人。

② 一般来说，约80%由财政承担（中央65%、地方15%），其余部分来自私人捐款等社会资源。这里存在地区差异。

③ 财政部. 全面取消农业税 [EB/OL]. (2007-06-13)[2021-07-10]. http://www.gov.cn/ztzl/czsy/content_646742.htm.

元人民币。

  2019 年，根据财政部统计，中央财政扶贫专项资金达到 1,260 亿元，连续 4 年比上年增加 200 亿元。① 显然，"精准扶贫"离不开政府这个"有形的手"。当然，实现这一目标的先决条件是一个不断增长的税基，而税基的扩大离不开工业化和城镇化道路的成功。2019 年年底，贫困人口的数量从 2012 年的 9,899 万减到 551 万，连续 7 年减贫 1,000 万人以上。②

  本书付梓之前，习近平总书记出席了全国脱贫总结表彰大会，他在会上宣告在中国共产党成立 100 周年的重要时刻，现行标准下 9,899 万贫困人口全部脱贫。至此，中国历史性地解决了绝对贫困的问题，提前 10 年实现联合国《2030 年可持续发展议程》的减贫目标。

---

① 具体来说，2010 年为 222 亿元；2011 年为 270 亿元；2012 年为 332 亿元；2013 年为 394 亿元；2014 年为 423 亿元；2015 年为 460 亿元；2016 年为 660 亿元；2017 年为 860 亿元；2018 年为 1060 亿元；2019 年将达到 1260 亿元。平均而言，地方政府的占比约为中央的四分之一。
② 蒋新宇. 中国用 7 年时间创造人类脱贫史上的奇迹，令全世界瞩目 [EB/OL]. (20-08-30)[2021-06-02]. https://baijiahao.baidu.com/s?id=1676416380916176113&wfr=spider&for=pc.

思考题：

1. "现代企业"的标准概念是什么？这个概念在多大程度上适合（或不适合）中国乡镇企业的发展？在20世纪80年代，当许多私营企业家选择模糊而非清晰的产权安排时，他们的行为（或者策略）是理性的还是非理性的？为什么？

2. 1978年以前的社队企业都是集体性质的，1984年以后的许多乡镇企业也是集体性质的，但是它们的表现有很大的不同，你认为原因是什么？20世纪80年代乡镇企业的全要素生产率远高于国有企业，但90年代中期这个差距缩小了，又是为什么？

3. 从政策对经济发展的影响来看，1978—1984年，农村"家庭联产承包责任制"是如何在不经意间影响了社队企业的表现，进而影响了整个中国改革开放进程的？

4. 从理论上看，"具有中国特色的奥斯特朗姆模式"是什么？如何与霍布斯式的国家模式比较？考虑到中国中央与地方的关系特点，特别是乡镇以下的权力安排，对基层干部和企业家来说，当经济自由与市场化程度不同步时，涉及激励机制、产权和公司治理等方面，"经济理性人"意味着什么？

5. 在改革战略方面，您如何看待作为从计划经济到市场经济过渡的"价格双轨制"？与苏联不同，"价格双轨制"作为转型经济的发展战略，你的评价是什么？有人说，建设制度不易，毁掉制度容易，你同意这个说法吗？帕累托方法和贝叶斯方法有什么不同之处？

6. 制度总是与历史和社会有着千丝万缕的关系，由此，学术上有"路径依赖"或"锁定效应"的说法。中国独特的户籍制度是如何影响中国乡镇发展和城镇化进程的？有人说中国是工业化超前、城镇化滞后，你同意吗？为什么？

7. 中国历史上也曾做过工业化的努力，如洋务运动、20世纪50年代的"大跃进"，为什么没能成功？从"苏南模式""温州模式""珠江模式"中，你学到了什么，特别是涉及中央与地方的关系方面？从理论、战略和政策三个不同层面，如何解读三个不同发展模式？在"珠江模式"中，在改革开放早期，外资的涌入，快速地促进了集体（而非私营）乡镇企业的发展，这种现象看起来奇怪，其实不然。为什么？

8. 邓小平三次谈到"傻子瓜子"，他为什么这么在乎这个个体户？从这些细节中，你能在他身上看到何种领导力？改革就像"摸着石头过河"，回顾乡镇企业的发展道路，特别是考虑外部的政策因素，你对这句话有什么新的解读？

9. 什么是企业家精神？为什么这是个重要的议题？它在何种程度上反映了新古典经济学模式的不足？理论、战略（策略）、政策的关系是什么？如何解释年广久、潘宁和鲁冠球几位企业家的不同"命运"？

10. 对其他发展中国家来说，如何用好各自的比较优势，制定有效的工业化和减贫的发展战略？"有形之手"和"无形之手"到底起什么作用？中国乡镇企业的发展有什么启示？哪些可学习，哪些不可复制？制定战略需要理论指导，此外，还必须有正确的先后顺序，为什么？中国在2006年取消了农业税，这能说明什么？

补充阅读材料：

OI J C. Rural China takes off: institutional foundations of economic reform[M]. Berkeley, CA: University of California Press, 1999.

VOGEL E F. One step ahead in China: Guangdong under reform[M]. Cambridge, MA: Harvard University Press, 1990.

WEITZMAN M L, XU C. Chinese township-village enterprises as vaguely defined cooperatives [J]. Journal of Comparative Economics, 1994, 18(2): 121—145.

附录

中国乡镇企业发展情况（2001—2007）

	2001	2002	2003	2004	2005	2006	2007
企业总数（万家）	2,116	2,133	2,185	2,213	2,250	2,314	2,364
从业人员（万人）	13,086	13,288	13,573	13,866	14,272	14,680	15,090
乡镇企业增加值（亿元）	29,356	32,386	36,686	41,815	50,534	57,955	69,620
乡镇工业增加值（亿元）	20,315	22,773	25,745	29,359	35,661	40,864	47,800
出口额（亿元）	9,599	11,563	14,197	16,932	20,662	25,416	30,200
劳动者报酬（亿元）	7,732	8,528	9,072	9,756	11,117	12,286	13,680
利润总额（亿元）	6,709	7,558	8,571	9,932	12,519	14,735	16,900
税金总额（亿元）	2,308	2,693	3,130	3,658	5,181	6,105	7,200
支农资金（亿元）	147	312	119	120	187	202	200
第三产业增加值（亿元）	6,562	6,983	8,544	9,743	11,068	12,733	14,650

来源：相应年度《乡镇企业统计资料》与《中国乡镇企业年鉴》。

4

春天的故事
——深圳奇迹般的崛起[①]

一、引言

深圳是中国通向世界的南大门,世界上没有哪个城市能匹敌它的发展速度。

——傅高义,哈佛大学

40年前,深圳还是一个小渔村,从一个小渔村变成一个全球化都市,深圳的发展是个奇迹。深圳当地人常自豪地说:"罗马不是一天建成的,但深圳却是一夜城"。来参观访问的外国游客常常把深圳称为一座"instant city",即"速生城市"。

"深圳"这个名字最早出现在明朝永乐八年(1410年),字面意思是"田边的深水沟"[②],就是今天深圳河所在的位置。

[①] 此故事的写作过程涉及多个环节,包括选题讨论、文献研究、实地考察、采访记录、图表绘制、网络查询、翻译、后勤支持等,特别感谢薛兆丰、尹建红、罗雪挥、陆静斐、周强、郭志辉、王勇、刘旭杰、胡伟春、张俊杰、威廉·强、赵婷等人的参与和协助,以及学生们参与课堂讨论并给予反馈。

[②] 央视网. 特区40年,深圳再出发[EB/OL]. (2020-10-16)[2021-03-22]. https://nd.mbd.baidu.com/r/jzOPaFBt2E?f=cp&rs=1875413352&ruk=UJiUPFGRZ_xmslHYeSFLyg&u=feed500df9284b98.

深圳在河北岸,香港在河的另一边。

那些稻田早已不复存在。

如今的深圳,到处是让人眼花缭乱的高楼大厦,它有现代化的基础设施,以及规模强大的制造产业、空运能力和集装箱码头,是全世界 GDP 排名前 20 的特大城市之一(见图1)。深圳的面积有 1,997 平方公里,人口超过 1,300 万。因为城市的发展,高端人才不断流入,土地租金也不断上涨,目前深圳已经成为中国房产最贵的城市之一。

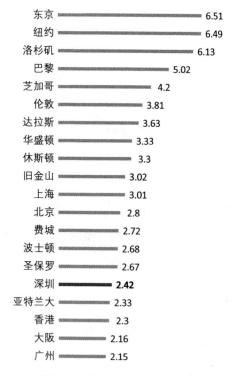

图1　2018 年世界 GDP 排名前 20 城市(单位:万亿人民币)

来源:深圳市政府研究室。

4 春天的故事——深圳奇迹般的崛起

深圳这个神话般的故事得从广东省宝安县的蛇口镇开始讲起。时间起点是 1979 年。

1979 年 3 月，宝安县经由国务院同意改设为深圳市。

1983 年的深南路①

1979 年 7 月，党中央、国务院批准广东省实行"特殊政策、灵活措施、先行一步"，试办出口特区。

1980 年 8 月，深圳由第五届全国人大常委会第 15 次会议正式批准成为"经济特区"。

之后，深圳都发生了什么变化？

我们先来比较下深圳的昨天与今天。

1980 年，深圳的人口大约是 30 万，而到了 2018 年，人口已经超过 1,300 万。1980 年，深圳的 GDP 只有 2.7 亿元人民币，到了 2018 年，GDP 已经达到 2.422 万亿元。

若把深圳和香港做个对比：1980 年，香港的 GDP 是深圳的 700 倍，香港的人均 GDP 是深圳的 50 倍；2018 年，深圳的 GDP 超过香港，深圳人均 GDP 是 20 万元，香港为 32.2 万元。②

横比、纵比的结果都会令人惊叹，用胡锦涛的话来说，深圳过去几十年的高速发展"创造了世界工业化、现代化、城市化

---

① 何煌友摄，图片来自晶报.这些老照片，带你走进深圳的昨天 [EB/OL]. (2018-01-05)[2021-07-10]. http://ilonghua.sznews.com/content/2018-01/05/content_18185907.htm.

② 数据来自国家统计局及香港特别行政区政府统计处公开资料。

2018年的深圳

发展史上的奇迹""为我国改革开放和社会主义现代化建设做出了重要贡献"。①

深圳的迅速崛起是中国近四十年来发展的一个缩影。在国家发展中,政府的作用是什么?市场的作用又是什么?这在学术界和政策界是个长期存在争议的议题。通过深圳这个故事,我们或许对这个问题会有更深刻的理解。其中,政治领袖、公共政策、战略眼光、企业家精神都是要涉及的话题,我们从深圳这个故事里又能学到什么?

1979年,在中央计划经济的历史背景下,中国拉开了对内改革、对外开放的发展宏图。作为"试验田",深圳是这个总体战略的一个部分,目的是检验市场经济的效应。如果成功,它的经验再在全国的其他地方推广。

深圳能够成为中国改革开放的"试验场",取决于具体的空间和时间条件约束。因此,我们先从四十年前的深圳为起点开始考察这座城市,最后作为经验的升华,我们用一个普适性的以简洁的教学方程式表述的启发式增长理论②作为结束。这样

---

① 胡锦涛. 在深圳经济特区建立30周年庆祝大会上的讲话[EB/OL]. (2010-09-09)[2021-03-22].http://www.gov.cn:8080/ldhd/2010-09/06/content_1696822.htm.
② 如此表述是受认知科学和人工智能专业语言的启发,英语是"Meta-heuristic"(元道启发式),更详细的见本书正文之后"理论的思考——大道至简"部分。

做的好处是理论与实践保持统一,理论所产生的假说可以在实践中加以证实或者证伪。

长话短说,保持理性主义与实证主义之间的紧密对话是生产科学知识的关键。相关地,发展中的创新可以看作"在经验中试错的演绎",这个过程就类似"摸着石头过河"!

二、"双城记"

根据深圳市政府发展研究中心主任吴思康的介绍,深圳过去四十年的发展速度超出所有人的想象。四十年前,深圳与香港的生活水平差距非常大,如今这种差距已大大缩小。1979 年,深圳的 GDP 只有 1.96 亿元人民币,人均 GDP 606 元,而当时香港的 GDP 超过 1,490 亿元人民币,人均 GDP30,238 元人民币。香港 GDP 总量是当时深圳的 700 多倍。[①]

撇开这些数字,让我们先来看看现实世界的罗芳村。据说,因为这个村子的大多数村民是罗姓和方姓的后代,所以取名为"罗方村",后来改名为"罗芳村"。

罗芳村

罗芳村位于深圳与香港(新界)之间,改革开放前,当地人用"双城记"来形容这里发生的故事,他们是否知道自己用

---

① 2019 年 1 月,吴思康在深圳北京大学汇丰商学院对前来考察的北京大学南南合作与发展学院的师生就深圳发展做了报告。

了狄更斯小说的名字？同是一个罗芳村，却被铁丝网和深圳河隔开，一边属于深圳，一边属于香港。这是一个绝好的真实世界的案例。这里正是如研究方法论的课本里所教的——在"其他参数不变"的情况下，来研究贫穷和富裕的原因。

在深圳建市初期（1980—1981），吴南生兼任深圳市市长，他对深圳的起步起到了关键作用。有一次他去罗芳村做调查，发现深圳河两岸的罗芳村，只一道边境线相隔，收入差距却大到不敢让人相信。深圳这边的人均年收入是 134 元，而香港那边是 13,000 元，竟然相差 100 倍！

令吴南生感到惊讶的是，原本在香港一侧并没有罗芳村，由于从深圳到香港的非法偷渡，才使得这个同名村庄应运而生。[①]

罗芳村形成于清朝，跨越如今深圳和香港两地，属于当时的临安县。临安县在民国 1914 年改名为宝安县。从鸦片战争、签署《南京条约》到割让九龙和租借新界，一系列历史事件把香港岛和其北边的临近区域从宝安县分割出去，成为英国殖民范围，一直到 1997 年。

期间，村民种植荔枝、养鸡、养殖牡蛎，边境贸易一直没有中断过。民国时期有一条九广铁路连接香港和宝安县，深圳市场当时是九广铁路进入内地的第一站。

1949 年以后，随着中英关系恶化，1951 年内地和香港道路

---

① 陈炎兵，何五星.中国为何如此成功：引领中国走向成功的高层重大决策纪实 [M]. 北京：中信出版社，2008.

被阻断。从那以后，就像是冷战时期的柏林墙一样，深圳河成了"社会主义"与"资本主义"的分界线。

用脚投票

然而，对罗芳村的村民以及很多人来说，一旦有了机会，就会"用脚投票"。确实，那时有很多人选择出逃，冒着被淹死、击毙或者坐牢的风险，偷渡到香港寻找更好的生活。香港是当时的区域贸易中心。

陈标是个厨子，当时成功游过深圳河偷渡到了香港。他说："我心里明白，去香港不为别的，就是为了挣钱。其他人也这么想。年轻时候我们都努力学游泳，为的就是有朝一日能逃到香港去。有些人不幸在偷渡途中淹死了，我很幸运活了下来。"①

深圳历史上总共出现过四次大规模的偷渡，分别是1957年、1962年、1972年和1979年。参与者除广东当地人，还有来自湖南、湖北、江西、广西等地的人。②

人口统计数据的异常变动或许可以说明问题。根据宝安县志记载，1970年宝安县人口是304,629人；到1979年，总人口才312,610人，期间人口增长率仅为0.8%，大大低于1.94%的全国同期平均增长水平，这也许能说明当时有大量人口偷渡到香港。

---

① 熊君慧. 我的1980：深圳特区民间叙事 [M]. 深圳：深圳出版发行集团，海天出版社，2010：30.
② 林天宏. 人民会用脚投票 [N/OL]. 中国青年报，2010-12-08[2021-07-10]. http://zqb.cyol.com/content/2010-12/08/content_3459196.htm.

当地人会告诉你，那时只有女人和小孩还留在破旧的村子里，身强力壮的男人都逃走了。①

实际上，偷渡和阻止偷渡之间的拉锯战常常搞得当地的警察和边防部队焦头烂额。

"我们的政策有问题"

邓小平在"文化大革命"结束后恢复领导职位，1977 年 11 月，他来到广东考察。当地官员向他汇报了让人头疼的"逃港"问题，希望得到部队的支持，以帮助当地警察加强边防控制。

邓小平仔细听着汇报，连吸了几根烟，过了好久他终于开口说："这是我们的政策有问题。""此事不是部队能管得了的。"②这两句话让广东的同志百思不得其解。

一年后，事情明朗了。一件大事就要发生了。

1978 年，中国进行了密集的外交出访。这一年，中国有 12 位副总理、全国人大常委会副委员长以上的国家领导人，先后 20 次访问了 51 个国家。③目的就是开阔眼界，寻找适合我国的发展路径。回国后，许多官员产生了紧迫感，他们认识到中国已远远落在后面，必须迎头赶上。

1978 年，国务院设立了港澳办公室，它为官方正式访问和

---

① 熊君慧. 我的 1980：深圳特区民间叙事 [M]. 深圳：深圳出版发行集团，海天出版社，2010：30.
② 共产党员网. 邓小平超简洁语言魅力：5 个问题答 11 个字 _ 共产党员网 [EB/OL]. (2013-03-19)[2021-03-22]. http://news.12371.cn/2013/03/19/ARTI1363679608151732.shtml.
③ 赵一苇. 1978：改革之发轫 [EB/OL]. (2019-10-09)[2021-03-22].http://www.inewsweek.cn/politics/2019-10-09/7196.shtml.

后来的外资进入铺平了道路。①

1978年12月,党的十一届三中全会在北京召开。这次会议确立了国家新的发展战略,做出了把党和国家工作重点转移到经济建设上来和实行改革开放的伟大决策,从此中国进入改革开放新时期。

什么是战略?战略就是指导全局的长远规划和政策手段。

哈佛大学的阿尔弗雷德·钱德勒认为战略有两个必不可少的要素②:首先,战略本质上具有前瞻性。制定一个战略,必须确定未来要达到的目标。其次,要制订一个计划以达到预期的未来状态,并且采取相关的行动。这包含一系列的政策工具。③

三、经济发展大战略

20世纪70年代末,在农村,家庭联产承包责任制的改革得到政府认可,成为后来影响深远的中国农村改革的最初推动力。

而在城市,类似的改革也在上演。最初的推动力由自下而上变成后来的自上而下,并且契合了当时中国改革开放的新战略目标。招商局———一家直属于当时交通部的国有企业,成为

---

① 先锋国家历史. 1978年中国官员出国,睁眼向洋看世界 [EB/OL]. (2008-12-25)[2021-03-22]. https://news.ifeng.com/history/1/jishi/200812/1225_2663_939356_1.shtml.
② CHANDLER A D, Jr. Strategy and structure: chapters in the history of the industrial enterprise[M]. Cambridge, MA: The M.I.T. Press, 1962.
③ 更多关于公共政策的内容,可参见如 HOWLETT M, RAMESH M. Studying public policy: policy cycles and policy subsystems[M]. Oxford: Oxford University Press, 1995 等书。

这次城市改革开放的主角。

招商局有着悠久的历史,它的起源可以追溯到清末李鸿章领导的洋务运动。作为招商局前身的"轮船招商局"是一家轮船运输公司,1872年由盛宣怀建立。它是中国第一家全国性工商企业,代表着中国为实现现代工业化、向西方学习的早期努力。而在106年后,招商局又一次成为改革的先锋。

"地图上的圈"——蛇口工业区

蛇口曾是一个安静的小渔村,位于深圳西南头半岛的尖端,距离一水之隔的香港(新界)大约5公里。

1978年11月,招商局向交通部递交了一份政策报告,建议在蛇口设立一个工业区,利用相对于香港和澳门的本地生产要素成本优势来促进经济发展。

这份报告由招商局时任常务副董事长袁庚执笔。袁庚是一位从炮火烽烟中走出来的共产党将领,还做过越南胡志明主席的情报与炮兵顾问,以及驻印度尼西亚、柬埔寨等地的外交官等。1949年,袁庚作为两广纵队炮兵团团长率军南下,解放了深圳,而30年后,他又以另外一种形式在经济上"解放"了深圳。

"从蛇口开始搞改革开放,其实挺偶然的,最初的想法只是为了在靠近香港的地方建一个厂,拆卸废弃的船只,然后把金属零部件再卖给香港的造船厂。"袁庚回忆道。①

---

① 涂俏.袁庚传:改革现场(1978—1984)[M].北京:作家出版社,2008:25.

4 春天的故事——深圳奇迹般的崛起

关于设立蛇口工业区的提议得到了北京的积极响应,李先念和其他高层领导人都对此表示赞同。[①] 提议得到通过并不意外,因为在十一届三中全会之后,中央领导层正在积极寻求改革开放新战略的突破口。

于是,1979年1月31日,时任中共中央副主席李先念和分管对外经济关系的时任国务院副总理谷牧一同会见了时任交通部副部长彭德清和袁庚。在会面过程中,李先念拿出一支铅笔在袁庚从香港带来的中国地图上画下一个圈,并对袁庚说:"把宝安县南头半岛都给你,"随后又补充:"不给你们买船建港,你们自己去解决,生死存亡,你们自己管。"李先念的意思是把整个南头半岛80多平方公里的土地都给袁庚,但是袁庚笑笑说:"我还是只要我的'小舢板','航空母舰'暂时还驾驭不了。"[②] 他只要了蛇口上的一个"小圈",包括港口有2.14平方公里。

今天,作为改革开放战略历史性第一步的象征,画着一大一小两个圈的地图还保存在蛇口招商局的档案中。这就是在中国家喻户晓的那首歌曲《春天的故事》所描述的历史背景。

时间就是金钱,效率就是生命

1979年7月,蛇口工业区破土动工,它后来被称为"改

[①] 李岚清. Breaking through: the birth of China's opening-up policy[M]. 北京:外语教学与研究出版社,2009:74.

[②] 人民网. 蛇口工业区,一根"试管"的诞生 [EB/OL]. (2018-12-05)[2021-03-22]. https://www.cmhk.com/main/a/2018/l05/a37206_37770.shtml;深圳创新发展研究院. 致敬改革人物——袁庚:打破铁饭碗,大不了再回秦城去 [EB/OL]. (2018-01-03)[2021-03-22]. https://finance.sina.cn/2018-01-03/detail-ifyqcwaq6980745.d.html?cref=cj.

骑自行车的人群经过路边的标语:"时间就是金钱,效率就是生命"

革开放的试管"。

回想起来,那是深圳崛起的第一步。招商局在蛇口工业区内规划了由工业区、商业区和住宅区组成的综合发展网络。

袁庚担任了蛇口工业区的首位负责人。他提出的"时间就是金钱,效率就是生命"这句口号至今耳熟能详,被认为是深圳创新精神的象征。本着这种精神,蛇口在未来的几年内孕育出了一批在银行业、保险业、信息技术产业、房地产业和集装箱运输业的大公司。

为了吸引投资、刺激工业增长,蛇口工业区在中国率先推出了一个旨在增强流动性和激励性的"就业市场",打破了旧的中央计划体制中的"铁饭碗"——就业采取合同制,报酬包括基本工资、岗位工资,以及用来激励实际工作表现的浮动津贴和奖金。

这种机制现在看起来很普通,但在当时却非同寻常。

早年间,招商局蛇口工业区还承担了很多政府职能,比如边境通行证、居住证、公司注册、城市规划、学校医院及基础设施建设等。原因很简单,因为当时那里还没有相应一级的地方政府。

也许,这既是偶然也是设计,为以后深圳经济特区的扩张定下了服务型"小"政府的基调。一个精简务商的政府才是吸引投资尤其是国际资本的关键。①

1982年2月，一艘菲律宾货船抵达蛇口港，这是蛇口港历史上迎来的第一艘外国船只。如今，蛇口港已经成为全球最繁忙的集装箱运输港口之一。

"经济特区"背后的含义

对许多人来说，事后学习比事前学习更容易，也更容易被说服。事后，眼睛能够看到明确的结果；而在事前，人们很容易陷入无意义的争论。眼见为实，说的就是这个道理。

由此，一个成功的策略是，循序渐进的实践成果会给人们更多的信心，用事实说话，淡化无意义的争端，也就是常说的"摸着石头过河"。在不确定的情况下，明智的做法是先从小规模开始，就像在实验室控制的试验一样，慢慢改变条件，而不是一股脑全上。

"经济特区"的名称也是这个道理。之所以叫"经济特区"，就是要避免陷入关于"社会主义"与"资本主义"之间不断的意识形态争端。正如邓小平所说，"对办特区，从一开始就有不同意见，担心是不是搞资本主义。"②

当时，党中央派习仲勋主政广东，他开明、务实，是个行动派。在深圳特区建立十周年时，习仲勋曾对记者说："千言万

---

① 针对这一话题的全球化观点，可参见例如 SHONFIELD A. Modern capitalism: the changing balance of public and private power[M]. London: Oxford University Press, 1965 等书.
② 邓小平. 邓小平文选：第三卷 [M]. 北京：人民出版社，1993：372.

语说得再多，都是没用的，把人民生活水平搞上去，才是唯一的办法。不然，人民只会用脚投票。"[1]1979 年 4 月 28 日下午，习仲勋在中央工作会议上提出"希望中央给点权""让广东先走一步"的建议。这些建议得到了邓小平的认可。[2]

最初，广东省委提议的是在深圳、珠海和汕头开办"出口加工区"，关于这个命名还曾有过分歧。最后是身经百战的邓小平拍了板儿，他说："就叫特区，陕甘宁开始就叫特区嘛！"意识到资金的困难，邓小平还对习仲勋说："中央没有钱，可以给些政策，你们呢自己去搞，杀出一条血路来！"[3]

邓小平曾是一名优秀的军事指挥官，"杀出一条血路"是个军事用语，常用来指示先遣部队，如果先遣部队成功了，大部队人马就可以安全地跟进。

若要在不确定、未知和有约束的情况下，最大限度地提高收益、减少损失，就需要在可控或可管理的环境中，恰当地规划战略实施的时间和排序，这是成功实施大战略的关键。

1979 年 7 月 15 日，广东省的深圳、珠海和汕头以及福建省的厦门被中央政府正式批准为"特区"，作为新时期改革开放的窗口。批准文件是中共中央和国务院联合印发的"中发 [1979]

---

[1] 孙斌. 习仲勋下放时邻居：习老每月都从厂里打借条维持生活 [EB/OL]. (2013-10-18)[2021-03-22]. https://www.chinanews.com/gn/2013/10-18/5394825_6.shtml.

[2] 韩晓青. 习仲勋与广东改革开放 [EB/OL]. (2018-11-19)[2021-03-22]. https://my.mbd.baidu.com/r/im0B14k19e?f=cp&rs=109919280&ruk=UJiUPFGRZ_xmslHYeSFLyg&u=d1823a5498d0de57.

[3] 余玮. 邓小平和特区的故事 [EB/OL]. [2021-03-22]. http://cpc.people.com.cn/GB/85037/85038/7759329.html.

50号"文。在四个特区中,深圳在之后的发展中独占鳌头,最为成功。

一年后的1980年8月26日,第五届全国人民代表大会常务委员会第十五次会议批准了《广东省经济特区条例》,深圳作为"经济特区"及其管理构架由此确定。于是,1980年8月26日被认定为深圳经济特区的诞生日。

中发〔1979〕50号文件

从地理空间范围来看,深圳经济特区最早的面积是327.2平方公里,后来扩大到396平方公里。

深圳经济特区有两个边界:位于南边的深圳、香港分界线被称为"一线",北边的深圳经济特区管理线叫作"二线"。"一线"是"一国两制"政策的分界线,"二线"把"一国两策"的"试验场"区隔开来。

从战略层面上看,这个举动显然遵循了帕累托改进原则,即"没有输家的改革。"①

2010年,深圳经济特区进一步扩大到整个深圳,面积涵盖1,997平方公里。

---

① 帕累托改进是一种资源分配变化不伤害任何人且至少惠及一个人的体制改进。相同的逻辑适用于中国20世纪90年代早期的转型战略"价格双轨制"。感兴趣的读者可以阅读 LAW L, Qian Y, Roland G. Reform without losers: an interpretation of China's dual-track approach to transition[J]. Journal of Political Economy, 2000, 108(1): 120—143.

深圳经济特区的内涵比"出口特区"或者"自由贸易区"宽泛得多。根据 1980 年批准的管理架构，经济特区经营范围十分广阔，包括工业、农业、畜牧业、养殖业、旅游业、住宅和建筑业、高级技术研究制造业，以及客商与特区共同感兴趣的其他行业，都被允许投资或合资兴办。[①]

更重要的是，经济特区作为"试验场"在计划经济的大背景下测试市场经济的有效性，这对体制改革和创新产生了深远的影响。正如邓小平所说："特区是个窗口，是技术的窗口，管理的窗口，知识的窗口，也是对外政策的窗口。"[②]

因此，经济特区除了吸引外国投资和技术，促进出口，以及为当地经济创造就业和溢出效应这些常规目标外，还要学习市场运作和建立市场制度。

另外，特区的地理位置也是一个相当重要的因素。事实上，在香港、澳门地区及印度尼西亚等其他地方散居的华人中蕴藏着广泛、深厚的资本和知识储备。当时，广东华侨约有 800 万人，福建华侨约 500 万人，约占全球海外华人的 65%。

战略顺序至关重要

20 世纪 30 年代，上海是亚洲最国际化的城市，不仅企业云集，还生活着大约 30 万外国人。人们不禁要问：历史上上海与外资有着如此密切的联系，为什么特区不是上海呢？

---

① 全国人大常委会. 广东省经济特区条例 [A/OL]. (1980-08-26) [2021-03-22]. http://www.npc.gov.cn/wxzl/gongbao/2000-12/10/content_5009544.htm.

② 邓小平. 邓小平文选：第三卷 [M]. 北京：人民出版社，1993：51—52.

其实,上海曾经是经济特区的备选城市,但最终不了了之。因为上海当时是中国最重要的工业中心,财政贡献最多。这样一个成熟的城市如果要进行广泛的改革,会引起众多争议。如果改革失败,要承担的政治风险和经济风险是巨大的。[1]

深圳经济特区不仅是人们思维、意识形态辩论中的一次实验,而且是市场化改革开放所能取得的成果的实践证明,它验证了战略排序在"边干边看"的适应性学习过程中的重要性。

1984年1月,邓小平在深圳考察期间,目睹了深圳的快速发展:村民的生活改善了;由于就业市场的繁荣,民众不再选择偷渡;外商投资不断加大,工业增长速度极为可观;更为突出的是"三天一层楼"的城市建设速度,被叫作"深圳速度"。[2] 邓小平用毛笔写下"深圳的发展和经验证明,我们建立经济特区的政策是正确的",表达了他对深圳经济

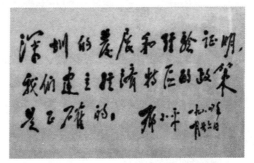

邓小平笔迹

---

[1] 十年后,上海迎头赶上。1992年,中央政府把与旧城区隔江相望的上海浦东新区划定为开发区。那时,关于市场化改革和开放的共识已经在更大的范围内形成。

[2] 最早指的是深圳国际贸易大厦的施工速度,工人们平均每三天盖一层楼。

特区"试验场"早期成功的认同。

深圳特区的早期成功起到了巨大的示范效应。1984年邓小平视察深圳经济特区后,中国开始在另外14个沿海城市复制深圳的成功经验。① 到1988年,整个海南省也被宣布成为经济特区。

正确的时间顺序对改革开放战略的成功起到了至关重要的作用。

一般来说,改革开放意味着打破现有的平衡。因此,根深蒂固的利益集团常常会通过拖延、模糊概念、选择性执行规定等办法来阻碍改革进程。具有讽刺意味的是,反改革派在战略上有时拥有不小的自由裁量权,他们却往往用自己干预改革的结果作为改革失败的证据。

因此,阻力最小的地方最有可能成功。这个经验对党中央领导层来说并不陌生,因为中国共产党一条重要的革命经验就是"农村包围城市",最终取得全国的胜利。

同样的逻辑,中央把改革开放的突破口放在了深圳。深圳的崛起是从宝安县开始的。在那里,人们不愿维持现状,就不会抵制市场化改革,而是会拼命地"用脚投票"从计划经济"逃"

---

① 1984—1991年,大连、秦皇岛、天津、烟台、青岛、连云港、南通、上海、宁波、温州、福州、广州、湛江、北海等14个沿海城市率先被设立为沿海港口开放城市;随后,开放步伐逐渐向中部迈进,25个高新技术产业开发区相继设立,形成了对外开放的"点线面"结合的格局。随后又在全国设立了高新技术产业园、保税区等。在这些经济园区的外商投资企业都享受"两免三减半"的特殊税收政策,即头2年免征、后3年减半征收企业所得税,2007年后内外企业所得税才统一。

到市场经济。

意识形态上，要计划还是要市场？党内的决策者清醒地意识到更重要的是面对现实、实事求是，解决现实世界民众生存的实质问题。

四、特区之特

在中央与地方行政关系中，只有四个城市（北京、上海、天津和重庆）是中央直辖市，直接向中央政府汇报。其他城市，不管是县级还是地级，都直接向各自的省级政府汇报，再由省级政府向中央政府汇报。

深圳经济特区比较特殊，它是一个"副省级计划单列市"，是直接由中央计划和预算管理的单独财政实体（自1988年10月起）。尽管深圳经济特区在政治上与省会城市广州相当，但在经济上却享有直接向北京汇报的特权。换句话说，作为一个城市，它有不同于一般城市的自主决策权，尤其是在经济事务中。

同样值得注意的是，虽然与珠江三角洲其他地区相比，当时深圳的GDP非常小，但它从一个县（1979年）升为副部级城市（1981年）所用的时间之短创下了纪录。

为了看得透彻，我们来关注一下这个地区的GDP数字。根据公开统计资料，1980年，深圳GDP只有2.7亿元，同期广州为57.6亿元，江门为18.7亿元，佛山为16.7亿元，惠州为7.5亿元，东莞和中山分别为7.2亿元。

从战略上讲，将深圳及时、迅速、果断地推到"副省级"

这一举措,对其实施市场导向起到了锁定作用,因为当时恰逢深圳的领导层极具改革意识,当改革遇到阻力时,领导地位越高,其决策将更有决定作用。

以市场为导向的改革绝非一蹴而就。政治决心和领导能力至关重要。正如邓小平在 1984 年所说:"我们建立经济特区,实行开放政策,有个指导思想要明确,就是不是收,而是放。"①他认为成功的关键在于使用"聪明人",并且必须培训很多这样的干部。② 他所说的聪明人指的是称职且具有改革精神的官员。深圳经济特区在发展过程中就不乏"聪明人",或者说不缺少古希腊人所说的"城邦守护者"。

"聪明人"的作用

吴南生就是深圳经济特区改革前线的开拓者。1980—1981 年,他担任深圳市市长、市委书记,属于当时推动广东改革"先行一步"的那批人。

在筹备深圳经济特区阶段,吴南生提议把深圳从"特区"改为"经济特区"。1980 年,他的提议得到了党中央、国务院,以及全国人民代表大会的批准。这个举措强调了以稳定的法律框架为基础的市场原则,看似缓慢的审议性立法行动实际上加速了市场的增长。到 2018 年,深圳在中国城市的"法治"排名

---

① 邓小平. 邓小平文选:第三卷 [M]. 北京:人民出版社,1993:51.

② 李岚清. Breaking through: the birth of China's opening-up policy[M]. 北京:外语教学与研究出版社,2009:386.

中名列第一。① 事实上，市场和法治是一个硬币的两个面。

"法治"概念的悖论在于，受法律框架约束的行政自由度越低，其所得的优势就越多，因为对自由裁量权的制约和替代可以增加政府承诺的可信度。

可信承诺很重要，因为中国希望融入全球经济。就是说，国家要发挥监管作用，保证游戏规则稳定、透明以及可预测。②

在北京，谷牧则是经济特区的"前线总指挥"。1982年，作为副总理的他，兼管在国务院下设的经济特区工作小组。他说："谁有顾虑可以退出，不过出了什么问题，板子不会打到你们身上，只算我一个人的账。"③

早在1979年4月，谷牧就在香港和澳门进行了调查研究。同年5月至6月，他率领中国领导代表团高调出访法国、德国、比利时、荷兰和瑞士，进行考察学习。回来后，带着改革开放的紧迫感和使命感，他把引进外资和技术作为中国经济增长的有效途径，积极鼓励、大力支持。

为了确保经济特区的成功，谷牧不遗余力地斡旋于中央与地方。从1979年到1988年，作为经济特区和北京最高领导层之间的"桥梁"，谷牧先后12次访问深圳经济特区。频繁的

---

① 陈熊海. 2018年中国法治政府评估报告出炉，深圳得分最高 [EB/OL]. (2018-10-23)[2021-03-23]. http://www.sznews.com/news/content/2018-10/23/content_21163955.htm.

② 对于国际观点，见 GINSBURG T. Does law matter for economic development? - evidence from east Asia[J]. Law and Society Review, 2000, 34(3): 829—856。

③ 李岚清. Breaking through: the birth of China's opening-up policy[M]. 北京：外语教学与研究出版社，2009：106.

访问不仅表明了从一开始他个人对经济特区的承诺,而且还反映了制定战略的国家层面与执行决策的地方之间复杂的相互作用。

作为主管国际经济事务的副总理,谷牧积极推动制定《中外合资经营企业法》。该法经第五届全国人民代表大会第二次会议通过,于1979年7月颁布。在随后几年里,有更多的详细规范逐步补充进了最初的法律框架之内。虽然当初这部法律还不完善,但对于中国来说,要想通过经济特区等平台吸引外资,这部法律是必不可少的。

不同的制度安排,包括经济政策,既可能促进经济增长,也可能阻碍经济发展。因为,以保护个人财产权不受他人侵犯为职责的政府本身也有可能会侵犯私人产权。因而,要建立市场经济,法治建设必不可少,包括执行合约和限制行政权力的制度设计,这些至关重要。制度与组织是什么关系?诺贝尔经济学奖得主道格拉斯·诺思(Douglass North)曾这样阐述:在市场经济中,制度就是游戏规则,而各种组织是游戏的参与者。①

"敢为人先"

当地人常说"深圳精神",什么是深圳精神呢?如比亚迪董事长王传福所说,深圳的精神就是"敢为人先",这也是

---

① NORTH D C. Institutions, institutional change and economic performance[M]. Cambridge: Cambridge University Press, 1990.

企业家精神的核心内涵。①

比亚迪是一家总部位于深圳的汽车企业,是迄今为止中国最大的新能源汽车制造商,也是全球领先者。2018 年,比亚迪有 22 万名员工,营收 1,300 亿元人民币,2015—2018 年连续四年夺得全球新能源车销量冠军。②比亚迪的公司标识"BYD"意为"建造你的梦想"。

"拓荒牛"雕塑

王传福是一位民营企业家,他对"深圳精神"的理解非常到位。尤其是在城市建立初期,从一系列以市场为导向的政策中可以明显看出,"敢为人先"的精神使得深圳经济特区独树一帜。

同样,树立在市政大楼前的雕塑"拓荒牛"也印证了这点。市政大楼所在地曾经是 2 万基建工程兵的临时总部,这些工程兵战士来自全国各地,是深圳基础设施建设的开拓者。

为了吸引外资,深圳特区提供了许多优惠政策,其中包括税收优惠、简化管理、快速通关、廉价的土地使用权、来料加工免除进口税,以及汇回所得利润等。比如,当时,深圳特区

---

① 张翼. 有一种精神叫"敢为人先":访比亚迪股份有限公司董事长兼总裁王传福 [N]. 光明日报, 2019-09-05(10).

② 刘晨. 比亚迪去年总营收 1300 亿,研发人员数量超 3 万 [EB/OL]. (2019-03-28)[2021-03-23]. https://www.sohu.com/a/304467208_161795.

的公司所得税为15%,低于香港的17%,更低于内地其他地区的55%。

此外,深圳经济特区相对其他城市来说,不受"既得利益"的影响。由此,它创造了一个又一个的传奇故事,成了"深圳第一"的"孵化器"①。有些"第一"在当时看来非同寻常,甚至有些离谱,但是现在,这些"离谱"在全国范围内已成为规范和标准。

举例来说,在中国,深圳经济特区第一个实施"工资与绩效挂钩"的劳动合同制,第一个建立外汇调剂中心,第一个进行土地拍卖,第一个允许外资银行进入,第一个实施住房商品化,第一个将绩效不佳的国有企业私有化,以及第一个取消计划供应、取消票证配给、放开物价管制等。

从制度层面来看,所有这些改革都是市场化建设所需,是纵横交错的制度安排的必要组成部分。②在向市场化突围的过程中,曾被中央计划经济压抑的社会和经济能量得以爆发式释放。

回顾过去,有人可能会说,就像亚当·斯密所预测的那样,由于市场化改革带来的配置效率的提高,这种爆发式的增长并不奇怪。果真是如此吗?在成功发展战略中,政府与市场到底是什么关系?深圳的迅速崛起能说明什么?在全球范围内,有太多的改革尝试无法达到预期效果了。

---

① 根据吴思康讲座记录,"深圳第一"超过1000个。
② 制度建设既重要又困难,参见 HOLLINGSWORTH J R, BOYER R. Contemporary capitalism: the embeddedness of institutions[M]. Cambridge: Cambridge University Press, 1997。

中场休息：对"试验场"的理论思考

如果是谈理论建设，我们努力的方向应该指向"天空"，即必须从具体的事务一层一层地抽象化；但如果是讲理论应用，我们努力的方向则正好相反，必须指向"大地"。

从这个角度看，新古典经济模型的理论似乎没有错。假设其他参数不变，经济增长确实是土地（或自然资本）、劳动力（或人力资本）和资本（或实物资本）的函数；而且从长计议，人均收入增长与技术进步的速度趋向一致。①

类似的，诺贝尔奖获得者弗农·L. 史密斯（Vernon L. Smith）的做法是先去掉各种制度噪音，由此直达他所谓的"无制度核心"（institution-free core），柯布—道格拉斯（Cobb-Douglas）生产函数也是如此，毕竟，所有的科学理论都是对现实世界的近似和简化。

但是要保证"其他参数不变"，这在现实世界中是不可能的。而新古典主义理论为了纯粹，却把现实世界这个"场"假设成不存在的，结果是这个"场"变成了常量，并在这个常量中进行生产要素的组合。但是现实世界中，"场"是变量，不是

---

① 增长源于资本积累的观点来自罗伯特·默顿·索洛（Robert Merton Solow），他是新古典经济增长模型的创立者，参见 SOLOW R M. A contribution to the theory of economic growth[J]. The Quarterly Journal of Economics, 1956, 70(1): 65—94; SOLOW R M. Technical change and the aggregate production function[J]. Review of Economics and Statistics, 1957, 39 (3): 312—320。假设所有国家都有相同的柯布—道格拉斯生产函数、技术变化率和资本折旧率，也有研究者找到了部分实证证据来支持该模型，参见 MANKIW G, ROMER D, WEIL D. A contribution to the empirics of economic growth[J]. Quarterly Journal of Economics, 1992, 107(2): 407—437。

常量,因此我们必须将"场"带回到我们的分析中来。

让我们进一步强调一下"场"的重要性,说得更透彻一点,这就好比在物理学中,爱因斯坦就是通过在牛顿模型中增加时空的引力"场"来帮助我们理解物理世界的,考虑到引力场,时空就不再是绝对的,而是弯曲的了。因此,广义相对论可以更好地契合和预测现实世界。

再回到社会科学领域,新制度经济学的关键点是,不满足于理想化的假设,把制度这个"场"纳入微观分析中,如此一来,不但改进和丰富了新古典经济学的纯理论框架,同时也为某些意见分歧导致的辩论提供了相关理论基础,并可以进一步基于现实的制约条件,提出可行的替代方案或政策建议,虽然所有方案都是不完美、有缺陷的。卡尔·波兰尼(Karl Polanyi)的观点也类似,他曾提出,经济功能是不能脱离其所"嵌入"的现实社会的。[1]

例如,在现实世界中,政治往往会"将经济一军",因此经济政策可能会由于缺乏政治上的支持,而无法按期实现既定的目标。因而选择的战略和公共政策可能不是效应最优的那个,而是净收益次优的(但优于旧战略或政策)。抛开教条主义,其实多数情况下政策干预都会有正负两方面的效应,在这种情况下关键就是要实事求是地进行"成本收益分析"。在科斯看来,政府与市场都只是不同的治理形式,关键是要尽可能节约同一

---

[1] POLANYI K. The great transformation: the political and economic origins of our time[M]. Boston:Beacon Press,1944.

笔交易的成本。①

事实也是如此,改革开放并不是在制度真空中进行的。在中国的背景下,计划经济之外的任何要素(包括土地、劳动力和资本)及其相关的谈判协商一直存在意识形态或其他方面的问题。

做出把深圳经济特区作为"试验场"的决定,是一个渐进的过程,而不是一蹴而就地"跳出"了中央计划体制的束缚。可以想象,这样做可以制定出更好的战略,因地制宜地逐步"走出"历史,这个挑战涉及经济学家所说的"路径依赖"的问题。②

历史是有"黏性"的,张力总是同时存在于宏观和微观两个层面:在宏观层面,人之间的合作介于斯密③模型和霍布斯④模型之间;在微观层面,合作介于哈耶克⑤模型和巴纳德⑥模型之间。

---

① COASE R H. The new institutional economics[J]. Journal of Institutional and Theoretical Economics, 1984, 140: 229—231.

② PARKER W N. Economic history and the modern economist[M]. Oxford: Basil Blackwell,1986: 30. GARROUSTE P, IOANNIDES S. Evolution and path dependence in economic ideas: past and present[M]. Cheltenham, UK and Northampton, MA: Edward Elgar, 2001: 30.

③ 指亚当·斯密(Adam Smith)。

④ 指托马斯·霍布斯(Thomas Hobbes)。

⑤ 指弗里德里希·A. 哈耶克(Fridrich A. Hayek)。参见 HAYEK F A. The use of knowledge in society[J]. The American Economic Review, 1945, 35(4): 519—530。

⑥ 指切斯特·巴纳德(Chester Barnard)。参见 BARNARD C. The functions of the executive[M]. Cambridge, MA: Harvard University Press, 1938。

在这个理论框架中，位于中国内地和香港地区之间的深圳经济特区，是一个"试验场"，而这个"试验场"绝不是制度真空，制度的演变是实实在在的，在两种极端之间，即自发性合作与指导性合作之间，本着"敢为天下先"的精神，深圳经济特区富有成效地营造出了高效的新兴市场。

用官方的话来说就是，其结果是"社会主义市场经济"，这个重要概念在1993年党的十四届三中全会中被采纳，并在2013年党的十八届三中全会中得到完善和强化。"社会主义市场经济"与20世纪80年代的"计划商品经济"相去甚远，区别主要在哪里？

在计划和市场之间，一个矢量的变化是显而易见的：在"计划商品经济"中，计划仍然在资源配置中起主导作用；在"社会主义市场经济"中，市场"在资源配置中起着决定性的作用"。换句话说，中国已经从"国家社会主义"过渡到了"市场社会主义"，在这个过程中，作为"试验场"，深圳经济特区在许多方面走在了前列。

在整个过渡时期，理论界一直在问一个问题，即政府与市场之间的界限应该划在哪里最合适。这也是诺贝尔经济学奖得主科斯的经典之问。相对而言，实践派对理论问题并不那么热心，他们更关心的是GDP增长了多少，虽然近年来他们也越来越关注环境问题。[1]

---

[1] 关于此话题的国际观点，参见 PANAYOTOU T. Demystifying the environmental Kuznets curve: turning a black box into a policy tool[J]. Environment and Development Economics, 1997, 2(4): 465—484。

顺便提一下，深圳是中国第一个公共交通实现全部电气化的城市，2019年全市PM2.5平均水平为24μg/m³。[①]

理论联系实际。让我们来看看土地、劳动力和资本这三组生产要素在深圳经济特区这个"试验场"中（而不是制度的"真空"中）是如何发挥各自作用的，特别是关于这些生产要素的新制度是如何从旧制度的夹缝中脱胎、发育和成长的。

土地，夹在国家与市场之间的生产要素之一

1949年以前，中国存在土地私有制。随着20世纪50年代全国农村土地改革，农村土地归集体所有，城市土地归国家所有。由于公有经济的性质，土地被禁止进行市场交易。土地制度是法定的，土地划拨使用是无偿的，但是这造成了配置效率低下的问题。

然而，在1979年，中国颁布了第一部《中外合资经营企业法》，允许土地有偿使用，以吸引外国投资的流入。

最初，深圳经济特区在这个法律框架下运作，每年收取一些土地使用费，但因缺少严格的规范，往往是以非正式的形式收取。这样收取的费用实在太少（1982—1986年深圳全市共征收土地使用费3,848万元[②]），不足以让地方政府投入

[①] 关于中国工业化面临的环境挑战，参见 DE GROOT H L F, WITHAGEN C A, ZHOU M. Dynamics of China's regional development and pollution: an investigation into the Environmental Kuznets Curve[J]. Environment and Development Economics, 2004, 9(4): 507—537。

[②] 李奇霖，张德礼. 70年土地制度改革之路 [EB/OL]. (2018-02-08)[2021-03-25]. https://www.sohu.com/a/221674382_313170.

公共基础设施建设。以1985年为例,政府向银行借款6.5亿元,年利息5,000万元,远远超过当年收取的1,200万元土地使用费。①

在财政压力下,深圳经济特区政府开始寻找新的出路。

1985年至1993年,李灏任深圳市市长、市委书记。据他回忆,香港商业大亨霍英东曾向他建议:"你们有土地,怎么会没有钱?钱可以从土地中来!"②

在当时的香港,"公共土地"通过招标、拍卖或协议等方式可被出售"租赁权"75年。1980—1981年,港英政府的卖地收入占财政总收入的37%③,而深圳市1987年土地使用费的可比数字仅为1.5%。

中国土地拍卖第一槌④

1987年12月1日,中国的土地制度发生了历史性突破。当时,深圳市政府拍

---

① 周其仁.城乡中国(上)[M].北京:中信出版社,2013:105.

② 上海证券报.土地财政"玩不下去了",且看深圳如何转型[EB/OL]. (2015-05-29)[2021-03-25]. https://land.3fang.com/news/2015-05-29/16085475.htm.

③ 李婷.深圳土改如何坚持社会主义制度,破解"香港问题"?[EB/OL]. (2019-08-23)[2021-03-25]. https://baijiahao.baidu.com/s?id=1642616883640063631&wfr=spider&for=pc.

④ 图片来自新华网.从追赶时代到引领时代——从深圳发展奇迹看中国改革开放40年[EB/OL]. (2018-05-20)[2021-07-10]. http://www.xinhuanet.com/politics/2018-05/20/c_1122860284.htm.

卖了一块8,588平方米的土地,以50年的租赁期向当地的房地产开发商出租,最终成交价格为人民币525万元,高于起拍价人民币200万元。17位来自全国的市长和政要们见证了这次拍卖。报道称它敲响了中国历史上土地拍卖"第一槌"。

这只被敲响的拍卖槌是香港测量师学会赠送给深圳市政府的礼物,在英国定制,重2.95公斤,现收藏在深圳博物馆内。

但是,当时中国适行的1982年《宪法》规定:"任何组织或个人不得侵占、买卖、出租或者以其他形式非法转让土地。"所以,这次拍卖是有可能被认为是违反《宪法》的。不过,广东省第六届人民代表大会常务委员会第三十次会议于1987年12月通过的《深圳经济特区土地管理条例》规定了"特区国有土地实行有偿使用和有偿转让制度"。

在回答有关合法性的问题时,李灏说:"我们所做的并不违宪。土地产权分为使用权和所有权两部分。转让的只是使用权,不是所有权。宪法中的具体规定并不明确。"[①] 他说得没错。随后,1988年对1982年《宪法》进行了修正。删除了"出租",增加了"土地的使用权可以依照法律的规定转让"。

于是,"土地市场"出现了,它在很大程度上效仿了香港地区的土地租赁制度,用来筹集公共建设资金。结果,尽管协议土地的使用仍然是补贴目标行业的政策工具,但通过竞标或拍

---

① 熊君慧.李灏深圳改革屡涉险,香港传媒曾炮轰[N]《文汇报》(香港),2008-12-24.

卖手段从国有土地①获得的市场化土地特许权数量却在稳步增长。它赋予了市政府一个强大的财政工具来建设和完善公共基础设施（比如地铁），也为深圳经济特区于1988年开始的住房商品化改革铺平了道路。

相应地，在土地供应总量中，通过竞标或拍卖的土地特许权占比从1987年的2%，稳步增长到1988年的15%，到1989年的31%，再到1990年的34%。1988至1990年土地特许权的收入总计为18.4亿元人民币。1999年，这一数字高达84亿元人民币。②

之后，中国其他地方政府也纷纷效仿深圳的土地财政模式。1999年，全国土地出让收入510亿元，2012年达到3.2万亿元，约占所有城市财政收入的45%。

对包括深圳经济特区在内的各级城市来说，土地市场对工业化和城市化发展极其重要。其中，土地使用权与所有权分离（商业用地使用权为40年，工业用地50年，住宅用地70年）这一显著的制度特征起到了重要作用。

劳动力，夹在国家与市场之间的生产要素之二

改革开放之初，中国的廉价劳动力具有显著的比较优势。在中国，由于存在"户口"这种独特的户籍制度，劳动力成本在不同地区，特别是在城乡之间存在较大差异。户籍制度将居

---

① 根据《土地管理法》1988年规定，农村集体土地不允许直接进入市场，必须首先由国家取得再转让权利给开发商。
② 罗木生.中国经济特区发展史稿[M].广州：广东人民出版社，1999：153.

民分为两大类：城市户口持有者和农村户口持有者。国家提供的社会服务（如社会保障、住房和教育等）与当地户口拴在一起，限制了劳动力的流动。比如，农民进城工作，他们无法享受相应的社会服务。

起初，在北京和上海这样的城市，对于农民工的涌入、地方政府往往设置障碍，阻止农民工与当地居民竞争。农民工工资低，工作时间长，工作条件也相对恶劣。2010年的一项研究显示，农民工的收入比城市工人低40%，只有16%的农民工享有员工福利。[1]2008年，中国开始施行新的《劳动合同法》，随着对劳动者合法权益的强调，农民工的就业有了实质性改善。

而深圳在对外来务工者权益保护方面走在了前列。深圳的迅速崛起得益于大量的低成本劳动力，这些劳动力是由没有深圳户口的农民工（"临时工"）[2]提供的。

1980—1982年，外来务工人员开始大量涌入深圳，人口连续3年增长10%左右。自1987年以来，农民工超过了当地户口居民，成为推动城市发展的主要劳动力（见图2）。

---

[1] IREDALE R, GUO F. Handbook of Chinese migration: identity and wellbeing[M]. Cheltenham: Edward Elgar Publishing, 2015: 71—104.

[2] 对劳动力和增长的理论解释，参见 LEWIS W A. Economic development with unlimited supplies of labour[J/OL]. The Manchester School, 1954,22(2): 139—191[2021-03-25]. https://la.utexas.edu/users/hcleaver/368/368lewistable.pdf。

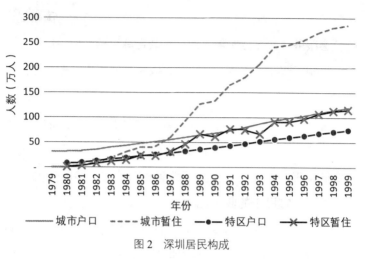

图 2　深圳居民构成

来源：各年度《深圳统计年鉴》。

由图 2 可知，深圳外来务工人员占比非常高。到 2018 年，1,253 万人口中只有 435 万是本地户籍人口[①]，其余都是外来务工人员（后来逐渐登记为永久居民）。

深圳的整体人口很年轻，而且学习欲望极其强烈。很多人都是白天上班，晚上上各种职业培训班。特别是在深圳发展的早期，这种职业培训加速了他们的思维转变——从乡村经济思维变为城市经济思维。

深圳还有一个相对"自由"的劳动力市场。

如今，关于社会资本的研究，已成为社会科学研究的重要

---

① 深圳市统计局，国家统计局深圳调查队. 深圳统计年鉴：2018[M/OL]. 北京：中国统计出版社，2018：3[2021-03-25]. http://www.sz.gov.cn/attachment/0/39/39051/1347261.pdf.

组成部分。如果在中国城市中检验社会资本在新兴市场中的作用,深圳算是一个罕见的案例。①一个成熟的、充满活力的市场不

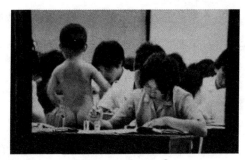

深圳夜校里的光腚娃②

仅只有熟人之间在交易,陌生人之间也有频繁交易,从这个意义上看深圳经济特区就是一个值得研究的好案例。

有一种观点(或假说)认为,现代市场的核心体现了包容性和平等性原则,而法治也是基于此的。在其他条件不变的情况下,如果当地没有强大的既得利益集团的干扰,这些原则就越容易站稳脚跟、进而生根开花结果。反映在深圳就是,深圳人经常会说:"你既来了这里,就是深圳人。"从语言上,不像珠三角其他地区的人大多说广东话,深圳通行的是普通话,由此揭示了这样一个事实:深圳是一个由来自全国各地的移民组成的城市。

所有这些使深圳成为一个具有包容性、充满活力的城市,这反过来又为其政策变革减少了阻力,增加了动力。③

---

① WOOLCOCK M. Social capital and economic development: toward a theoretical synthesis and policy framework[J]. Theory and Society, 1998, 27 (2), 151—208.

② 周顺斌摄,图片来自谢银波等. 光腚娃,你还在深圳吗? [EB/OL]. (2011-04-14)[2021-07-10]. http://roll.sohu.com/20110414/n305774399.shtml.

③ 对于包容性的理论解释,见 HABERMAS J. The inclusion of the other: studies in political theory[M]. Cambridge, MA: The M.I.T. Press, 1998。

外来务工人员是城市繁荣发展不可或缺的一部分,因此他们对政策制定者提出了挑战,比如改革户口制度、减少制度障碍、方便外来务工人员永久定居等方面。

1993年,通过制定《深圳经济特区劳务工条例》,深圳在全国率先对外来务工人员权利进行保护。在此基础上,随后又出台了一系列居住政策,旨在为居住在同一城市的人们创造一个公平的环境,不仅要照顾当地居民,还要照顾到外来人员。[1]

1995年,深圳开始试行基于基础教育年限和当地就业历史的蓝印户口,作为通往永久居民身份的中间步骤。这个试验让职业培训变得非常普及。1995—2020年,全市450万劳动力的平均教育年限从7年迅速增长到13年。劳

深圳盐田区华大基因研究院50人喜领首批居住证[2]

---

[1] 深圳经济特区在针对外来务工人员的政策变革中走在了前列。当政策试验获得成功后,其他城市往往会效仿。更加系统性的研究,可参见 DESHIINGKAR P, ANDERSON E. People on the move: new policy challenges for increasingly mobile populations[J/OL]. Natural Resource Perspectives, 2004, 92[2021-03-25]. https://www.researchgate.net/publication/42764490_People_on_the_Move_New_Policy_Challenges_for_Increasingly_Mobile_Populations.

[2] 图片来自华大基因50人首获深圳市居住证[EB/OL]. (2007-09-13)[2021-07-10]. http://news.sina.com.cn/o/2007-09-13/062412559575s.shtml.

动力教育水平的提高是产业升级的关键因素。①

2008年，深圳开始正式实行新的居住证制度，目的是为了使外来务工人员和常住人口享有同等的社会服务。②

根据深圳市人力资源和社会保障局的公开数据，1998年有270万外来务工人员，其中13%在当地私营企业工作，17%在国有企业工作，70%在外资及港澳台地区投资的企业工作。这种差距说明，可供使用的廉价劳动力与国际资本的涌入之间存在着紧密的联系。这个趋势在中国2001年加入世界贸易组织后更加显著，最终导致了2010年前后的"用工荒"。"用工荒"又使得劳动力工资迅速上涨。2015年，深圳经济特区公寓平均价格为每平方米50,000元人民币，最低工资标准为每月2,030元。日益严重的劳动力短缺和生活成本上升随即为产业升级提供了动力，迫使低附加值产业迁出城市。

资本，夹在国家与市场之间的生产要素之三

深圳的迅速崛起得益于国内外资本的涌入。

1979年，深圳刚成为特区时，外资流入量微不足道，仅仅不到3,000万美元。因此，国内资本对于基础设施初期建设的启动至关重要。当时的交通部下属国有企业——招商蛇口所扮演的角色就表明了这一点。③

---

① BARRO R J. Human capital and growth[M]. American Economic Review, 2001, 91(2): 12—17.
② 深圳明日全面推行居住证制度 [EB/OL]. (2008-07-31)[2021-03-25]. http://www.southcn.com/today/hotpicnews/content/2008-07/31/content_4505389.htm.
③ 经济特区的低税率也是吸引国有企业的原因之一。

1981年,外国资本明显加快了步伐,并在随后的几年中迅速增长。到1991年,合同金额猛增至11.52亿美元,实现金额达到5.80亿美元。实现金额比1979年增长了近20倍。

"利用外资"比外商直接投资(Foreign Direct Investment, FDI)具有更宽泛的含义。根据中国相关法律,外商直接投资具有三种模式:中外合作经营企业(Contractual Joint Venture, CJV),中外合资经营企业(Equity Joint Venture, EJV)和外商独资经营企业(Wholly Foreign Owned Enterprise, WFOE)。早些时候,由于外商独资经营企业会涉及更多的固定资产,因此这是外商投资者认为风险最大的投资方式。合资企业相对就比较安全,因为中国合作方可以提供土地或厂址。[1]

随着时间的推移,为了更好地对冲风险,外商直接投资的方式产生了变化。20世纪80年代初期,中外合作经营企业占主导(以项目数量计);80年代后期,中外合资经营企业占比最大;到90年代,外商独资经营企业开始崛起。[2]

20世纪80年代,吸引外商直接投资最多的是低价值制造业(81%),服务业则占13%,电信业仅占2.6%。外商直接投资项目的平均规模很小,约为147万美元(合同金额),远低于同时期上海的317万美元。[3]

---

[1] 更多内容如不同的投资方式如何影响投资行为等,参见 FU J. Institutions and investments: foreign direct investment in China during an era of reforms[M]. Ann Arbor, MI: University of Michigan Press, 2010。
[2] 陈广.深圳市"三资"企业情况分析及对策研究[J].特区经济,1992(10):36—38.
[3] 同上。

到 1993 年，深圳吸引的外商直接投资金额中，来自中国香港地区的最多（占 66%），日本位居第二（占 15%），美国第三（占 11%）。在项目数量上，中国香港地区亦位居第一（占 90%），中国台湾地区排名第二（占 2.6%），其次是美国（占 2.2%）和日本（占 1.6%）。[①]

这些数字表明，来自当时中国香港地区的企业家最有可能在深圳特区投资，但他们选择的多是小项目，为什么？撇开低成本的劳动力不谈，地理位置比邻是一个优势，以及还有小型企业更加灵活。这些项目中的许多都是"前店后厂"形式，能够充分利用市场信息，降低成本，控制风险。一旦风险超过预期，就会退出。毕竟人的理性会根据现实条件变化而变化。从香港地区投资者的角度来看，深圳经济特区也是一个"试验场"。

外资流入对中国最高领导层的政治意愿或决心十分敏感。最明显的是 1992 年邓小平南方谈话的影响，他在视察南方一些地区时保证"社会主义国家也可以搞市场经济"[②]。在视察之后，外商投资急剧增加（见图 3）；中国在 2001 年加入世界贸易组织后也出现了同样的情况（见图 4）。

---

① 深圳市统计局.深圳统计年鉴：1994[M].北京：中国统计出版社，1994.
② 社会主义也可以搞市场经济 [EB/OL]. (2017-10-11)[2021-03-28]. http://cpc.people.com.cn/n1/2017/1011/c69113-29581178.html.

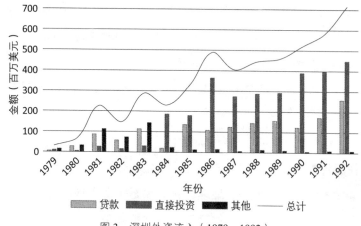

图3 深圳外资流入（1979—1992）

来源：各年度《深圳统计年鉴》。

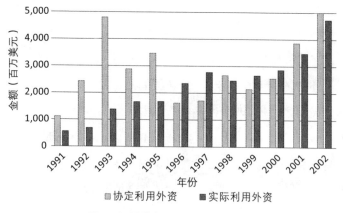

图4 深圳外资利用（1991—2002）

来源：各年度《深圳统计年鉴》。

经过10年左右的市场化改革开放后，中国着手建立证券交易所。一个在深圳，另一个在上海。

1991年12月，深圳证券交易所（简称"深交所"）成立。

当时存在巨大的不确定性,但邓小平非常支持。他曾说:"允许看,但要坚决地试。看对了,搞一两年对了,放开;错了,纠正,关了就是了。关,也可以快关,也可以慢关,也可以留一点尾巴,怕什么,坚持这种态度就不要紧,就不会犯大错误。"①

作为具有企业家精神的政治家,邓小平采用的决策是诺贝尔经济学奖获得者赫伯特·西蒙(Herbert Simon)所说的非常典型的有限理性"适应机制",这是一种创新的必要素质。② 根据西蒙的说法,人们的理性毕竟不是最优的,而是"有限的"。

深交所的发展也是中国经济转型中"适应机制"的一个典型例子,境内外投资者在股票市场上被分开对待。但多年来,深交所通过将 A 股(面向境内投资者)和 B 股(面向境外投资者)在主板上市,为国内企业和外资企业筹集了资金(见图 5)。

例如,万科集团于 1984 年在深圳成立;1991 年,万科正式在深交所挂牌,是最早在深交所上市的公司之一,现已成为中国最大的房地产公司之一。1991 年,万科首先通过 A 股筹集了 1.27 亿元人民币,1993 年通过 B 股筹集了 4.51 亿港元。③ 正是凭借着这两笔资金,万科完成了它的跨地域扩张和稳健成长。

---

① 邓小平. 邓小平文选:第三卷 [M]. 北京:人民出版社,1993:373。

② SIMON H A. The sciences of the artificial[M]. 3rd Edition. Cambridge, MA: The MIT Press, 1996: 51—60.

③ 1991 年万科挂牌上市 [EB/OL]. (2008-08-04)[2021-03-28]. https://finance.qq.com/a/20101104/002072.htm.

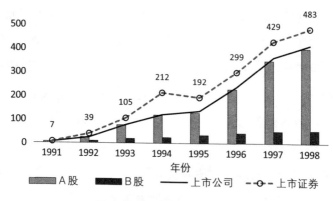

图 5 深圳证券交易所上市证券

来源：桂敏杰. 深圳证券交易所市场统计年鉴：1998[M/OL]. 北京：中国金融出版社，1999[2021-03-28]. http://docs.static.szse.cn/www/market/periodical/year/W020180328429081014432.PDF。

2004年，深交所通过设立中小企业板，开始为中小企业服务。2009年，深交所又设立了创业板市场，这是一个纳斯达克式的资本平台，专门为创新企业量身定制。2018年，深交所共募集资金3,940亿元，其中：主板1,280亿元，中小板1,670亿元，创业板980亿元，体现出多层次资本市场的特征。[1]

原则上，多层次资本市场包括私募股权（Private Equity, PE）、风险投资（Venture Capital, VC）和小额融资，对促进创业和创新至关重要。[2] 信息不对称和制度不完善会增加资本市场的摩擦力，这种情况在新兴经济体中尤其普遍。因为没有有形

---

[1] 深圳证券交易所. 深圳证券交易所市场统计年鉴：2018[R/OL]. [2021-03-28]. http://docs.static.szse.cn/www/market/periodical/year/W020190725302766297492.pdf.

[2] 相关观点可参见 DORE R. Stock market capitalism: welfare capitalism——Japan and Germany versus the Anglo-Saxons[M]. Oxford: Oxford University Press, 2000。

资产或其他抵押品，投资者的借贷能力就受到限制。因此，不管是对物质资本还是对人力资本的投资，一旦超出他们的借贷限制，他们就无法将资源投入这个项目。

南南学院学员在深圳证券交易所

回顾过去，深圳证券交易所的成立是中国资本市场的一个里程碑事件。随着证券交易市场的发展，深圳经济特区成为中国及至世界证券投资和外商直接投资的基地。

外商直接投资与组合投资的不同之处在于，它不仅体现了资本，而且体现了（硬件和软件）技术。因此，外商直接投资往往在产业升级中产生积极的溢出效应，并被视为经济变革的催化剂。

在深圳经济特区，很明显，外商直接投资是工业增长的支柱。1991年，外商直接投资，特别是中外合作经营企业和中外合资经营企业，占全市固定工业资产总额的58%，工业总产值的67%和工业出口的78%。

合资企业是一个有效的学习平台，用来学习市场经济的微观基础，即亚当·斯密所说的那只"看不见的手"。有效的学习不仅涉及显性知识，还涉及隐性知识。隐性知识指的是经验、见解、诀窍和商业秘密的储备,通常需要人与人的沟通与接触才能传播,无法"纸上谈兵"或书面交流。①

在这方面,深圳经济特区充当了"世界之窗"的角色。通过它,中国得以及时开放,从而加入到了经济学家所说的"飞雁"模式的行列之中。

作为中国改革开放的总设计师,邓小平展现了宏伟的战略眼光,他说:"要善于把握时机来解决我们的发展问题。"②

五、从飞雁到微笑曲线

"飞雁模式"是经济学家借用的鸟类学术语,用来描述长期的跨境产业转移现象。举个例子,第二次世界大战之后,美国和欧洲的一些产业先是相继转移到了亚洲第一梯队——日本,然后从日本转移到"亚洲四小龙"(韩国、新加坡、中国香港和中国台湾),再转移到"亚洲四小

类似于产业转移的飞雁阵型

---

① 隐性知识的更多内容可参见 NELSON R R, WINTER S G. An evolutionary theory of economic change[M]. Cambridge, MA: Belknap Press, 1982。

② 邓小平. 邓小平文选:第三卷 [M]. 北京:人民出版社,1993:365.

虎"(泰国、马来西亚、印度尼西亚和菲律宾)。

理论上,"飞雁模式"反映了全球范围内经济学家所说的"比较优势"在起作用。该理论认为只要要素价格(如土地、劳动力和资本)存在显著的地域差异,就可以预测产业会从资本密集型国家或地区向劳动密集型国家或地区转移。东亚的经济发展就是根据发展阶段的不同而进行的一系列先后"起飞"、有序"追赶"的过程。①

从宏观或更广的跨国角度看,深圳的崛起似乎验证了"飞雁模式"的假说。深圳经济特区有大量的跨境投资,支持了产业从资本密集型地区向劳动密集型地区的跨境转移,这些都有数据可以证实。

然而,在微观或企业层面,尽管"飞雁模式"是能够观察到的,但其"起飞"的因果机制尚待研究。那些相信新自由古典经济模式的人只是简单地假设:一旦深圳宣布为自由开放的经济特区,外国投资者或"飞雁"就会蜂拥而至。

然而,事实并非如此简单。据深圳官方统计,1979年至1980年,在深圳注册的外商投资很少。最初的举措最多只是试探一下,1981年、1982年和1983年分别只有7个、19个和35个合同项目。② 特别是在早期,外商私人投资的规模也很小,外商期望地方政府提供必要的基础设施支出,以启动"起飞"

---

① KOJIMA K. The "flying geese" model of Asian economic development: origin, theoretical extensions, and regional policy implications[J]. Journal of Asian Economics, 2000, 22(4): 375—401.

② 见相应年度《深圳统计年鉴》。

进程。但当时深圳政府没有钱,也希望外来投资者能改善这种状况。

这种两头不是的情况就是所谓的"第二十二条军规"。①

实际上,当深圳被宣布为经济特区时,只有一家建筑公司(大约有七百名工人)、三家水泥厂、一家砖厂和一家石灰厂。②它的财政收入几乎为零,只有从中央政府获得的 3,000 万元人民币,但这笔钱被指定用途:在北边建立一道"管理线",把经济特区与其他地区隔离开来。

早些时候,邓小平曾对当时广东省委的同志说:"中央没有钱,可以给些政策,你们自己去搞,杀出一条血路来!"③

再回想那张画了两个圈的地图。1979 年 1 月,中央向袁庚提供南头半岛 80 平方公里的"大圈"用来建设工业区时,他只接受了 2.14 平方公里的"小圈",就是因为当时他觉得没有足够的钱建设这个"大圈"。后来回忆起这段往事,他后悔不已。④

尽管深圳在 1971 年就从县升格为市,但在基础设施方面还远远没有做好准备。

根据深圳原市长吴南生的回忆,有一次香港一家企业的高

---

① 见约瑟夫·海勒(Joseph Heller)《第二十二条军规》。它的本质是指解决问题的唯一方案却被问题固有的情况否定了。
② 张淑运. 两万基建工程兵集体转业深圳纪实 [EB/OL]. (2013-04-23)[2021-03-28]. http://www1.szzx.gov.cn/content/2013-04/23/content_7972988.htm.
③ 余玮. 邓小平和特区的故事 [EB/OL]. [2021-03-28]. http://cpc.people.com.cn/GB/85037/85038/7759329.html.
④ 涂俏. 袁庚传:改革现场(1978—1984)[M]. 北京:作家出版社,2008:30.

管访问深圳,他们问:"这里的电力供应怎么样?"他回答说"没问题",但话音刚落就停电了,场面很是尴尬。①

如何突围?在国家和市场之间,哪个先行?一个看似矛盾的悖论是,正是这个国家建立了这个市场。

最终,是国家出面,动员了军队的力量完成了第一轮基础设施建设,我们可以称之为"跑道"。这条"跑道"使得"飞雁"能够着陆,然后再次起飞。②

为市场做准备

1979年9月,按照国务院、中央军委的命令,一列载有1,041名官兵的列车,从辽宁省鞍山市开赴深圳,拉开了基建工程兵建设深圳特区的序

基建工程兵开赴深圳③

---

① 徐明天. 春天的故事:深圳创业史[M]. 北京:中信出版社,2008:15.
② 关于日韩的一些研究也证明了国家在促进新兴市场发展方面的作用,JOHNSON C. MITI and the Japanese miracle: the growth of industrial policy, 1925—1975[M]. Stanford, CA: Stanford University Press, 1982; AMSDEN A H. Asia's next giant: South Korea and late industrialization[M]. Oxford: Oxford University Press, 1992。
③ 图片来自城市记忆:怀念那些为深圳特区开荒辟野的岁月[EB/OL]. (2017-06-01)[2021-07-10]. http://ilonggang.sznews.com/lgnews/content/2017-06/01/content_16345595.htm。

幕。这批官兵是中国人民解放军基建工程兵的先遣部队。

基建工程兵的任务是帮助深圳进行第一轮的基础设施建设，包括道路、桥梁、电网、电信、天然气管道和下水道等。在接下来的 4 年内，中国人民解放军两万余名基建工程兵陆续搭乘 100 多辆军列从陕西汉中、贵州遵义和河北唐山等地调入深圳。这是一支有着军队优良传统和朴素作风、体制基本健全、实力比较雄厚、突击性较强的基本建设队伍，拥有各类专业技术干部 1,088 人，固定资产原值 6,053 万元，流动资金 9,981 万元，设备总值 5,161 万元。

1981—1985 年，梁湘接替吴南生，担任深圳市市长、市委书记。梁湘在参观基建工程兵的建设工地时说："这是一支能吃苦、肯打硬仗的部队。把深圳的建设交给你们，我非常放心。深圳人民也相信你们一定会把深圳建设好的。"[1]

要想富，先修路。

深圳经济特区的发展充分印证了这个通俗的道理。最初由基建工程兵修建的深圳第一路是一条从东到西贯穿全城的大动脉——深南路，在此基础上扩建成为今天的深南大道，其之于深圳犹如长安街之于北京。除了基础设施硬件建设，梁湘还特别关注教育和知识在长期经济发展中的重要作用。1983 年，深圳财政总预算只有 1 亿元，却从其中拨出 5,000 万元用于建设深圳大学。

---

[1] 张淑运. 两万基建工程兵集体转业深圳纪实 [EB/OL]. (2013-04-23)[2021-03-28]. http://www1.szzx.gov.cn/content/2013-04/23/content_7972988.htm.

到 1982 年年底，中国人民解放军在深圳经济特区的工程兵总数超过 2 万人，如果算上他们的家属，则接近 4 万人。1983 年，深圳户籍人口约为 16 万人，工程兵及其家属约占城市户籍人口的四分之一。他们居住在临时搭建的棚屋里，在深圳的各个角落参加城市基础建设。1979—1984 年，深圳的农业和工业 GDP 占比对比也能说明深圳的快速变化（见图 6）。作为深圳工业产出的重要组成部分，建筑材料行业增长迅猛：1979 年产值为 324 万元，1984 年达到 7,167 万元。①

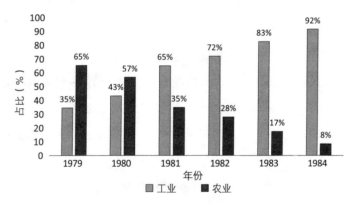

图 6 深圳工业产出与农业 GDP 占比（1979—1984）

来源：深圳市人民政府政策研究室。

初步完成深圳经济特区基本建设的任务后，这些基建工程兵接下来的命运是什么呢？就像当初来到这里一样，退场同样精彩。1983 年 9 月，基建工程兵改编大会宣布了国务院和中央军委关于 2 万官兵集体转业深圳的决定。从此，他们不再属于

---

① 见相应年度《深圳统计年鉴》。

《深圳特区报》报道《驻深两万工程兵卸下戎装，特区基建战线又增生力军》

"国家"了，他们需要自己在市场上打拼，或者说是"下海"。

中央做出这样的决策，对于这些战士来说是否给予了相关政策？政策激励属于制度性安排的内容。众所皆知，农业户口和非农业户口的差别很大，尤其是在改革开放的初期。一般来说，解放军士兵大多是从农村应征入伍的，按规定在退役后必须回到原籍。但是，这次基建工程兵的退伍，使他们的户籍全部变成了城市户口。

1983年9月至10月，驻深圳的基建工程兵2万余人改编为深圳建筑施工企业职工。与以往不同，以前的建设项目都是政府指派的；到了地方后，他们则加入了基建项目的竞标大军中。与以往相同的是，他们继续以"深圳速度"，为城市建设贡献力量。

20世纪80年代，基建工程兵在转业前后参与了深圳经济特区近四分之一的高层建筑的建设，其中包括著名的160米高、53层的国际贸易中心大厦。1985年12月该大厦竣工时，它是当时中国最高的建筑物。

进一步打开黑匣子

深圳的迅速崛起是一个谜一样的奇迹。从全球角度看,"飞雁模式"从要素禀赋入手,无疑可以拨开部分迷雾。从国家层面看,"飞雁模式"也有助于利用好比较优势来制定可行的经济增长战略,特别是在最初的起步阶段,即"飞雁模式"所说的起飞阶段。

不过,对于"飞雁模式"来说,除了"起飞",理所应当还应该有一个利用好"后发优势"进行"赶超"的过程。赶超过程的因果关系如何?这就需要我们依照经验观察得出一系列可进行检验的假说。

因此,我们必须继续探究下去。科学就是一个不停学习的过程,随着时间推移和经验数据增多,更便于我们对各种理论进行检验、证实或证伪。的确,要系统地解释深圳的发展,我们就不得不回答下一个问题,即当深圳不再享有特殊政策之后,其持续增长的动力是什么?

此时,我们的研究视角应该从外生变量转向内生变量。并且,为了保持我们研究的严谨性,研究过程应该在"其他因素不变"的情况下进行。

进一步打开"赶超"这个黑匣子的关键是,我们必须要有可在微观分析中使用的好工具。具体来说,现在我们需要在企业的微观层来揭示比较优势是如何转化为竞争优势的,否则我们仍然说不清赶超机制是什么。

在此,我们先来把"比较优势"和"竞争优势"这两个概念之间的区别说清楚。

"比较优势"是经济学概念,由英国政治经济学家大卫·李嘉图(David Ricardo)首先提出。简要地说,比较优势是一个经济体以低于贸易伙伴的机会成本来生产商品、提供服务的能力。而"竞争优势"是商学概念,由哈佛商学院的迈克尔·E.波特(Michael E. Porter)教授提出[1],它指的是公司由于多种属性(如产品质量、成本结构、知识产权、品牌、分销网络、客户服务等)而具有超越同行业竞争对手的能力。

波特认为,在全球化的背景下,竞争优势可以体现在一条长长的价值链上,涵盖企业将产品和服务从构思到使用以及售后所进行的全部活动,即从上游到下游,主要涉及设计、制造和营销有关的活动,而这些活动具有不同程度的附加值。

基于"竞争优势"这个概念,我们勾画出一个"双微笑曲线"(见图7)。该图反映了国际市场与国内市场相互影响的"双循环"生产活动。它能使我们在企业微观层面解锁一系列增值活动和潜在的学习过程——从原始设备组装(Original Equipment Assembly, OEA)到原始设备制造(Original Equipment Manufacturing, OEM),再到自有设计制造(Original Design Manufacturing, ODM),再到自有品牌制造(Original Brand Manufacturing, OBM)。有了这个分析工具,我们可以从比较优势深入到竞争优势,进一步打开深圳发展的"黑匣子"。

对于一个企业而言,如果它是全球价值链的一部分,那么,因为设计与营销活动是资本、技术和知识密集型的,所

---

[1] PORTER M E. Competitive advantage [M]. New York: The Free Press, 1985.

以附加值高,在微笑曲线上就处于越高和陡峭的位置,而制造活动是劳动密集型的,所以附加值低,在微笑曲线上就处于低位。

由此,如果一个"赶超型"企业通过学习,自己有能力压平微笑曲线,这就意味着这个企业就价值链而言,已逐步从低端走向高端了,或者说逐步从比较优势转变为竞争优势。

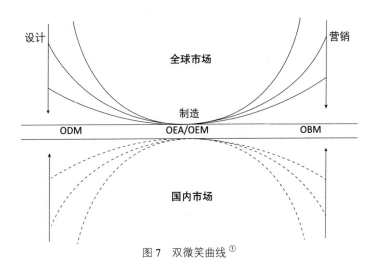

图 7 双微笑曲线[1]

在斯坦福大学教授保罗·罗默(Paul Romer)看来[2],一个企业最核心的能力是"内生性学习"能力,大体路径是从 OEA 到 OEM,再到 ODM 和 OBM 的过程。值得注意的是,技术具

---

[1] 施振荣先生最早用"微笑曲线"来描绘宏碁的发展方向。
[2] ROMER P. Endogenous technological change[J]. Journal of Political Economy, 1990, 98(5): S71—102.

有累积性,学到的越多,存量就越大,其结果是呈指数和无边际的增长。经济学家称之为"收益递增"的现象,与"收益递减"的旧边际主义概念正好相反。

看来,这就是深圳快速"赶超"这个黑匣子中蕴藏的秘密。具体地说,外国直接投资使深圳企业有机会参与到全球生产价值链的行列中,并通过"边干边学"[①],逐步压平了微笑曲线,获得了高附加值。这是一个产业不断升级,从低技能劳动密集型到高技能劳动密集型,再到资本密集型,然后到技术或知识密集型的过程。

现在我们有了"飞雁模式"和"双微笑曲线"两个工具,两者加在一起就是解锁深圳这个"速生城市"的钥匙。

深圳经济特区是"世界之窗",位于全球和国内市场的连接点上。如图7所示,当全球价值链和国内价值链一链接,这种双循环就加速了工业化进程。

早期,招商局在蛇口开发的工业园就是一个例子。在这个过程中,深圳成为全国其他地区效仿的成功典范。现在的深圳既是制造业重镇,又是技术创新的孵化器。

但是学习是需要时间的,有时是"痛苦"的。正如人们常说的,没有努力就没有收获,这个逻辑同样适用于深圳。深圳在改革开放后的几十年内,通过"起飞,赶超,创新"三个阶段,不断压平了微笑曲线。

---

① ARROW K J. The economic implications of learning by doing[J]. Review of Economic Studies, 1962, 29(3): 155—173.

接下来，让我们做个"逆向工程"，去看看在深圳"起飞，赶超，创新"这三个阶段中到底发生了什么。

起飞："三来一补"

就像飞机的起飞一样，深圳经济特区的工业产出，在1979—1992年显示出强劲上升的轨迹。其工业总产值以每年60%左右的速度快速增长；相比之下，全国工业总产值的增长速度为15%，广东省为22%。

在深圳的发展初期，随着低价值、低技能、劳动密集型的企业的大量涌入，增长的来源主要是轻工业而非重工业，轻工业占深圳工业总产值的三分之二以上（见图8）。

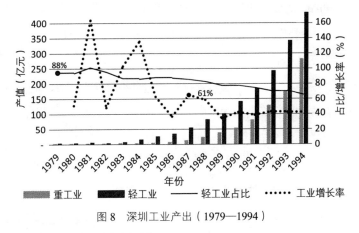

图8 深圳工业产出（1979—1994）

来源：相应年度《深圳统计年鉴》。

深圳工业增长的主要动力来自"三来一补"，在缺少资金、技术、技能的情况下，"三来一补"是实现经济增长的一种有效战略路径，其战略意图是用有限的资金、技术和技能实现经济增长。

其中，"三来"是指"来料加工""来样加工""来件装配"，以组装为主的 OEA 模式，即进口所需的原材料、辅助材料、零件、组件，以及配件和包装材料，然后在加工或组装后将成品重新出口。"一补"代表补偿贸易，其中外商的投资将由其所产生的营收来偿还。

通常，OEA 在技术上不如 OEM 复杂，但 OEA 可以看成 OEM 的"子集"或"前身"。也就是说，即使是最原始的组装也非常关键，因为这是通过"流血、流泪和流汗"在全球生产价值链上立足的必要途径。

如图 7 的曲线①所示，"三来一补"代表微笑曲线的低端（制造），而国外投资者则占据两侧制高点（设计和营销）。

"三来一补"源自投资者受到低成本的土地、廉价的国内劳动力、减免税政策、节假日安排及其他有利因素的吸引，是一种普遍存在的联合经营形式。中方通常做法是提供土地或厂房，最初的租约为期 3 年。租约到期时，一部分可能会延长期限；另一部分可能会转成"三资企业"，即中外合作经营企业、中外合资经营企业及外商独资经营企业，中国《法律》将其定义为法人。

根据深圳税务局给深圳市市长李灏的一份报告[①]，到 1992 年，工商登记"三来一补"企业累计 9,240 家，业务涉及电

---

① 钟惠坡．"三来一补"存在的问题和对策：深圳市"三来一补"企业的经营情况和税收政策问题的调查报告 [J]．涉外税务，1992(5)：3—10．

子、电器、玩具、纺织、皮革、家具以及食品加工等领域。仅在 1990 年，就新办了 1,900 个项目，雇用了 70,000 多名工人。这些工人的月工资大约为 1,000 元人民币，

1983 年，深圳罗湖一家来料加工的玩具厂[①]

按照香港地区的标准，这是低工资，但对于内地农村的农民来说却是高收入。1992 年，中国农村人均 GDP（780 元）仅为深圳（5,900 元）的 1/8。该报告还强调了城市应对产业升级、环境保护和税收漏洞等问题上所面临的挑战。

"三来一补"对于希望致富的农民工来说也具有很大的吸引力，尽管它通常意味着高强度的劳作。例如，宝安县通过"三来一补"获得的总收入超过 10 亿元人民币，约占 1990 年全县农村经济收入的 80%，也清楚地表明了通过乡镇企业实现从农业到工业化的巨大转变。

1979 年，深圳"三来一补"的产出占工业总产出的 10%，1992 年是 86%。

基于"三来一补"的起飞模式，深圳的经济发展遥遥领先于中国其他主要城市。按人均 GDP 计算，1980 年，深圳人均

---

① 图片来自深圳卫视.摄影记者珍藏的这些深圳老照片，大多数人绝对没见过 [EB/OL]. (2018-08-28)[2021-07-10]. http://static.scms.sztv.com.cn/ysz/zx/szws/27975688.shtml。

GDP 为 710 元，约为上海（2,300 元）的 1/3、北京（1,400 元）的 1/2；到了 1992 年，深圳人均 GDP 达到 5,900 元，已超过上海和北京。在出口方面，1987 年，深圳在中国排名第三；到 1992 年深圳一跃成为全国第一，并在随后几年中一直保持第一的位置。

追赶：产业集群

20 世纪 90 年代初期有两个重大事件发生，这增强了国内外对中国市场化改革、进一步融入全球经济的决心和信心。

第一件是 1992 年邓小平前往南方视察工作。在视察中，邓小平敦促加快市场化改革和开放。他明确指出："不改革开放，不发展经济，不改善人民生活，只能是死路一条。"[①]

当年的邓小平已经 88 岁。当他从蛇口港坐船离开深圳经济特区时，他望着即将于 1997 年回归的香港，然后转过身来对时任深圳市市长李灏说："你们（改革）要搞快一点！"[②]

第二件是 1993 年党的十四届三中全会召开。大会通过了《中共中央关于建立社会主义市场经济体制若干问题的决定》，提出了"社会主义市场经济"的新理念，正式承认市场在经济发展中的作用。

到了 1994 年，江泽民视察深圳，勉励特区"增创新优势，

---

① 邓小平. 邓小平文选：第三卷 [M]. 北京：人民出版社，1993：370.
② 胡继鸿等. 邓小平南方谈话——在中国的南海边写下诗篇 [N/OL]. 人民日报（海外版），2021-03-26[2021-03-30]. http://paper.people.com.cn/rmrbhwb/html/2021-03/26/content_2040177.htm.

更上一层楼"。

改革开放伊始,由于意识形态的原因,是试探性地使用"开放"的概念。到了1994年,"开放"已经深入人心,扩展到整个沿海地区及内陆各省会城市,国内开始出现各种类型的经济特区。因此,最初的深圳经济特区似乎已经完成了它"试验场"的历史使命。

到了此时,深圳经济特区已经不再那么"特殊"了。

在日益激烈的竞争压力下,产业升级和向价值链上游转移(先国内后国际),成为深圳经济特区迫切需要解决的问题。结果就是,"三来一补"迅速被"三资企业"取代。广深高速公路的开通加快了这一进程。许多"三来一补"企业向北转移到广东的另一个城市——东莞,它取代深圳成为"三来一补"模式的主导城市。

在政策方面,1993年,为了给新一轮外商直接投资腾出空间,深圳市政府在时任市长厉有为的带领下,决定逐步淘汰"三来一补"。所下的政策处方是"腾笼换鸟",为"新鸟"把"笼子"腾空,尤其是那些低附加值的重污染企业,必须迁出城市。此举意味着从OEA到OEM的系统性转变。合资企业,特别是拥有先进技术的中外合资经营企业将留下。从那时起,劳动密集型(如服装和纺织品)经济开始向资本密集型(如信息和通信技术)发展。

1992年邓小平视察南方后,1993年外商投资协定金额就出现了爆炸式增长,并在随后的几年里,实现额稳步上升。1995年,外商投资协定金额为17.4亿美元,创历史新高,其中外商直接投资 13.1 亿美元。[1]

1995 年,中日合资的电子制造企业华强三洋成立,注册资本 2,250 万美元,总投资 1.2 亿美元。随后三星和富士康也相继进入深圳。三星(深圳)是一家中韩合资的电子企业,成立于 1996 年,注册资本 756 万美元。台资企业富士康(深圳)成立于 1988 年,是个典型的 OEM 企业。

作为电子制造服务业(Electronic Manufacturing Services,EMS)的全球参与者,富士康在中国进行了大规模扩张。据估计,2011 年富士康在中国共雇用了 80 万名工人,其中 10 万人从事苹果产品的生产,2011 年它的电子产品出口占中国总出口的 5.8%。

联合经营可以使深圳企业获得全球资本、技术、品牌和物流便利,并成为市场准入、劳动力市场集聚、中间投入和技术溢出的引领者和推动者,最终形成以深圳经济特区为中心的辐射型产业集群。

随着 20 世纪 90 年代资本和技术密集型企业的

富士康深圳龙华科技园[2]

---

[1] 深圳市统计信息局.深圳统计年鉴:1996[M].北京:中国统计出版社,1996.
[2] 图片来自綦伟,唐文隽.富士康 30 年与深圳共同成长[EB/OL].(2018-06-07)[2021-07-10].http://wb.sznews.com/PC/content/201806/07/content_386697.html。

兴起,深圳高新技术产业产值由1991年的22.9亿元增长到1998年的655亿元。增长的主导是"三来一补"。也就是说,在缺乏资金、技术、技能的情况下,深圳经济特区打破了增长困境。

深圳地铁

由于集群有望在产业升级中产生积极的溢出效应[1],深圳市政府通过建设工业园区或商业区等方式支持产业集群的形成,这被称为"搭平台",其中很大一部分是完善基础设施,其中包括深圳地铁这个通过土地融资实现的巨型项目。深圳地铁的建设于1999年通过政府审核、2004年开始运营。

为了加强金融界、企业实体、高新技术产业园区、大学和研究机构之间的合作,深圳特区政府从1999年起,举办一年一度的中国国际高新技术成果交易会。

1998年11月,腾讯在深圳华强北成立。1999年,在首届中国国际高新技术成果交易会上,它获得了220万美元的第一轮风险投资。如今,在香港联交所主板上市的腾讯,是国内最大的互联网平台,其核心业务是社交网络、数字内容和金融科

---

[1] 研究发现在半导体行业中,学习对外国公司产生的溢出效应与对本国公司的一样。参见 IRWIN D A, KLENOW P J. Learning-by-doing spillovers in the semiconductor industry[J]. Journal of Political Economy, 1994, 102(6): 1200—1227。

深圳腾讯滨海总部大厦

技等。马化腾是腾讯的董事会主席兼首席执行官。

深圳经济特区的产业集群主要涵盖计算机、通信、微电子、新材料、生物技术和激光等行业。在这些集群中,有许多国内外行业巨头的身影,如宏碁、康柏、方正、华为、IBM、联想和三星等,都在深圳建立了工厂或加工车间。与以往的低端和劳动密集型企业不同,这些企业大多是资本或技术密集型的。

集群中企业之间具有的外部性和互补性的复杂网络,能够扩大融资、促进规模经济、提高生产效率及学习和创新的能力,这些都是"追赶"过程的强大驱动力,并且可能从"追赶"变成"超越"。[1]

2001年,中国加入世界贸易组织后,深圳经济特区更是吸引了大量外商直接投资,其产业集群得到巩固和扩大。

外商直接投资是一种传播知识的有效形式。[2] 2001—2017年,深圳经济特区外国直接投资显著增长(见图9)。2012年,

---

[1] FALLOWS J. China makes, the world takes[J]. The Atlantic Monthly, 2007, 300(1): 48—72.

[2] HEJAZI W, SAFARIAN A E. Trade, foreign direct investment, and R&D spillovers[J]. Journal of International Business Studies, 1999, 30(3): 491—511.

外资实体企业所占份额最大（52%），本地民营企业占38%，国有企业占10%。这些公司加在一起，使深圳经济特区成为全球制造业的重镇，并且近年来，深圳日益成为企业技术创新的孵化器。2001—2010年，深圳市90%的研发人员、研发投入、研发机构和专利发明都出自企业。①

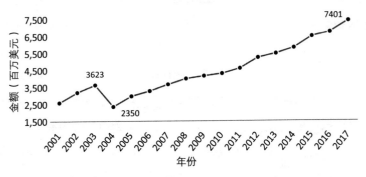

图9 深圳外商直接投资（2001—2017）

来源：相应年度《深圳统计年鉴》。

2017年，在世界500强企业中，有275家都在深圳建立了自己的业务据点。其中，7家总部设在深圳，它们分别是平安、华为、正威、恒大、招商银行、腾讯、万科。

这表明，国内企业通过"边干边学"和"边看边学"，逐步压平微笑曲线了。在利用了国内价值链的优势后，这些企业开

---

① 报告课题组. 深圳市财税经济十年发展报告（2001—2010）[M]. 北京：中国财政经济出版社，2013.

始抢占全球价值链的高端。①

深圳的发展是一个动态的过程,以往依赖低成本劳动力等要素的模式已经不再有效,低成本劳动力的作用下降,全要素生产率(Total Factor Productivity, TFP)的作用不断上升,新的增长模式趋于资本密集型和技术(或知识)密集型。重要的是,全要素生产率的增长率是经济产出增长率与各种资源要素总投入增长率的差值。它代表了所有增加投入的技术和制度升级的综合效应,包括希克斯中性技术进步②。

这种技术进步不一定需要增加劳动力,它也可以是土地扩张或资本扩张。也就是说,包括制度性技术在内的技术进步可以提高土地、劳动力和资本的生产率,也可以不同程度地提高其他各种投入的生产率。

全要素生产率的提升是一个好现象,表示对应主体正在学习,特别是对隐性知识的学习(见图10)。全要素生产率增长乏力可以说是1997—1999年亚洲金融危机的一个原因。③

知识密集型企业的一个典型是华大基因———一家以研发为主的生物技术公司。自2007年华大基因落户深圳至2016年5

---

① KENNEDY S, SUTTMEIER R P, SU J. Standards, stakeholders, and innovation: China's evolving role in the global knowledge economy[R/OL]. NBR Special Report, 15. (2008-09-01)[2021-03-30]. https://www.nbr.org/publication/standards-stakeholders-and-innovation-chinas-evolving-role-in-the-global-knowledge-economy/.

② 希克斯中性技术进步是指在资本—劳动比不变的条件下,使得利润和工资在国民收入中的分配比率不发生变化的技术进步。见张培刚,张建华. 发展经济学 [M]. 北京:北京大学出版社,2009:236。

③ KRUGMAN P. The myth of Asia's miracle[J]. Foreign Affairs, 1994, 73(6): 62—78.

月 5 日，9 年间该企业研发人员已发表论文 1,412 篇，平均两天左右即有一篇论文发表。不仅数量多，这些论文的"含金量"也颇高，被 SCI（*Science Citation Index*，即美国《科学引文索引》）收录的有 1,337 篇，在《自然》（*Nature*）及其子刊发表 171 篇、在《科学》（*Science*）发表 29 篇、在《细胞》（Cell）发表 9 篇、在《新英格兰医学杂志》（*The New England Journal of Medicine*）发表 1 篇。[①] 利用 DNA 测序技术，该公司于 2003 年、2013 年和 2020 年分别为抵抗 SARS、H7N9 禽流感病毒和新冠病毒研发、制造了快速诊断试剂盒。

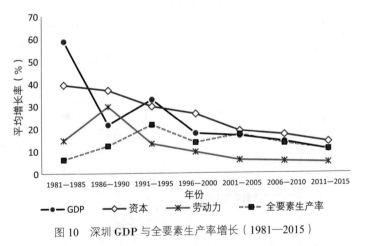

图 10　深圳 GDP 与全要素生产率增长（1981—2015）

来源：LV Y, PENG H. The new driving force of Shenzhen's economic development in the new era: from the perspective of total factor productivity[J]. American Journal of Industrial and Business Management, 2018, 8(12): 2375—2390.

[①] 马芳. 实力范！深圳这家牛企 9 年被 SCI 收录论文 1,337 篇 [EB/OL]. (2016-05-27)[2021-03-30]. http://static.nfapp.southcn.com/content/201605/27/c86973.html.

另一个例子是中国平安——一家于 1988 年在蛇口成立的涉及保险、投资和银行业的金融机构。多年来，中国平安利用国内和全球价值链取得了巨大的发展。2005 年，平安健康保险股份有限公司（简称"平安健康险"）成立，2010 年平安健康险引入战略投资者——南非最大的健康保险公司 Discovery，从而拥有了庞大的全球网络，为全球旅行客户提供保险服务。

2012 年 12 月，党的十八大后，习近平总书记考察的第一站就是深圳前海新区。前海新区是国务院于 2010 年批准的"特区内的特区"，面积为 18.04 平方公里，发展着重于金融、物流、信息和专业服务等。习近平总书记的视察传达了一个信号：深圳经济特区的发展开始进入一个新阶段，即从追赶到超越的阶段，而前海新区就是"滩头堡"和"示范区"。

深圳经济特区 30 岁生日当天，国务院批复同意《前海深港现代服务业合作区总体发展规划》①

---

① 图片来自前海深港现代服务业合作区管理局官网。

2020年，习总书记在深圳经济特区建立40周年庆祝大会上讲道："党中央经过深入研究，决定以经济特区建立40周年为契机，支持深圳实施综合改革试点，以清单批量授权方式赋予深圳在重要领域和关键环节改革上更多自主权，""深圳经济特区要扛起责任，牢牢把握正确方向，解放思想、守正创新，努力在重要领域推出一批重大改革措施，形成一批可复制可推广的重大制度创新成果。要着眼于解决高质量发展中遇到的实际问题，着眼于建设更高水平的社会主义市场经济体制需要，多策划战略战役性改革，多推动创造型、引领型改革，在完善要素市场化配置体制机制、创新链产业链融合发展体制机制、市场化法治化国际化营商环境、高水平开放型经济体制、民生服务供给体制、生态环境和城市空间治理体制等重点领域先行先试。"[1]可见，在迈向高质量发展的征程上，深圳依旧被寄以重望。

创新：从模仿开始

发达经济体必须通过创新才能推动技术向更前沿发展，而欠发达经济体可以通过赶超前沿技术来提高生产率。

研究人员发现，创新有两种类型：架构创新和组件创新。科技发展到当下，每一种技术的创新都可以反哺另一种技术，没有哪一种技术可以闭门造车，所有技术都依赖于与其他技术

---

[1] 习近平. 在深圳经济特区建立40周年庆祝大会上的讲话 [EB/OL]. (2020-10-14)[2021-07-20]. https://baijiahao.baidu.com/s?id=1680529775406567143&wfr=spider&for=pc.

的共同进步。① 但重要的是，处于科学知识最前沿的是理论而非应用。

哈佛商学院前院长金·克拉克（Kim Clark）提出，技术本身就是模块化的。例如，汽车由发动机、变速器、车身等组成，各模块被组装成"架构"——也就是汽车本身的设计。创新可以单独在模块上或架构上进行，也可以同时进行。②

这些一般性观察能否适用于发展中经济体？

深圳前副市长唐杰对发展中国家的来访学员说："如果经济学家对落后经济体比较优势的认识是正确的，即追赶型经济体的发展可以比处于技术前沿的经济体发展更快，那是因为模仿的作用。通过成功模仿或最佳实践，它们可以避免错误，并降低成本。"③ 他说的经济学家指的是经济史学家亚历山大·格申克龙（Alexander Gerchenkron）④。

要了解深圳这座城市的迅速崛起，唐杰强烈推荐去看看那里的产业集群。正如他所说，发展中的经济体要登上全球价值链的阶梯，模仿创新是迈向自主创新的必由之路，在此过程中，创新和产业升级必须有一个赋能的生态系统。

---

① ZIMAN J. Technological innovation as an evolutionary process[M]. Cambridge: Cambridge University Press, 2000.
② BALDWIN C Y, CLARK K B. Design rules: the power of modularity[M]. Cambridge, MA: The M.I.T. Press, 2000.
③ 2018年1月，唐杰在北京大学汇丰商学院对前来考察的北京大学南南合作与发展学院的师生做了关于深圳发展的讲话。
④ GERSCHENKRON A. Economic backwardness in historical perspective[M]. Cambridge MA: Belknap Press, 1962.

唐杰说:"我们没法准确预测谁能生存下去,或者谁能发展壮大,但是我们知道,没有生态系统是不行的。集群培育了一个生态系统,在这个生态系统里面,创新

20世纪90年代中期的华强北

的想法每天都在传播,大家可以通过倾听、观察和实践进行学习,从而最终增加创新的机会。"被誉为"中国电子第一街"的华强北就是深圳经济特区集群效应的典范。

华强北位于深圳市福田区,基本上就是个1.6公里长的街区。那里是深圳最大的电子产品集散地,提供电路板、LED灯、智能手机、自拍棒、指间陀螺、玩具机器人和无人机等各种产品,价格便宜。

华强北的历史在很多方面证明了哈佛大学经济学家约瑟夫·熊彼特(Joseph Schumpeter)所说的"创造性破坏"。[①]这里的变化大多是由许多小微公司的进入和退出而推动的。

20世纪80年代,华强北最初是作为"三来一补"的电子制造工业区而建的。90年代,由于土地变得太贵而无法用作工业用途,于是华强北变成了电子产品的高科技商业区。

[①] SCHUMPETER J. Capitalism, socialism and democracy:3rd edition[M]. NY: Harper Perennial Modern Classics, 2008.

在 2009—2010 年的鼎盛时期，华强北沿街有 717 个商业实体，13 万名从业人员，年销售额为 230 亿元人民币，每天有 45 万客户访问。① 这个嘈杂、庞大的市场连接着中国和其他国家与地区（例如印度、巴基斯坦和埃及）的消费者和生产商（尤其是手机产品，见图 11）。②

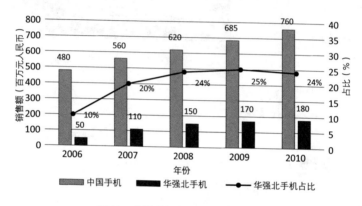

图 11 中国手机市场（2006—2010）

来源：国际数据公司（International Data Corporation, IDC）公开数据。

集群效应就像硬件的开源生态系统。有现成的和可相互替代的部件，有制造商，特别是许多中小企业制造商，能够生产出既包含仿造又包含原创设计的小玩意，而且成本比诺基亚、三星和苹果等大品牌要低得多。由于其产品也具有品牌，华强

---

① 百度百科. 深圳华强北商业圈 [EB/OL]. [2021-04-01]. https://baike.baidu.com/item/深圳华强北商业圈/1167924?fr=aladdin.
② 除了华强北，从模仿到创新现象的类似模式可参见 AGHION P, HARRIS C, HOWITT P, VICKERS J. Competition, imitation and growth with step-by-step innovation[J]. Review of Economic Studies, 2001, 68 (3): 467—492。

北的店主经常把它们标为"SZ",意思是"深圳制造",后来被戏称为"山寨"。

但山寨小玩意不止于仿造,还包括用各种各样的实验来测试什么样的仿造和原创设计组合在市场上最受欢迎。当时,许多山寨手机切合了国内不断增长的细分市场,特别是对于消费能力有限但在不断增长的农民工来说。

中国农村市场用户规模可达 7 亿,价格低于 1,000 元的山寨手机在农村非常受欢迎,它的价格只有诺基亚和三星这样的品牌手机价格的四分之一。在降低成本、设计、营销等许多方面,国内生产商有更好的专业知识,它们通过利用国内和国际价值链实现增长。

然而,在电子商务 B2C 模式(例如京东)兴起以及政府加强知识产权保护的双重压力下,华强北在过去十年中面临巨大的挑战,如今的华强北已不再开发廉价仿制产品,其目标是成为一个连接全球创新、制造和知识的高附加值产业的枢纽。

与此同时,在早期成功利用国内价值链的基础上,深圳许多本地生产商也开始进行 ODM 及 OBM,在不断的学习和进步中拉平微笑曲线。为了占据全球价值链的高端,他们开始在研发上投入巨资,研发投入占 GDP 的比重,从 2012 年的 3.81% 增加到 2016 年的 4.1%,2019 年进一步增长到 4.9%。[①]

企业的努力似乎有了回报,部分原因是无论在国际上还是在国内,对知识产权的保护力度都大大提高了。根据世界知识

---

① 数据来自科学技术部公开资料。

产权组织（World Intellectual Property Organization, WIPO）的数据，在过去的十来年里，来源于深圳的全球专利申请数量每年以超过 10% 的速度持续增长，目前是仅次于东京的全球专利申请第二大来源城市。

通过国际贸易或海外投资的方式，进行知识的传播与学习，是一种有意或无意的边做边学。而技术研发与前者不同，它是对经济激励的一种反应。由此，制度环境会直接影响这种创新活动的水平，进而影响生产率的增长。

所有这些都表明，在过去的十多年里，深圳经济特区正在经历一个巨大转变，从依赖大量非技术型廉价劳动力供应的组装加工，向重知识、技能的新兴产业转变，其间导致了工资上涨。[①] 这一动态过程反映出了赫克舍尔－俄林（Heckscher-Ohlin）模型（资源禀赋理论）的不足。

的确，深圳已经形成了高新技术的巨大产能，正在从"深圳制造"向"深圳创造"转变，这一趋势在互联网产业、新材料产业、文化创意产业、新一代信息技术产业等新兴产业中表现得尤为突出。

2012—2016 年，新兴产业对深圳全市 GDP 增长率的贡献高达 53%，其增长情况如图 12 所示。

---

① 对贸易和工资的理论及实证论述，可参见 FEENSTRA R C. The impact of international trade on wages[M]. Chicago, IL: University of Chicago Press, 2000。

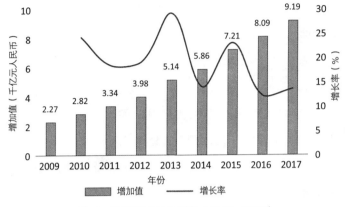

图 12　深圳新兴产业增长（2009—2017）

来源：相应年度《深圳统计年鉴》。

大疆创新（简称"大疆"）就是一个很好的例子。大疆是由香港科技大学毕业生汪滔于 2006 年 11 月在深圳创立的一家科技企业。

到 2014 年，大疆已成为行业领导者。在以应用程序控制飞行拍摄系统的消费型无人机领域，大疆的全球市场份额达到了 70%。汪滔说，他原本可以在香港创立大疆公司，最后却选择了深圳，那是因为深圳有更好的商业生态环境。按照流行的说法，深圳是中国的"硬件硅谷"。

很多人不知道，大疆早期的成功与深圳一个看似与高科技毫不相关的产业集群有关——生产网球、

大疆航拍飞行器御

羽毛球、高尔夫等运动产品的产业集群。因为对于大疆来说，除了软件开发，像"大疆幻影"这样的四旋翼机需要特殊材料，既要坚固又要轻便，而广泛用于运动产品的石墨纤维就是无人机的一个不错的选择。

大疆和华强北的例子给我们提供了很多启示：创新，是一个有目的的过程，以物理形式体现创意，并通过相应的组合将其构筑起来。在组合适应的过程中涉及不同的构件，有些是新颖的，有些是成熟的。不同构件的创造性组合产生了创新。这些组合适应的核心是反复实验、选择和放大（有用结果）的过程。越来越多的迹象表明，许多本土企业用这种创新模式将创业精神、技术能力和创新人才很好地结合起来。

华为就是一个典型的例子：华为根据自身所处的不同发展阶段，先后借助国内和全球价值链，完成了从追赶到自主创新的"蛙跳"（Le nogging）发展。

1987年，深圳特区政府制定了关于鼓励科技人员兴办民营科技企业的政策，即"18号文"①，这是中国第一个允许科技人员成立民营技术公司的政策。

那年，43岁的任正非与其他5位技术员创立了华为。他们的初始资本为人民币20,000元。目前，华为已成长为全球顶级的信息与通信基础设施和智能终端提供商，拥有19.7万名员

---

① 深圳市人民政府. 深圳市人民政府颁发《深圳市人民政府关于鼓励科技人员兴办民间科技企业的暂行规定》的通知：深府 [1987]18号 [A/OL]. (1987-02-04)[2021-03-04]. http://www.110.com/fagui/law_285312.html.

工,业务遍及170多个国家和地区,2020年的销售收入达到1,367亿美元。①

如今,华为的智能手机销量已位居全球前列,其作为物联网先驱的5G技术领先于世界。物联网具有"通用技术"(General Purpose Technology, GPT)的显著特征。与渐进式技术创新不同,"通用技术"创新常是剧烈的、非渐进的,并具有广泛的应用潜力。②

然而,创立初期的华为的主营业务是代理销售香港某公司的小型程控交换机。之后,华为开始开发自己的程控交换机。1995年,为了增强技术能力,华为开始研究CDMA(Code Division Multiple Access,码分多址),并且着手开拓庞大的国内农村市场。华为的收入多年来稳步增长,1995年达到15亿元人民币,2000年达到220亿元人民币,2020年达到8,914亿元人民币。③

对于华为来说,1998年是具有里程碑意义的一年。那一年,为了更好地打开国际市场,华为委托IBM管理咨询专家启

---

① 宪瑞. 华为内部统计:2020年营收1367亿美元、利润99亿美元[EB/OL]. (2021-02-08)[2021-05-21]. https://news.mydrivers.com/1/739/739573.htm.

② 关于通用技术的内容可以参考:BRESNAHAN T, TRAJTENBERG M. General purpose technologies 'Engines of growth'? [J]. Journal of Econometrics, 1995, 65(1): 83—108; 以及HELPMAN E, TRAJTENBERG M. A time to sow and a time to reap: growth based on general purpose technologies[M]//HELPMAN E(ed.). General purpose technologies and economic growth, Cambridge, MA: The M.I.T. Press,1998: 55—84。

③ 数据来自雪球网,以及华为投资控股有限公司2020年年度报告 [R/OL]. [2021-03-04]. https://www.huawei.com/cn/annual-report/2020?ic_medium=hwdc&ic_source=corp_banner1_annualreport2020。

动了三管齐下的业务发展战略咨询，即 IPD（Integrated Product Development，集成产品开发），ISC（Integrated Supply Chain，集成供应链）和 CRM（Customer Relationship Management，客户关系管理）。努力最终得到了回报，在随后的几年中，华为的员工数量和销售收入均迅速增长（见图 13）。

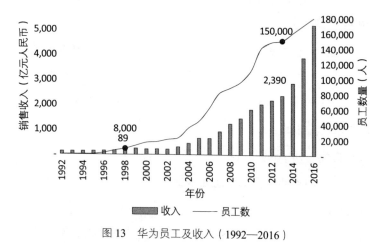

图 13　华为员工及收入（1992—2016）

来源：吴晓波等.华为管理变革[M].北京：中信出版社，2017 年。

如图 13 所示，华为员工从 1998 年的 8,000 人增加到 2013 年的 15 万人；销售收入从 1998 年的 89 亿元增加到 2013 年的 2,390 亿元。国际销售额占比从 1998 年的 4% 增加到 2012 年的 65%[①]，华为已成为名副其实的全球公司。

为了保持领先地位，华为在全球设立了多达 47 家研发机

---

① 该比例近年趋于下降，在疫情与中美贸易摩擦双重影响下的 2020 年仍占 34.4%。相关数据来自华为官网公开资料。

构和 36 个培训中心,并与 Intel、IMB、SUN、Agere System、Microsoft 和 HP 等全球领先企业进行联合研究。华为坚持每年 10% 以上

海闻教授(中)给留学生讲中国经济(2017)

的销售收入投入研发,2020 年,其从事研发的员工约 10.5 万人,占公司总人数的 53.4%;研发费用支出近 1,419 亿元,约占全年收入的 15.9%。①

根据世界知识产权组织的数据,2018 年,华为的专利申请数名列前茅,已发布的 PCT② 申请数量达到创纪录的 5,405 件,其次是三菱电机(2,812),英特尔(2,499),高通(2,404)和中兴通讯(2,080)。

对华为来说,1988—2002 年,通过三管齐下的发展战略巩固了自己的地位;2003—2007 年,华为的业务日益国际化,并

---

① 见华为投资控股有限公司 2020 年年度报告 [R/OL]. [2021-03-04]. https://www.huawei.com/cn/annual-report/2020?ic_medium=hwdc&ic_source=corp_banner1_annualreport2020。有经验证据表明,对研发的更多投资有助于落后于技术前沿的经济体更快地赶上领先经济体,参见 GRIFFITH R,REDDING S,REENEN V J. R&D and absorptive capacity: theory and empirical evidence[J]. Scandinavian Journal of Economics, 2003, 105(1): 99—118。

② PCT 是《专利合作条约》(Patent Cooperation Treaty)的英文缩写。该条约规定专利申请人可以通过 PCT 途经递交全球专利申请,申请人可以同时在全世界大多数国家(PCT 目前有 153 个缔约国)寻求对其发明的保护。

从此走向全球,进入所谓的"开放式创新"①阶段。

"当你越接近技术前沿,就越要进行更多的技术创新……深圳要进一步发展,就必须建设世界一流大学。"北京大学(深圳)汇丰商学院院长海闻教授在回答有关深圳所面临的挑战的问题时说。②

与海闻教授的观察一致,深圳长期致力于高校建设。从1983年建立深圳大学到2018年,深圳共设立了13所高等院校,包括北京大学研究生院(深圳)、清华大学研究生院(深圳)、香港中文大学(深圳),以及哈尔滨工业大学(深圳)等。深圳计划到2025年建成25所高等院校。研究表明,在全球范围内,教育和研发与生产率之间的关系非常紧密。③

回顾过去,早在1977年,邓小平就说过:"我们要实现现代化,关键是科学技术要能上去。发展科学技术,不抓教育不行。"④他还给自己安排了一个非正式的职位——科教后勤部长。⑤

邓小平是对的。作为中国改革开放的总设计师,他有远见,有谋略。

把深圳经济特区作为"试验场",无论是"窗口"目标还

---

① 这是企业发展的一种战略,即在创新过程中让许多利益相关者参与进来,他们既可以是员工、研究者,也可以是顾客、供应商甚至竞争对手。
② 出自2017年1月,海闻教授在北京大学汇丰商学院与北京大学南南合作与发展学院学生的座谈。
③ GRILICHES Z. R&D, education, and productivity: a retrospective[M]. Cambridge, MA: Harvard University Press, 2001.
④ 邓小平. 邓小平文选:第二卷 [M]. 北京:人民出版社,1994: 40。
⑤ 李岚清. Breaking through: the birth of China's opening-up policy[M]. 北京:外语教学与研究出版社,2009: 7.

是"示范"目标,结果都远远超出人们的预期,令人信服(见图 14)。

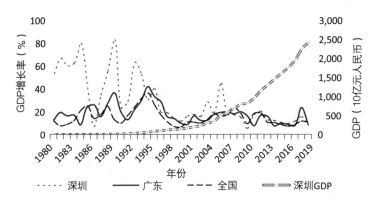

图 14 深圳与广东省及全国 GDP 增长比较(1980—2019)

现在,读者们不妨打开您身边的音乐播放器,重温一下那首经典歌曲《春天的故事》。① 如果你愿意,可以在听完后继续读一读深圳故事的尾声——这将是一个从具象的复杂性回到抽象的简洁性的超越过程。

六、尾声:从复杂到简洁

没有实践的理论是空洞的,没有理论的实践是盲目的。

要建构一个理论,必须从"地上的泥"抽象并升华成"天

---

① 《春天的故事》歌曲参见 https://y.music.163.com/m/song?id=1335942985&uct=exG3cwtLZymDTaiWBbHEmA%253D%253D&app_version=8.2.31&sc=wm (登录时间:2021-06-21)。

上的云";但在应用理论时,却要反其道而行之。

在经历了深圳这个城市炫目崛起的历史后,作为结尾,我们改变一下方向(或向量),即从历史的复杂性走向理论的简洁性。当然,我们不能为了简洁而简洁,脱离现实性。我们的任务是,所构建的理论不仅要简洁,而且要普适,它不仅可以解释深圳的崛起,也可适用于世界上其他国家和地区。

从知识论而言,所谓科学理论即是在数学分析与经验观察之间保持尽可能严谨的"对话",以此来提高我们在探索中发现事物规律的概率。对我们而言,我们的主题是经济增长的规律。

理论有优劣之分,评判的标准是简洁性、一致性、准确性、普适性和成果性。当然,社会科学与纯数学不同,尤其注重成果性(或现实性)。因为所采取的方法是试错性的演绎,要根据实际情况及时作出修正。这种方法的核心是实验、选择、推广成功经验、向最佳实践学习。

基于以上这些规则,同时遵循所谓的"奥卡姆剃刀"原则[1],我们提出四组方程式来解锁经济增长的秘密,即增长由四组原因引发——物理原因、制度原因、激励原因及思想原因,他们相互作用、互为因果,四组方程式表述如下:

---

[1] 即所谓简练原则,指在解释事物时,假设越少越好。更多说明参见"理论的思考——大道至简"部分。

$$G_{t,w} \approx f(K_N, K_H, K_P)_{t,w} \quad (1)$$
$$G_{t,w} \approx f(K_i^v, K_i^h, K_i^s)_{t,w} \quad (2)$$
$$G_{t,w} \approx f(R_P \to R_s)_{t,w} \quad (3)$$
$$G_{t,w} \approx f(K_H \to K_P)_{t,w} \quad (4)$$

其中，$K_i^v > 0$

$K_i^h > 0$

$K_i^s > 0$

$R_s = R_P + \Delta$

作者在向学员讲解增长的四个方程式

G 为经济表现，可以认为是人均 GDP；t 为时间；w 为地点；K_N 为自然资本，包括所有天上和地下的自然资源（约束），如土地；K_H 为人力资本；K_P 为物质资本，如设备；K_i^v 代表纵向制度资本，如法治成熟度、政策透明度、行政效率等；K_i^h 代表横向制度资本，如开放和统一的大市场、反垄断等；K_i^s 代表处于纵横之间的社会资本，如文化、风俗；R_P 为个人收益；R_s 为社会收益；$R_s = R_P + \Delta$ 意味着个人收益越接近社会收益时，激励越强，越是藏富于民。

（1）式说的是，在保持其他条件不变的情况下，经济增长是土地（或自然资本[①]）、劳动力（或人力资本）和资本（或物质资本）[②]的函数。（2）式是在（1）式基础上，增加了"场"

[①] 例如，在自然资本这个变量集合中，大数据可以看作一个子集。

[②] 在全球市场中，尤其是第二次世界大战后，关键是以市场价格获得"可及性"而不是"拥有权"。相较土地，贸易数字是一个更好的衡量标准。

的作用①,这里主要涉及不同的制度安排,即国家(纵向制度资本)、市场(横向制度资本)②和社会(社会资本)③,这些不同的制度环境与经济发展有很大关系。(3)式涉及激励或称微观基础,当个人收益越接近社会收益时,激励越强。④(4)式说的是人从"智人"到"神人"的发展过程⑤,它反映

---

① 若论严谨的科学研究方法,牛顿或许值得一提。在《自然哲学的数学原理》(简称《原理》)中,牛顿的总体研究策略是:先建立一个公理化的框架、建立一个简化的理想化的数学模型,然后进行系统的检验、比较,在更高的逼真度或"接近极限"中,用经验完善模型(现在我们知道了尽管它永远不可能是完全确定性的)。相应地,《原理》第一卷是关于"在'空'的空间中物体的运动";第二卷是关于"在'有阻力'媒体中物体的运动";第三卷是关于"世界体系"。在流行数学建模的今天,许多人认为这样做是理所当然的,但在牛顿时代,这不啻为一个革命性的创新。即便是在今天的社会科学领域中也不得不承认,许多人并没有掌握这种科学研究的方法论。

② 关于国家与市场,科斯曾问过一个著名的问题:在哪里划分科层和市场的界限。道格拉斯·诺斯(Douglas North)认为管理成本等于交易成本,两者之间曲线呈凹形。——来自与诺斯的私人谈话

③ 社会资本是个有趣的议题。罗伯特·帕特南(Robert Putnam)及埃莉诺·奥斯特罗姆(Elinor Ostrom)都同意,社会资本是建立在重复博弈基础上的,如此才能增加信任和促进合作。但是一旦超过一个阈值,社会资本在发展现代市场中的作用就会减弱,因为现代市场往往是长距离交易(陌生人交易),就更是基于客观公正原则的,即法治。股票市场就是一个很好的例子。深圳经济特区这个移民城市的迅速崛起,也支持了这一点。

④ 社会收益是"个人回报 + Δ"。Δ 可为税收或其他。小岗村和蛇口工业园区等的发展都提供了有力的实证支持。与此相关,研发的个人收益取决于制度安排,如专利保护、商标保护的覆盖范围,知识产权保护的成效,以及公司运营的监管框架的性质等。

⑤ 可参见本书"理论的思考——大道至简"一文。深圳的专利数量增长提供了有力的实证证据。在全球范围内,菲尔兹奖、诺贝尔奖和图灵奖的数据库以及世界10万名科学家数据库证实了关于人类对于人均经济绩效的前沿观点的假说。

的是经济增长是创新思想的函数,强调科学教育在其中的重要作用。[1] 诺奖得主西蒙·库兹涅茨(Simon Kuznets)对国家财富进行了里程碑式的研究。他的研究得出的结论与(4)式是一致的。他说:"我们可以肯定地说,自19世纪下半叶以来,发达国家经济增长的主要来源是基于科学的技术,如电气、内燃、电子、核能、生物等技术。"[2]

就理论与实际相结合而言,我们可以把以上四组方程式作为解释世界的认知工具箱,其中的每个工具都可以用来解开深圳崛起这个"黑匣子"的部分秘密。与此同时,这个工具箱也可用于解释其他国家的经济发展或停滞。因此,在制定发展战略时,这个工具箱也能提供帮助,如可以帮助政策制定,识别比较优势或竞争优势,这是制定可持续发展战略的前提。

注意,四个方程式的两边都加有时空的符号,这意味着正确使用这些方程式时,必须考虑一时一地的实际情况。同样重要的是,理论本身是改变不了现实的,它必须有"聪明人"(或称"设计师")来加以正确地应用。[3] 所以,领导力和企业家精神也必须发挥作用。

综上所述,以上由四个方程式组成的经济增长模型包括物理性原因、制度性原因、激励性原因、思想性原因,分析来分

---

[1] KUHN T S. The Structure of Scientific Revolutions [M]. 4th ed. Chicago: University of Chicago Press, 2012.

[2] KUZNETS S. Modern economic growth: rate, structure and spread[M]. New Haven and London: Yale University Press, 1966: 10.

[3] HUANG Y. Capitalism with Chinese characteristics: entrepreneurship and the state[M]. Cambridge: Cambridge University Press, 2008.

析去，说到底，人的思想是最终原因——好思想带来好结果，坏思想导致坏结果。

最后，让我们回到故事的开头。1978年12月13日，邓小平在中共中央工作会议闭幕会上的讲话题目是：

解放思想，实事求是，团结一致向前看。[①]

[①] 邓小平.邓小平文选：第二卷[M].北京：人民出版社，1994：140.

思考题：

1. 总体上看，中国四十多年来的经济发展的两条主线是"改革"和"开放"。具体到深圳的发展故事，"改革"和"开放"是如何体现的？中国是一个转型经济体，我们从理论上如何解释"改革"和"开放"可以促进生产率的提高？

2. 与自然科学在实验室控制下的试验不同，社会科学研究要在错综复杂的情况下寻找答案是很困难的。在方法论层面，我们从罗芳村故事中获得哪些启示，可以帮我们解决棘手的相关性与因果关系问题？

3. 什么是科学理论？我们如何判断理论A优于理论B？理论与战略之间的关系是什么？只有理论或策略可否改善现实？领袖、官僚体制、公共政策和企业家精神是如何在理论与战略之间，或理论与实践之间发挥作用的？请举例说明。

4. 从故事中我们可以看出，深圳经济特区被作为"试验场"来检验中国实施市场化的有效性。相比之下，为什么深圳比别的几个经济特区的表现更出色？内因和外因是什么？深圳的"土地市场""劳动力市场"和"资本市场"的独特特征是什么？它们以什么方式帮助我们了解新古典主义的市场观念及其在理论和实践方面的局限性？改革初期，中国奇缺资本，吸引外资也是搞经济特区的初衷之一。历史上，上海与外资联系更加紧密，但当时选了深圳却没选上海。如果是你来选择，你将如何决策？为什么？

5. 经济学家借用"飞雁模式"描述和解释长期的跨境产业转移现象。这在多大程度上可以解释深圳的增长，以及解释过去40年间中国经济的增长及其发展战略?

6. 有人认为国家在经济增长中的角色无非是"市场促成型""发展型"和"规制型",关键是干预程度合适、角色及时切换。你是否同意?请给出证据。深圳作为中国改革开放增长战略实施的要地,在其发展历程中,国家的这三个角色的作用是如何体现的,请举例说明。特别是,你对蛇口工业园区和深圳建设早期工程兵作用的评价是什么?

7. 在深圳的企业中,亚当·斯密所谓的专业化是如何体现的?什么是比较优势?为什么必须与机会成本一起考虑?什么是竞争优势?它们的相互关系是什么?在逻辑上是否相互矛盾?如果是,如何化解?具体而言,这两个概念在深圳乃至整个中国的增长战略中是如何体现的?对我们理解经济学和商学有什么启发?

8. 对于制定发展战略来说,正确的时间排序至关重要。从深圳经济特区改革开放发展战略的排序中,我们可以学到什么?什么是学习制度技术的更有效的方法,是演绎—调整还是归纳—调整?为什么?

9. 在全球化条件下走工业化道路,生产企业如何制定发展战略,攀登全球价值链的阶梯,其关键步骤和时间排序是什么?三来一补、外商直接投资,以及产业集群在工业化发展历程中起到了什么作用?在企业层面,诸如OEA、OEM、ODM、OBM等概念对我们理解全球以及国内市场价值链有什么帮助?你如何理解后发优势?模仿与创新的关系是什么?

10. 没有实践的理论是空洞的,没有理论的实践是盲目的。

你如何评价我们增长理论所表述的"四等式"框架？在开展理论研究和设计增长策略时，在方程式的两边添加时间和空间符号对理论联系实际是至关重要的，为什么？你认为深圳下一步发展的挑战会是什么？

补充阅读材料：

DUTTA S, LANVIN B. The global innovation index 2013: the local dynamics of innovation[M]. Geneva, Ithaca, and Fontainebleau: WIPO, 2013.

CHESBROUGH H W. Open innovation: the new imperative for creating and profiting from technology [M]. Boston: Harvard Business School Press, 2006.

GROSSMAN G M, Helpman E. Trade, knowledge spillovers, and growth [J]. European Economic Review, 1991, 35(2—3): 517—526.

5

竹子的故事
——绿色的增长才可持续①

一、引子

1988 年 8 月 8 日,一股强台风在中国浙江沿海登陆,向内地移动。此间,台风掠过天目山麓一个小山村——白沙村。

一时间,狂风大作,电闪雷鸣,暴雨倾盆而下,24 小时降雨量达 250 毫米,而且引发了山洪。洪水冲刷着裸露的山体,席卷着泥沙狂泻而下,所到之处,房屋被冲毁了,桥梁被冲垮了,道路被淹没了,电力被切断了,一片疮痍。

白沙村已面目全非。"至少有二十多户的房屋被冲毁了。山上的道路也都冲没了。幸好没有死人,"村里的老人夏中书回忆道。②

---

① 此故事的写作过程涉及多个环节,包括选题讨论、文献研究、实地考察、采访记录、图表绘制、网络查询、翻译、后勤支持等,特别感谢周强、尹建红、张小红和赵婷等人的参与和协助,以及学生们参与研讨并给予有益的反馈。文后附录供参考,便于对白沙村的发展情况以及区位特点有更全面的了解和明智的判断。

② 夏中书曾任白沙村原所属临目乡的党委常务副书记。

灾难过后，村民重建家园。一年内，房屋盖好了，道路和桥梁修好了，电力也恢复了，日子还得继续过。然而，没过多久，灾难再次降临。

1990年6月30日，暴雨再次引发山洪和泥石流，噩梦重现，经济损失达到300多万元，最初改革的成果化为乌有。

然而，不可思议的是，经此浩劫，白沙村不仅获得了重生，而且活得更加精彩。

先让我们看一些统计数据（见图1）。1990年，白沙村农民的人均年收入只有800元左右，10年后增加到8,000元，2010年上升到31,000元。然而，经济增速并没有就此止步，2016年达到了50,000元，远远高于临安县的平均年收入水平和中国农民的平均年收入水平。

如今，白沙村的植被茂盛了起来，竹林、松树、杉树，以及阔叶林交错丛生。白沙村不仅成了经济增长的典范，更是绿色生态文明村。确实，无论远观还是近看，白沙村展现出一幕幕人与自然的和谐画面，山清水澈，吸引着众多游客。

是什么让白沙村在短短二十多年的时间里获得如此巨大的发展？事实上，白沙村从一个贫穷的小山村变成了一个极具吸引力的生态文明村。我们不妨从比较优势的视角切入，找寻这一问题的答案。

比较优势是19世纪英国政治经济学家大卫·李嘉图（David Richardo）提出的一个重要的现代经济学概念，是指一个经济体以低于贸易伙伴的机会成本来生产商品或提供服务的能力。比较优势往往用在国际贸易中，我们似乎很少在中国农村的经济发展研究中见到。但白沙村的变迁不仅揭示了利用比较优势可以促进经济增长,更重要的是它实现了绿色的经济增长,而不以生态破坏为代价,正如习近平主席早在2005年就提出的"绿水青山也是金山银山"。[①] 与绿色发展相关,到了2012年,"生态文明"这个概念被写进了《中国共产党章程》。2017年10月,习近平主席在党的十九大报告中指出坚持人与自然和谐共生,必须树立和践行绿水青山就是金山银山的理念,坚持节约资源和保护环境的基本国策。[②]

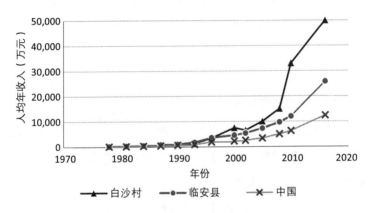

图 1　白沙村农民人均年收入及比较

来源:国家统计局、临安县年鉴、临目乡统计数据、实地采访及科技部报道。

---

① 习近平.绿水青山也是金山银山 [EB/OL]. (2005-08-24)[2021-03-22]. http://topics.gmw.cn/2015-07/17/content_16337747.htm.

② 在这份报告中,"美丽"一词首次出现在建设社会主义现代化强国的奋斗目标之中,生态文明建设被提到新的战略高度。在习近平新时代中国特色社会主义思想的指引下,我国开启了走向生态文明的新时代。

二、白沙村的历史

白沙村距上海250公里，距杭州70公里，距临安区[①]42公里，是一个坐落在天目山峡谷间的小山村。20世纪80年代末，全村有村民不到500人、150余户人家；占地800公顷，耕地面积只占1.2%，其他都是山林，且山壁陡峭，平均坡度大于30度，几乎看不到平地。整个临安也是"九山半水半分田"，耕地30余万亩，水面13万亩，山地400万亩，其中竹林100万亩，森林面积约占82%。1980年，临安农民人均年收入约178元。1983年以前，林地是集体管理，按照国家指定计划生产木材、木炭和茶叶。

改革开放前的乡村生活

20世纪50年代，中国开展了如火如荼的社会主义改造运动，私有制被限制、被禁止，最终被消灭。50年代末期，人民公社化运动使得平均主义盛行。

那时在人民公社制度下，白沙村是一个生产大队，全村村民一起吃"大锅"饭，一起干活，平均分配劳动成果，同其他地方的农村一样缺乏多劳多得的激励机制。[②] 正如夏中书老人回忆："那时的工分是事先确定的，干好干坏都一样，根本没有

[①] 临安历史悠久，南宋时期，杭州升为临安府，下有临安县。1988年，临安县被国务院批准划入中国沿海经济开放区城市，1996年撤县建市，2017年成为杭州市临安区。

[②] 参加本书第二个故事。

积极性,而且也不许干私活。家庭副业、小商贩和自由市场都是'资本主义的尾巴',被全面禁止。"

"在20世纪50年代后期,白沙村也经历了'大跃进'运动,全村上下'大炼钢铁'。但当时根本没有生产出合格的钢铁,却导致了大量森林被砍伐。"夏中书继续说道:"由于自然环境遭到严重破坏,灾难紧跟着就来了……还是老天救了我们。恰巧在最困难的那年,也就是1960年,白沙村山上的竹子都开花了,这是百年不遇的事情。村民们靠挖葛根、采集竹子花的果实充饥,挨过了生活困难时期。"

虽然村民躲过一劫,但是生活依旧贫困。在严格的计划经济体制下,村子的生产力几乎没有提高。

一方面,中央计划经济政策忽视了资源禀赋的差异。当时,虽然中国农业的生产方针包含两个含义——"以粮为纲,全面发展①"。② 但是,在实践中却是一味地强调以粮食生产为主,忽略了因地制宜、全面发展的客观规律。白沙村山多地少、地势陡峭,只靠生产粮食村民无法养活自己。

另一方面,当时的农村政策缺乏激励机制。按照当地规定,白沙村"每年每户至少要向生产队里交一头70斤以上的猪。然而,盘算下来,农户最多也就养两头,一头刚够分量的交给集体,另一头肥些的留给自家过年吃。为什么不多养呢?(因为)多养也得被队里收走,或者说是'割了资本主义

---

① 全面发展包括农、林、牧、副、渔。
② 邹华斌. 毛泽东与"以粮为纲"方针的提出及其作用 [J]. 党史研究与教学,2010(06): 46—52.

的尾巴'"。夏中书感叹道:"这就是改革前的情形。白沙村只是一个缩影。那时的生活太苦了,村里的姑娘都想嫁到山外面去。"

"大包干"改革

如前所述,安徽省的小岗村是中国农村改革的发源地。[①] 1978年,小岗村实行了土地"大包干",起初是在村内秘密进行,后来小岗村的做法最终得到了官方认可,引起全国各地纷纷效仿。

小岗村的星星之火,迅速燎原。根据我们的调研,在当时中央政策支持下,到1981年年底,全国人民公社约有50%的生产队实行了"大包干",其结果是生产力显著提高。在此提请注意的是,实行"大包干"后,全国农业生产增长了7%;"大包干"前,全国农业生产增长只有2%,而且被人口2%的增幅几乎抵消掉了。

"大包干"有什么特别之处?"大包干"是人们对"家庭联产承包责任制"通俗的叫法。与"人民公社"相比,"家庭联产承包责任制"有两个关键的制度安排:其一,尽管土地所有权依然归集体,但打破了人民公社体制下集体劳动的模式,土地承包给农户耕作,即"家庭联产承包"。其二,根据承包合同,农户只要交够给国家和集体的公粮,剩下的都是自己的。也就是说:在产权的概念中,虽然国家或集体

---

① 参见本书第二个故事。

拥有**土地所有权**，但却赋予农民不同程度的**使用权**和**剩余索取权**。

激励机制上微不足道的制度性变革，对家庭经济主体的行为却产生了深远的影响，因为它改变了激励机制的微观基础。

"一刀切"的陷阱

在政策层面，面对不同条件，人们常说"不能一刀切"。这也适用于"大包干"。"大包干"在小岗村非常奏效，却并不一定完全适合白沙村，但人们往往忽略这一点。其实，农业生产更要因地制宜。

小岗村位于平原之上，粮食一年可有两季收成，足以维持人们的生计。然而，白沙村山多、耕地少，依赖林业经济，山上的树木就是资产。如果把"大包干"完全照搬到白沙村，将会对生态造成极大的破坏。事实上，这就是白沙村改革头十年的情形。

1980年，在小岗村"大包干"的启发下，白沙村也开始尝试林地"大包干"，尽管最初并未得到政府的认可。1983年，全国全面铺开政社分设、建立乡政府的改革政策，人民公社退出历史舞台。也是那一年年底，"分山到户"

1990年前，白沙村的过量采伐

的山林承包制度在白沙正式开始实行。

山林承包合同主要包括以下三项内容：(1) 山林的所有权仍归集体，采伐是严格管制的；(2) 承包农户须按时上交集体提留，剩余则全归农户自己；(3) 合同期限为15年，期间不允许出租、抵押或转让。

此时，当地农村总体政策重心由"以粮为纲"转向"以林为主"。这一转变一是为了让农业生产更好地适应当地条件，二是政府更加强调保护森林资源。[①] 这自然是从当地的比较优势出发做出的促进经济增长的决策，但正如经常发生的那样，合理的政策意图未必能带来预期的效果。

"分山到户"后，白沙村的村民欣喜若狂，这意味着村民有了经营山林的自主权。穷困潦倒的白沙村村民极为渴望山林带给他们的财富。尽管政府对采伐有严格的管制规定：木材实行集中统一管理，要根据用材林的消耗量低于生长量的原则，严格控制采伐。但是由于监管困难，为了获得更多的经济收入，村民们没有理会这些规定，甚至连村干部也一道上山砍树。

的确，因为太穷了，所以太想钱了。但是，由于缺少资本和技术，村民们为了挣快钱，就把很多山林都偷偷地包给了外地人。在20世纪80年代的中后期，一个木材砍伐、加工、销售和运输的产业链就在当地形成了，尽管这是违规

[①] 中共中央、国务院. 中共中央、国务院关于保护森林发展林业若干问题的决定：中发 [1981]12号 [A/OL]. (1981-03-08)[2021-03-22]. http://www.forestry.gov.cn/main/4815/19810308/801606.html.

的。此时，在白沙村随处可见木材运输车辆和木材加工厂。在高峰时期，从事伐木和木材生意的外地人竟是白沙村民的两倍多。①

1978年，临安农民平均年收入176元，白沙村更低。虽然"包山到户"后，1987年白沙村农民平均年收入增长到了814元，但是白沙村的经济增长对生态环境造成严重破坏。自1983年以来，白沙村每年平均砍伐树木350立方米；1990年这一数字达到500立方米。10年内森林覆盖率从91%迅速下降到60%。②

然而在当时，似乎没人意识到由生态破坏导致的自然灾害威胁在不断逼近。

天灾还是人祸？

号称"竹乡"的白沙村，地处浙江省的暴雨中心，年降雨量超过3,000毫米。白沙村及周边地区属于天目山生态保护区，其生物多样性及环境保护工作非常重要。天目山有西天目和东天目之分：西天目水经天目溪流入富春江，汇入钱塘江，经杭州湾入海；东天目和白沙水最终汇入太湖，太湖水通过下游的支流汇入黄浦江入海。

20世纪70年代，出于"备战备荒"的考虑（特别是为了抵御苏联的威胁），国家修建了许多道路。同时，全国上下，包

---

① 钱祎. 太湖源头第一村的美丽"蝶变"[EB/OL]. (2015-05-06)[2021-03-22]. https://hznews.hangzhou.com.cn/chengshi/content/2015-05/06/content_5758128.htm.
② 如无特殊说明，本文提到的当地数字均来源于对当地干部、村民的访谈。

括白沙村在内,开展了大规模的绿化造林的群众运动。

然而,如图2所示,到了80年代,由于掠夺性采伐,白沙村的生态环境急剧恶化,两次大暴雨引发的山洪和泥石流,给白沙村村民带来了巨大灾难。当时村民们还怨老天爷,现在,他们明白了:与其说这是天灾,不如说是人祸。

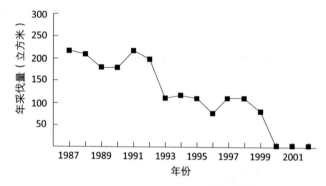

图2　白沙村木材年采伐量(1987—2002)

来源:夏玉云,王安国,王为宇.发展非木质林产品,促进白沙村山绿民富的启示[C]//《三生共赢论坛文集》编委会.三生共赢论坛·2009:北京会议文集,北京:人民出版社,2009:181—189。

问题是,不依赖木材经济,不砍木头,村民们靠什么过活?这下乡亲们没了主意。如何跳出"思维定势",找出一条新的发展道路来呢?若深入探究的话,答案也许涉及思维创新、企业家精神和领导力的作用。

三、思想带来改变

思想可以改变世界,可思想来自何方? 白沙村的故事有助于我们解开这个谜团。

如果你认为新思想或创新思维,就是几个发明家或天才独自想出来的,那就错了。这里要讲述的是,一群不同性格、不同背景的人,通过合作,把看似无关的点逐一地连接起来,从而改变世界的故事。创新就是对未知的求索。我们并非要讲神话般的英雄人物,而是讲那些生活和工作在中国乡村的"普通人"。人们常常会忽略这些"普通人"的创新能力或特质在改变世界中的重要作用。

有朋友很重要

常说运气总是留给有准备的人。因而,相应的铺垫也是必不可少的。

金春凤曾任白沙村的妇女主任,她善于沟通、热心善良。金春凤有七个孩子,其中两个儿子夏中书和夏玉云,都成了乡里和村里的干部。

"我母亲的性格非常随和、外向,而且乐于助人,"夏玉云[①]回忆道:"那时候我们很穷,但是有客人来时,我母亲都热情地招待,没钱、没粮,到外面借也要招待客人。乡亲们经常找她帮忙。同样,她有不时之需也会向他人求助。她善于跟人交往,人缘好,也有不少人脉关系。"

夏玉云,1956 年出生,上过 3 年小学,18 岁入伍。据他说,在部队里他学到了不少"文化知识"。他的部队驻扎在上海

---

① 夏玉云曾任白沙村党支部书记。

附近,他也算是"见过世面"的人。回忆起洪水过后的那段日子,他说:"如果我们还'啃山头',就会吃光子孙的饭,走向死胡同。我明白这个道理。但坦率地说,我那时真不知出路在哪里。"

是金春凤,让这一切有了转机。用学术语言来说就是"社会资本"① 很重要。1990年第二次洪水过后,金春凤去临安县向她的老朋友王安国寻求帮助。

专家来了

王安国,1942年出生,临安人。1968年,王安国从浙江林学院毕业。受"文化大革命"的影响,他没有从事自己的专业而是被安排去农村供销社工作。1979年,中国改革开放拉开序幕。王安国敏锐地感觉到科技的"春天"来了,便立刻申请回到家乡临安,进入临安县林业局工作,更好地发挥他的林业专业优势。

应金春凤之邀,王安国很快来到白沙村。看到过度砍伐的山林,他对村民们说:"你们再不停手,以后就只有去讨饭了!"村民们说:"其实,再让我们砍也没什么可砍的了。白沙村到底还有没有救啊?"

"实事求是"是王安国信奉的人生哲学。所以,他没有马

---

① 哈佛大学公共政策教授罗伯特·帕特南认为,社会资本是社会主体之间互信、互惠、紧密联系的社会网络。这个网络的典型代表包括同乡会、慈善机构、社交俱乐部等。参见 PUTNAM R D. Bowling alone: the collapse and revival of American community[M]. New York: Simon & Schuster, 2000: 19。

上给出建议,而是在接下来的几天里,仔细地调查、了解白沙村和周边山区情况,特别是那里的土壤、地形、物种,以及可能生长的东西。与此同时,他还相信知识与理念的重要,因此去向竺肇华求教。

竺肇华,1938年出生,也是临安人。1962年,他毕业于兰州大学生物专业,后在北京工作,时任中国林业科学研究院研究员。机缘巧合,1972年起,他与农用林业结下了不解之缘。当时,应阿根廷政府的要求,他试图寻找中国的泡桐种子。在此基础上,他写了一篇"发展泡桐大有可为"的调研报告,并获得1978年全国科技大会的表彰。由于他的知识和贡献,1985年竺肇华成为首届国际"树木之人"奖的唯一获奖者。之后,竺肇华成为国际竹藤组织副总干事。

虽然,王安国和竺肇华不是经济学专业的,但他们都看到了比较优势在制定发展战略中的价值。现实的问题是:如果不砍树,白沙村靠什么呢?显然,村民们首先必须对自己拥有的比较优势有一个清晰的理解;其次,更大的挑战是,白沙村不仅要经济增长,更要公平、包容、可持续的发展。

从砍树到种树的战略转移

什么是战略?哈佛商学院著名商业历史学家阿尔弗雷德·钱德勒(Alfred Chandler)在其《战略与结构》一书中给出这样的定义:

> 战略是一个主体长期发展的目标,以及为实现这些

目标所应采取的行动和相应的资源分配。①

这个定义有两个关键要素：首先，战略本质上是前瞻性的，也就是说，必须决定将来想成为什么；其次，要为实现目标制订行动计划。

除这两个要素外，战略还涉及承诺。哈佛商学院另一位教授潘卡吉·盖马沃特（Pankaj Ghemawati）提出，真正的战略选择一旦做出就很难逆转，即使能逆转也代价高昂。战略决策与战术决策之间的区别就在于承诺的程度。②

在大量深入细致的实地调查基础上，王安国和竺肇华提出了白沙村新的发展路径：白沙村的野生小竹资源丰富，而且当地的温度、土壤和地貌，同样也适合山核桃、茶叶等非木质林产品的培育。发展战略的转移，就是从木材经济转到非木质林产品上来。

"钱还是从山上来，这是毫无疑问的。但新的做法不是砍树，而是要种树、养树。竹笋、山核桃和茶叶就是收入的来源。"竺肇华解释道。

显然，这是一个长期的增长战略，因为树木的生长需要时间。但收益如何？

"还有两件重要的事情，我们必须找出更好的方法，"王安

---

① CHANDLER A D, Jr. Strategy and structure: chapters in the history of the industrial enterprise[M]. Cambridge: The Massachusetts Institute of Technology Press, 1962.

② GHEMAWAT P. Commitment: The Dynamic of Strategy[M]. New York: Free Press, 1991.

国说:"一个是提高的产量,一个是要销售得出去。否则,无法弥补木材经济的损失。因为,过去村民们也种植竹子、山核桃和茶叶,但产量低、价格低、回报低。"

对于长期战略和愿景,当空间和时间维度延展时,不确定性也相应加大,因而,风险也会加大。问题是,村里的农民会接受这个不能在短时间内看到收益的战略吗?虽然许多经济学教科书中提出理性人的假说,但实际上,贪婪、自私、缺乏想象力和短视是人类群体避免不了的,否则也不会出现故事开头的天灾人祸。

这时就需要一个有领导力的人出现。何谓领导力?就是具有远见、智慧和适应能力。

"我知道,一般来说,本地产品卖不出好价钱。但距离产生美。我当过兵,之后也去过上海等大城市。如果做好营销,我们的农产品可以卖到山外的城里面去,城里的价格高,我们可以挣到更多的钱。"夏玉云接着说,"在增产方面,我们相信王工(王安国),他是这方面的专家。"

夏玉云在访谈中曾说他认为自己做的最有用的事,就是帮助村民学习知识,转变思想,共同致富。

"1993年,我当上了白沙村的党支部书记。作为村干部,

1991年,王安国(右三)
下乡考察白沙村

我必须为白沙村长远着想,我们在白沙村成立了专家顾问组指导白沙村发展战略的制定。同时,在王工的指导下,我们发展示范户,推广新的种植技术。知识很重要,每当王工来到村里,我们就组织村民培训,请王工讲解科技种植。现在,村民们都叫他'科技财神'。""当然,要让村民接受这个理念也不是件容易的事。我先从动员我父亲开始。做成了,就有了示范的作用。"夏玉云回忆道。

由于王安国突出的贡献,他后来获得了"全国农业科技推广先进工作者"的荣誉称号。

战略落地需要先行

理论是制定战略的前提,而有了战略,也必须有相应的政策与之匹配。白沙村的案例,就是借用了经济学比较优势的理论,提出了发展非木质林产品的战略。为了战略的实施,具有微观基础的农业政策必须跟上,因为农民是"有限理性经济人"[1]。

正如亚当·斯密所说:"我们的晚餐不是来自屠夫、酿酒师或面包师的仁慈,而是来自他们对自身利益的关切。"[2] 换言之,具有微观基础的政策的含义是:社会不能把未来寄托在最崇高的

---

[1] "有限理性"是指"意图理性但只是有限理性"的行为。见 SIMON H A. Administrative behavior[M]. 2nd ed. New York: Free Press, 1957: ⅩⅩⅣ。

[2] SMITH A. An inquiry into the nature and causes of the wealth of nations: volume 1[M]. Skinner A S, Todd W B, Campbell R H(eds). Oxford : Clarendon Press, 1976: 26-27.

动机上,而是应该利用有限理性经济人的最可能的强烈动机。[①]

在 20 世纪 50 年代,人民公社和"大跃进"运动的沉痛教训就是:制定的政策看上去很高尚,口号很响亮,但因不适合微观现实,反而使农村经济和农民生活遭遇挫折和困难。

因此,政策是至关重要的。因为,只有政策符合构成微观基础的个人理性,才会起作用。中国土地制度具有一定特殊性,新的政策是产权归国家所有、使用权和剩余索取权分给农户。最初,这在农民眼中具有很大的不确定性。正如夏玉云所说,村民之所以做出短期行为(砍树),是因为他们觉得政府的政策"不稳定",也许不久就会变。因为在当时村民的记忆中就是如此,特别是在发生土地征用和政治震荡的 50 年代中后期和 60 年代初。

的确,承诺容易,是否可靠就是另一回事了,这就引出了政策可信度的问题。问题的核心也许不是经济问题而是政治问题,尤其是对一个处于变革时期的国家来说。也就是说,政策承诺也许存在事后机会主义或者有被推翻的可能。树立政策可信度,需要保障政策的连贯性,而不是利用手中的权力随意改变,尤其是在政府组织换届时。

从政策角度而言,为了消除村民担忧,减少村民的短期行

[①] 斯密提出,如果所有人都寻求促进自身利益,整个社会都会繁荣起来:"他既不打算促进公众利益,也不知道他在这一点上有多大作为,就像在其他许多情况下一样,是由一只看不见的手带领着,推向一个并非他本意的目标。"见 SMITH A. An inquiry into the nature and causes of the wealth of nations: volume 1[M]. Skinner A S, Todd W B, Campbell R H(eds). Oxford : Clarendon Press, 1976: 456。

为、增加长期行为,重要的就是政府不要频繁"出手"。因此,乡政府将林地承包合同从之前的15年延长到30年。在合同期限内,承包的山林和开发的非木质资源都归农户所有。夏玉云相信,长期承包合同,将有助于村民放长眼光,做出长期投资的打算。

为了帮助农民,白沙村当时所属的临目乡成立了一个农业综合开发办公室,负责协调非木质资源开发和产供销一条龙服务,王安国就是技术领头人。此外,为促进市场营销,乡政府还建立了竹笋交易中心。在临安,现在总共有18个竹笋交易中心,日交易量为300吨[1]。

白沙村有个宣传口号,叫"扔掉斧头也能致富",就是让村民们逐渐弄清一个道理:绿色发展才是白沙村的出路。如今,随着政策环境变得长期有利,新的增长战略真的能奏效吗?

白沙村森林资源丰富,有2,100多种植物。白沙在全县率先开展封山育林的非木质林产品开发。结合白沙村山陡土薄,又是浙江暴雨中心的特点,王安国的团队为白沙村设计了茶叶、笋干、山核桃即"临安三宝"的农林复合经营模式。这种种植模式,即便有大暴雨也不怕,暴雨依次通过山核桃树、竹林和茶叶灌木三层过滤网的截留,就变成了毛毛细雨,这样不仅有利于水土保持,还改变了森林景观,增加了农民的收入,是一种非常成功的生态减灾模式。

---

[1] 王安国等.多方参与非木质资源开发利用的效果分析:临安市临目乡案例分析[J].林业与社会,1997,3:4—6.

本地优势的利用

除了"比较优势"的概念,迈克尔·波特(Michael Porter)教授提出"竞争优势"的概念①,其中包括低成本、产品的差异化,以及技术专利和品牌效应,它们都将增强企业的竞争力。

因此,我们首先了解一下临安的土特产品——竹笋、山核桃和茶叶,以及提高这些山货产量的新技术或新方法。然后,再来回答致富的问题。因为,在其他条件都保持不变的情况下,没有新的突破,就不可能有新的增长。

先说竹笋。当时白沙村所在的临安县,拥有竹林面积近百万亩,竹笋面积及产量居全国之首,竹笋(鲜笋或干笋)是当地传统特产。临安竹笋有二十余种,其中天目竹笋和雷竹笋,因其独特的口味和香味而备受赞誉。但在 20 世纪 90 年代以前,竹笋产量非常低,近 70% 的竹林平均每亩才产 3 公斤,但价格可以达到每公斤 8 元。

值得一提的是,春笋是一道非常受欢迎的菜肴,特别是在春节期间很抢手。因此,1 月份提前上市的春笋价格与 3 月份上市的春笋价格差异非常大,能足足相

临安竹笋

---

① Porter M E. Competitive advantage: creating and sustaining superior performance [M]. New York: Free Press, 1985.

差两倍以上。王安国和他的研究团队发现,土壤温度超过12℃是雷竹春笋破土的关键条件。所以,为了增加春节前1月份的收成,他们教临安的农民们用竹叶覆盖竹林地,让雷竹春笋早出。这个方法让临安的不少村庄获得了收益。

但是,在山林深处的白沙村,土层太薄,不适宜雷竹生长,因而不可能大面积种植和推广。怎么办?那就从当地的天目竹笋种类入手,寻找发展空间。为了增加白沙村竹笋的产量,自20世纪90年代初以来,王安国就开始为农民开设了一系列培训课程。实际上,他在村附近建立了一个培训中心。村民们利用从王安国那里学来的看似简单却很奏效的技术,例如,改良土壤结构,合理密植,通过施肥改善土壤条件,以及及时除笋等,使得村里的竹笋产量提高了十倍以上。[1]

再看山核桃:临安有"东竹西果"之说,这里的果就是山核桃。[2] 通常山核桃始果期为10—15年,树龄可达60—70年。除含有丰富的植物油脂外,山核桃果仁蛋白质含量达18%,还含多种维生素。许多人喜欢将山核桃作为零食。山核桃中的高端产品可以在机场,尤其是在中国南方地区的机场买到。这能体现出城市市场的重要性,也就是说,如果没有城市的发展,孤立地追求农村的经济增长是不可能的。

山核桃一直是当地特有的经济作物。然而,在1990年以

---

[1] 夏玉云,王安国,王为宇. 发展非木质林产品,促进白沙村山绿民富的启示 [C]// 《三生共赢论坛文集》编委会. 三生共赢论坛·2009:北京会议文集,北京:人民出版社,2009: 181—189.

[2] 访谈临安区农林局工作人员。

前，山核桃处于半野生状态，管理粗放，属于非集约型生产模式。产量非常低，平均每年亩产只有 25 公斤，而且有明显的大小年现象。1986—1990 年，王安国和他的研究小组开展了山核桃增产科研攻关

临安山核桃

项目。他们的战略目标是双重的：一是解决大小年的问题，即高产年和低产年之间的产量差距；另一个是缩短果实成熟期。通过嫁接技术、人工授粉、病虫害防治、老林更新、科学施肥、乙烯催落等技术，可使山核桃增产 30%—40%。

2018 年，临安全域有山核桃林 62 万余亩，约占全国的 60%，产量 14,000 吨，价格在每公斤 140 元左右。山核桃是临安农村经济的主导产业。过去，劳动力很便宜。但现在，随着人工成本的增加，传统的手工采收方法逐渐消失，新的采收方法和山核桃加工机械得到了广泛的应用。

最后是天目山茶。临安的天目山茶历史悠久。早在唐朝时期就闻名于世，并在宋朝时期发扬光大，到了明朝，天目山茶被选为贡品。[1] 1910 年，也就是清朝灭亡的前两年，天目山茶获南洋劝业博览会特等金质奖。[2] 之后，因国事动荡、民不聊

---

[1] 王力等.临安天目青顶茶品牌发展初探［J］.茶叶，2014，40（3）：164—165.

[2] 南洋劝业会，是中国历史上首次以官方名义主办的国际性博览会，1910 年（清宣统二年）6 月 5 日在南京举办，历时达半年，共有 30 多万中外人士参观。

生,天目山茶随之湮没。

中国的茶文化历史悠久,茶叶生长的环境和品茶的氛围是非常讲究的。天目山茶生长的自然环境可谓独具优势。但是,在改革开放、以市场为导向的时代,要想让临安的天目山茶产业繁荣昌盛,市场营销就得做到位。临安的茶农们的确也是这样做的,不仅将天目山茶的独到之处展现出来,而且茶的包装也变得更加精致。

1986年,天目山茶与全国知名品牌"西湖龙井茶",跻身浙江"十大名茶"之列。1990年,天目山茶产区通过荷兰有机茶基地的认证,开始出口欧洲。

"生态"概念的兴起,使得天目山茶在市场上更具优势。在当时的临目乡,天目山茶的生产增长迅速。1999年产量达到31,000公斤,是1989年的7.7倍;产值267万元,是1989年的26.7倍。[①]

示范的力量

1993年,夏玉云当上了村支书。当问到他在"从砍树到种树"的战略转变中起到了什么作用时,他说:"现在看起来,似乎挺简单,可是当时村民不可能一下就接受这些理念,村民需要眼见为实。光靠说教不成,还得有示范的作用。否则'扔掉斧头也能致富'就成了一句空话。""农民学习新知识,不是

---

① 陆文荣.名茶开发第一乡——临目乡:狠抓质量拓市场 [J].中国茶叶加工,2000,2:39.

靠抽象的方程式。除了给他们上课做培训，还必须给他们做示范，让他们看到实实在在的成果。"

王安国对夏玉云的话表示赞同："对我来说，一开始的挑战是巨大的，因为要增产，得找出种植山核桃、茶叶和其他东西的新方法和新技术，而且从种植到收获需要时间的检验。如果示范成功，之后的推广就容易多了。"

然而，提出一个抽象的想法与把这个想法变成现实是有区别的。这个观点类似于国家发展战略的制定中特区的设立。先行设立特区是很有意义的，如果特区成功，便可以作为典范逐步推广至全国。先做什么、后做什么，时间顺序很重要。特区和示范户的安排，就意味着一种时间上的排序。抽象和具象，谁在先、谁在后？针对谁？少数人还是多数人？

传统的观点认为，具有创新思维、远见卓识的领导力，意味着具有防控风险、挑战未知和把握局势的能力。但白沙村党支部书记夏玉云的做法非常务实。为了增加战略转移的成功概率，他不期望一蹴而就，而是采取了循序渐进的方式。也就是说，他以一种适应性的思维，考虑本村的情况，遵循创新、选择、示范，以至推广的战略步骤。

夏玉云的父亲夏宏根，跟着王安国带头搞起了低产林改造、竹笋和山核桃的种植，成为第一批科技示范户。利用新的耕作方法和科学技术，他的示范林很快得到了回报，产量猛增，结果比他预想的要好得多：原来每亩产量只有2—3公斤的笋干，后来增加到了30多公斤。原来每亩只能收几十斤的山核桃林，靠综合丰产技术方法竟然收到了300多公斤。茶叶也令他从蓬勃发展的市场中获益匪浅：原来1担（100斤）茶叶只能卖200元，现在1斤就卖200元。

示范户的成功非常鼓舞人心。很快，不少村民们都跟着干了起来。为了让更多的村民增收致富，加入非木质林产品的生产队伍中来，就需要通过传播知识和分享经验来推广成功的模式。

"示范户的成功增加了我的信心。作为支部书记，我在村里实行了严格的禁伐规定，即开始封山育林。同时，村里还建立了乡村特产开发服务部，为村民们提供技术、信息、物质和产品销售服务。"夏玉云说。

初步评估

现在让我们回到"从砍树到种树""从木材经济到非木质林产品"的问题上来。

有了相关数据，我们可以勾勒出白沙村快速增长的大致轮廓。1990年以前，白沙村农民的人均纯收入低于临安县平均水平。1996年，白沙村的人均收入达到3,455元，基本达到了临安县平均水平，其中非木质林产品的经济作物收入占到了90%以上。[1]

"比较优势"的概念由来已久，被人们熟知并广泛应用。但正如李嘉图所说，"比较优势"实际上是经济学中最复杂、最反直觉的原理之一。因为，在一个商品可以自由流通的世界

---

[1] 张漫宇. 白沙村：从砍树到看树的巨变[N/OL]. 中国绿色时报, 2007-07-11 [2021-03-18]. http://www.greentimes.com/greentimepaper/html/2007/07/11/content_1511.htm.

里,需要专业化分工,但是专业化的主体是"机会成本"较低的一方。因此,"比较优势"与"机会成本"的概念密不可分。

比较优势理论在白沙村起到作用了吗?以前,白沙村遵循"以粮为纲"的农业生产方针,种植稻谷和玉米,但是,到了2000年,这一比例迅速下降。现在,白沙村基本不种粮食了,村民们腰包里有了钱,就可以从山那边的安徽购买粮食吃,而且,家家有了煤气灶,户户有了电视机,每个自然村都有程控电话。[①]白沙村收入结构也反映了这点(见图3)。

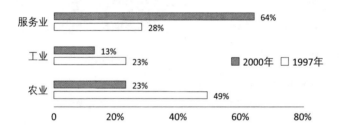

图3 白沙村收入结构(1997年与2000年对比)

来源:何艺玲.临安市生态旅游发展及其评价[D].北京:中国林业科学研究院,2003。

非常重要的是,白沙村取得了有目共睹的增长,而且是绿色增长。例如,1990年,全村砍伐了500立方米的木材;到了1997年全村只砍伐了30立方米木材;1999年,全村实现零采伐。随着生态的逐步恢复,白沙村的山林应对大自然的冲击更具韧性。2012年8月8日,受11号强台风"海葵"影响,白沙

---

① 王安国等.多方参与非木质资源开发利用的效果分析:临安市临目乡案例分析[J].林业与社会,1997,3:4—6.

村 24 小时的降雨量超过了 560 毫米，出现了 50 年一遇的特大山洪。然而，依托良好的生态，白沙村安然无恙。

四、好生态带来好收益

如上所述，在 20 世纪 90 年代中期，白沙村非木质资源开发的增长战略，阻止了破坏性的森林砍伐，生态环境得以恢复。

1996 年，竺肇华教授陪同联合国教科文组织驻华代表处自然科学部顾问百诺沙先生来到白沙村考察。一路行来，百诺沙先生对白沙村山清水秀、鸟语花香的美丽环境和舒适气候赞叹不已。

在访谈中，竺肇华讲起当时他请教百诺沙先生："您对这里的可持续发展有何建议？"百诺沙回答说："其实可以考虑生态旅游。"

据说，世界上最需要三种人才：优秀的沟通者、有创新思维的思想者、将思想变为现实的行动者。然而，对于一个人来说，很难做到集三种角色于一身，因而就需要团队的力量。白沙村的案例也体现了这点。

生态旅游——一个陌生的概念

在当时，生态旅游在中国还是一个陌生的概念，尽管从全球的角度来看这已不是新鲜事物。生态旅游是塞巴洛斯·拉斯库兰先生（Ceballos Lascurain）于 1983 年提出的，他是世界自然保护联盟（International Union for Conservation of Nature，

IUCN)的顾问。1993年,国际生态旅游协会把生态旅游定义为:具有保护自然环境和维护当地人民生活双重责任的旅游活动。

随着生态旅游的概念来到白沙村,受其启发,竺肇华和王安国开始进行可行性研究。联合国教科文组织资助了临安"发展生态旅游的可行性研究"项目,王安国赴广州参加了"自然保护区生态旅游管理培训班",竺肇华也远赴加拿大考察最佳实践。

土地问题在生态旅游中占有重要地位,在中国,土地是被严格管控的,因此政府的支持至关重要。"政府非常支持白沙村生态旅游这个概念。因为这不单是乡村旅游,而且是绿色生态旅游,"王安国先生回忆道。当时的临目乡政府和临安县政府都认为这个新概念非常契合当地发展方向。也就是说,在经济上,乡村要发展,法律上还要保护太湖源头的环境(白沙村就位于天目山的太湖源头)。

起初,在宣传白沙村要搞生态旅游的时候,村民都认为这是异想天开的事儿,不可能成。王安国说:"村民以为我们是在吹牛。他们说,'这个地方有什么好看的,条件这么差,连外面的亲戚都不愿意来'。"虽然村民不相信,但是也并没有强烈地反对,因为开发生态旅游与非木质林产品的山货生意并不矛盾。村民的态度是拭目以待,走着瞧。

"因此,作为村干部,我们肩负着重任。我相信专家们的建议。1997年,我们在白沙村成立了一个科技智囊团,包括王高工(王安国)、竺教授(竺肇华),还有其他林业和生态环境的专家。这应该是中国唯一的村一级的科技智囊团。专家每年不定期来白沙村调研、提建议,给白沙村带来了新的观念、新的科学技术和新的发展方向。"夏玉云说。

夏玉云敏锐地感觉到,一个好的想法是价值连城的,但它不能自我实现,因此必须有人去实现它。作为党支部书记,责无旁贷,那就是他应该做的工作。没有资金,就引入资本,成立一个公司形式的乡镇企业。具体到白沙村,行动方案首先是要招商引资,村里提供山林地作为投入。面对各种制度约束,必须有足够的创新精神,满足所有利益相关者,包括投资者、村庄、村民、乡镇和县政府等所有群体的利益诉求,才能成事。

太湖源生态旅游公司

"招商引资绝非易事,需要坚持不懈的努力。我足足花了两年多的时间,与不同潜在投资者进行谈判。1998年,一位名叫华抗美的企业老板最终决定投资。"夏玉云说。

华抗美,祖籍临安,20世纪70年代初毕业于上海大学,曾在浙江省乡镇企业局任职,之后下海做过房地产、开过宾馆搞过餐饮,但都不太景气。1996年,华抗美贷款150万元,将目光锁定在家乡附近的一个溶洞——"中国石花洞"。正是这笔生意为他投资白沙村的太湖源景区奠定了经济基础。

由此,太湖源生态旅游公司成立。华抗美与临目乡政府签订了"临目生态旅游"25年的合作协议书,约定:

华抗美的公司出资80万人民币,占80%股份(给临安旅游局3%干股),乡政府占20%股份(以向公司借款的形式,之后从分红中扣除)。因景区山林资源属于白沙村集体所有,乡政府与白沙村达成协议,之后分给白沙村一半的股份。

根据合作协议,太湖源生态旅游公司实行董事会领导下的总经理负责制,华抗美担任董事长,总经理由华抗美选派,副总经理由夏玉云兼任。

在操作层面,太湖源生态旅游公司与白沙村签订了资源补偿协议:公司每年给村集体 2 万元资源保护补偿费[①],并优先录用当地农民从事旅游相关服务。同时,白沙村将近万亩林地交给公司来经营旅游业,而每亩林地的资源、产品收入仍归原来农民所有,不需征用集体土地,以减少开发成本。夏玉云说,这是最难说服村民的,因为事先他们预料不到游客会来、能够给白沙村带来收益。这是先验和后验的问题。

游客真的会来吗?这是最大的不确定性或者说风险。然而,华抗美是一位企业家和市场营销专家。对他来说,至关重要的是,他要在电视、报纸和上海公交车上投放足够多的软广告,把他所谓的"生态牌"打好。同时,他也看到了白沙村有着相对良好的连接城市的道路条件,这是 20 世纪 60—70 年代(为抵御苏联可能发动的袭击)而做的"战备"的一部分。

事实上,华抗美的商业敏锐度与白沙村专家顾问小组的观点基本契合。专家顾问小组一直主张,白沙村要进一步发展,必须跨出白沙村的范畴。

---

① 之后调整到 10 万元。

初见成效

1998年8月,太湖源生态旅游公司运营的太湖源景区开业了,并且迎来一个"开门红"。大巴、小轿车在景区门口排起了长龙。当年就接待游客10万余人,旅游收入达100多万元。

景区周边的餐饮业开始蓬勃发展。当地的土特产品,如竹笋、山核桃和茶叶也都卖得不错。特别是在大暑之际,游客逃离大城市的高温湿热与雾霾,纷纷来到这里纳凉。一般来说,在夏季,上海和杭州的平均气温为36摄氏度,而白沙村的平均气温只有26摄氏度,这里还有深山、绿竹、小溪,一派清凉怡人的景象。

到2000年,白沙村的年收入就已达374.2万元,人均7,493元,大大超出了临安农民人均4,568元的水平。其中,旅游收入达到了131万元,占总收入的35%;人均旅游收入2,636元,占人均总收入的58%。[1]

1998年至2003年,太湖风景名胜区共接待游客100多万人次。仅门票销售就超过2,000万元人民币。村民们在景区附近销售当地产品,如笋干、山核桃仁和茶叶,仅2003年一年销售额就达到550万元人民币。[2]

---

[1] 靳晓明,张健.建设社会主义新农村:浙江省临安市白沙村国际科技合作项目效果考察报告[J].中国科技产业,2006(08):26—29.

[2] 吴伟光等.生态旅游与乡村可持续发展实证研究:以临目乡太湖源生态旅游开发为例[J].林业经济问题,2003,23(6):33—336,343.

"农家乐"登台

当人们花 2—3 个小时开车从杭州或上海等城市来到白沙村时,他们会有餐饮的需求,若是周末,还可能会有住宿的需求。正如经济学家认为的,人们常常喜欢异质性或差异化的东西。

然而,从需求方的角度看,农家乐的住房设施或生活条件都需要升级改善。

中国最早的农家乐出自成都。1987 年,成都借助桃花节把乡土民俗文化、乡村菜肴和田园风光与休闲度假相结合起来。农家乐不仅给当地农民带来了消费收入,还带来了新思想、新观念,以及市场信息。农家乐的消息传到了白沙村。王安国还带领白沙村村民专门到成都考察,学习"最佳实践",促进家乡生态旅游的发展。

夏玉云的家,可称为白沙村最早的农家乐原型。早先,夏玉云做木柴生意,当时他家有两个房间用来招待客人。夏玉云当过兵,见过世面,他是村里第一个安装抽水马桶和热水淋浴器的人。那时,夏玉云对客人都是免费招待,不收分文。

1996 年,上海师范大学的老师带学生来白沙村考察,住在夏玉云的家里。师生执意要给住宿费,每人每天 20 元。从此,就开了收费的先河,成了一个生意。这是他第一次感受到农家乐生意的味道。随着生态旅游的发展,越来越多的游客来到白沙村。鉴于他以前经常接待客人,他要翻建扩容农家乐轻而易举。

夏玉云把自家的老房子和房子边上的小木头加工厂进行了

今日白沙村

一次彻底改造,挂上一个"神仙居"的招牌,有些神话和营销的味道。老父亲夏宏根也开了一家农家乐,叫"太湖源头第一家"。

投资农家乐靠什么资本?"开始,村民用自己的积蓄,或向亲戚朋友借钱。现在政府对农家乐的发展给予鼎力支持,盖房子资金不够,只要有村里签字盖章的证明,就可以到农村信用社贷款。但是,农民还是愿意相互拆借。"夏玉云解释道。

除了比较优势和知识溢出,社会学家马克·格拉诺维特(Mark Granovetter)[①]认为,"社会资本"是嵌入文化中的隐性资产,这为白沙村的经济增长提供了另一个维度。

村干部带头的农家乐获得了收益,其他村民也纷纷效仿。随着越来越多的游客到来,农家乐的生意越来越红火。若是不借着生态游搞农家乐,就会产生经济学所说的"机会成本"。是的,刚开始的时候生态旅游似乎是一个虚无缥缈的想法。但是,现在村民们都相信了,好的生态才能带来好的收益。不仅经济增长了,白沙村的森林覆盖率经过 10 年的时间从 60% 提

---

① GRANOVETTER M. Society and economy: framework and principles[M]. Cambridge, MA: Harvard University Press, 2017.

高到98%,也发生了戏剧性的转变。

公平、包容和可持续的增长

2001年,随着"撤乡并镇并村"的改革,白沙村与龙须山村、太子庙村合并成现在的白沙村。白沙村从原来154户、468人的小村庄,变成了406户、1,162人的大行政村。全村总面积33平方公里。此时,白沙村承担着更大的责任,要带动更多的自然村实现公平、包容和可持续的增长。

"在中国,贫困主要是在山区。在减贫方面,解决就业比施舍救济要好,"竺肇华先生说。现在白沙村变大了,是三个村的整合,这对白沙村有何影响?

从图1可以看出,在2001年三村合并后,白沙村的人均年收入出现了短暂的下降,但这一统计数字所表述的是三个村子的平均水平,也就是说,三村合并后,数字被拉低了。因此,这个下跌只说明是一次统计上的调整。

现实中的情景可以说类似"帕累托改善",特别是正当白沙村生态旅游风生水起的时候。"帕累托改善"是意大利经济学家和社会学家维尔弗雷多·帕累托(Vilfredo Pareto)提出的,即在一部分人福利得以改善的同时,并没有使另一部分人的福利变糟,也就是公共政策中常说的"不让任何人掉队"。一年后,即2002年,白沙村的业绩呈稳步上升趋势。到了2007年,人均收入增长曲线陡然上升(见图1)。

的确,对于新的白沙村来说,包容性发展是一个双赢的战略,生态旅游创造了更多的就业机会,每个人都从中受益。原

与大白沙村干部座谈包容性发展
（从右向左：王安国，潘国荣，李亚萍，傅军，李朝火，夏剑）

太子庙村党支部书记李亚萍和原龙须山村村主任潘国荣证实了这点。通过辛勤的劳动与合作的精神，白沙村可以把饼做得更大，这是非零和博弈。①

2006年，白沙村从事农家乐的家庭达到70户，床位600多张，从业人员240多人，接待游客7万多人次。同年，全村总收入1,140万元，人均1.5万元。②

2007年，中国篮球明星姚明携妻子叶莉来到了白沙村，名

---

① 合并前三个村的原村干部一致认为，生态旅游给新的白沙村带来了更大的收益，他们都得益于白沙村这个品牌，白沙村已经成为中国生态旅游的典范。
② 张漫宇．白沙村：从砍树到看树的巨变 [N/OL]．中国绿色时报，2007-07-11 [2021-03-18]. http://www.greentimes.com/greentimepaper/html/2007-07/11/content_1511.htm.

人效应使白沙村的生态旅游达到一个新高潮。

到了 2017 年，白沙村从事农家乐生意的家庭增加到 200 户，床位 7,000 多张，接待游客 36 万多人次。换句话说，白沙村几乎一半的家庭（200/406）从事"农家乐"生意。白沙村的就业率为 97%，在旅游高峰期，至少有 1,000 个外地人到白沙村打工。同年，白沙村总收入达 1.3 亿元，人均 5 万元。与此同时，临安农村的人均年收入为 2.8 万元，浙江省农村常住居民人均可支配收入约 2.5 万元。

近年来，白沙村绿色增长的"最佳实践"在全国影响很大，各地纷纷效仿。此时，白沙村农家乐的发展战略逐步转向高端产品。到 2018 年，白沙村对农家乐进行提升改造，建成了 17 个星级农家乐、14 个高档民宿，让游客享受到高质量的休闲旅游。相应的，高端民宿的价格不菲，每间夜至少 1,000 元人民币。有的民宿很有设计感，将现代化的设施和恬静的山区景致巧妙融合起来。

政府的角色

在中国，市场的力量是显而易见的，白沙村也一样。有了正确的愿景、发展战略和激励措施，白沙村实现了从森林砍伐到植树造林的转变。那在其中，政府的作用是什么？

抽象地说，除了扮演"守夜人"的角色外，政府在发展经济学中的作用通常被概括为发展、监管和培育。而政府这三个层面的作用在不同程度上都出现在本案中。

首先看发展。麻省理工学院著名政治学家爱丽丝·阿姆斯登（Alice Amsden）的观点在此得到了证实。她认为，对于"发展型"国家，政府的选择性干预可起到必要的引领作用。[①] 在白沙村，人们也会听到类似的观点。

"现在人们都说，要致富，先修路。白沙村尤其是这样。白沙村距上海大约250公里，如果没有国家对基础设施的投资，修建道路，生态旅游根本不可能。（20世纪）六七十年代，为了备战，在山上修了不少路，这对后来改革开放时的生产建设起了很大的作用。"夏玉云说。

中国的路，包括国道、省道、县道和乡道，是由各级政府投资修建的。"村里的路，大多是集体投资或村民们筹资修建的。这就是你说的'最后一公里'。以前，村里的道路都是碎石路，开拖拉机没有问题。现在，为了生态旅游，村里的路都换成柏油马路了。"夏中书补充道。

其次来看监管。在学术界，托马斯·霍布斯（Thomas Hobbes）的国家主义与亚当·斯密的市场理论之间，存在着长期不停的争辩。夏玉云和夏中书所说，相当于他们否认了"放任自流"的做法，认为国家对经济增长有推进作用，国家的"监管"绝不是、也不应该不存在。因为没有它，市场就会失败。白沙村的发展也证明了这一点。

随着游客的增加和农家乐的快速发展，污水处理成为一个

---

① AMSDEN A H. The rise of "the rest": challenges to the west from late-industrializing economies[M]. New York: Oxford University Press, 2001.

棘手的问题。污水未经处理即被排放，造成了水质污染。"白沙村的生态旅游发展并非一帆风顺。其实我们也走过弯路，特别是在农家乐发展的早期。当时，村里的生活垃圾、废水随意排放，卫生和环境成为严重的问题。河水都变黑了，上面还浮着一层污垢。为此，为了保护环境，保障农家乐的安全与卫生，村里制定了《农家乐经营管理制度》。"夏玉云说。

于是，从2008年起，临安着手开建农家乐生活污水处理工程。到2014年，政府给白沙村总共投资了3,000多万元，新建、改建17个污水处理站点，日处理污水量1,505吨，污水管道连接到每个家庭。

值得注意的是，为了建立共同利益，避免所谓的"公地悲剧"，白沙村似乎是在霍布斯的国家主义和斯密的市场主义之间采取了中间路线或政府和社会资本合作模式（Public-Private Partnership，PPP）。

"白沙村利用政府、村集体，以及社会多方面筹措资金250万元，对全村10公里长的主干道实施了改建换新，安装了路灯；每家每户都能通过互联网和道路实现良好的连接；我们还拆除了非法建筑，扩建了村庄的中心广场，拥有了更好的文化和体育设施。"夏玉云说，"从2003年开始，村里每年专门投入2万元用于村庄道路、河流两旁绿化，村里还有专门的保洁员每天清理河道垃圾和村民生活垃圾。"

最后，一起来看下政府的培育作用。其中，包括政策制定的连续性和给予契约自由空间，促进了市场经济的发展，使个人能够做出理性的经济判断。

让我们先回顾一下政府的林地承包政策，承包期从15年延长到30年的决定，消除了村民对政策不稳定的担忧，让他们吃下了"定心丸"，从而引导他们将眼光放长远。

回到太湖源生态旅游公司的例子。私人投资者华抗美在其中持有80%的股份。华抗美不是农民，因此，该公司是乡镇企业的一个变体（根据早期定义，乡镇企业应该拥有农村集体或农民持有的50%以上股权）。的确，太湖源生态旅游公司的股权结构具有争议，并非所有利益相关者都十分满意。但是，这也体现了国家的"培育"角色，允许乡镇企业逐步向现代企业发展。事实上，在今天的中国，经过20世纪90年代乡镇企业的改制浪潮，乡镇企业不再叫作乡镇企业，而是中小企业，或者发展壮大的现代企业。[①]

五、村民怎么看？

白沙村故事的主题是"不仅仅是增长，而且是绿色的增长"。前文中的统计数字说明了白沙村的绿色发展和经济增长，但为了表述发展进程对个人的影响，我们会采用平均数，如人均收入。

但平均数会"平均"掉一些值得我们深思的个案。因此，为了减少这种风险，我们在白沙村山货市场和几个农家乐中与个别村民进行了交谈。

---

① 见前文关于乡镇企业的论述。

伍瑞林

在太湖源风景区大门附近的山林脚下、白沙村的主道旁，你可以看到"太湖源头山货市场"，其中第13个摊位是伍瑞林夫妇的。

伍瑞林，1955年生人。改革开放前，他做过赤脚医生。他说："山林承包前，我家有两亩田，产量很低，根本不够吃的。国家给我们补助粮票，我们给国家上交茶叶、笋干、药材、木炭、木材等。我们用挣得的工分钱，定额购买国家的返销粮……那时干活没有积极性。"

"改革开放后，1983年分山到户，那时我28岁。我运气好，分到了一块好地，山上都是好树木，有杉树、金钱松等，不仅品种多样，还有不少上了年岁的古树。那时村民靠砍树挣钱，我也跟着上山砍树。"伍瑞林说。

"但是，我的运气很快就消失了，因为我砍了一些受国家保护的珍贵树木。我被森林警察抓到了，罚款2,000元人民币。我把几年挣的钱都交上也不够，不得不向别人借钱。""不交罚款不成，不然就会有牢狱之灾，"他继续说道，"那时，我们村许多人都被罚过。但是我砍的是珍贵树木。当时，2,000元对我来说是一个天文数字。"

"在那之后，我再不敢随意乱砍伐了，开始做山货生意。1988年，我每年赚1,000元左右。太湖源风景区开园后，我是第一个来景区卖山货的人，一直到现在。刚开始，我每年能挣2万到3万元，现在每年能挣十几万。但是，年纪大了，特别是电商做不过年轻人，他们挣得比我多得多。现在，我的孩子已经长大了,也开始做'农家乐'"。

吕建忠

从太湖源风景区的大门步行约五分钟就是一栋三层高的房子。吕建忠是房子的主人。1983年分山到户时,他只有20岁,可人们都叫他"砍树大王"。

"为什么是'砍树大王'?那是事实。其实,那时我们都上山砍树。因为担心政策会变,跟(20世纪)60年代一样。所以赶紧砍了弄点实惠再说。我干活很卖命,每天天不亮就上山,天黑才下山。我得把木头从山上背到山下。可是,到头来赚钱最多的还是外地包工头,我们只能拿到收入的三成。后来,我在扛木头下山时受了伤,光是医药费就花去了两万多元。那时全家生活十分困难,靠村里补助救济。"吕建忠介绍道。

"1992年以后,村民们主要就是跟着王高工(王安国)学习种植茶叶、竹笋、山核桃。我们都叫他'科技财神'。""我们一家四口人,1990年时大概能挣七千元,1998年挣小两万。"

"1998年8月18日,太湖源风景区开业。之前,我们有六户人家住在景区里面。公司派人来和我们谈搬迁。最后公司基本答应了我的要求,给我家补偿五万元搬迁费。我从银行又贷了五万多元,又跟亲戚朋友借了十几万,在景区门口新建了三层小楼。我家是在景区门口的第一家'农家乐'。"

"我有25间房,价格在每天300—500元(浮动),每年挣十万、二十万。后来,我把农家乐包给了职业经理人运作。承包人花了一百万改建成民宿了,叫'江南大院'。改建后,房间减少了，做得精了，价位上去了。他每年给我 15 万元的租金，我可以做些其他简单的活，如接送游客。"

"政府对我们的生态旅游也非常支持。好的环境、好的政策非常重要。起初有些混乱，街道脏乱差，垃圾满地，河水污染，还有违规建设。现在的农家乐管得严了。例如，有消防、环卫、污水处理等。白沙村的环境越来越漂亮了。我没有怨言，我从来没有想到，在我的一生中，生活会有这么大的变化。"

王志新

王志新，1969 年出生。他有一座房子，大概离景区步行 20 分钟的路程。2012 年，这曾是个农家乐，有 15 个房间。2017 年，他投资 380 万人民币将农家乐升级换代，改建成高端民宿，对外价格在每间夜 500—800 元，一年下来可以挣 50 万左右。由于他能挣钱，村里都叫他"王百万"。

"但是，我是 2012 年才开始做农家乐的，算是后来者。我投资建农家乐和民宿都是用自己的积蓄。（20 世纪）80 年代，我做木粉生意，木粉可以做'香'的原料。但那时只是维持生计，并不富裕。我挣的第一桶金是从卖山货来的，山核桃以及笋干。景区开业后，生意越来越好了。"

"从四面八方各个城市来的游客越来越多，山货的价格也在不断上涨。本地山货不够卖的，我就从临安进货，13.5 元的批发价，在公园门口可以卖到 15 元。我挣了不少钱，每年 20 万—30 万轻而易举。太湖源风景区吸引了众多游客，真是帮了大忙。但那时,也有人抱怨,觉得景区的收益,村民得的太少,不公平。所以在土地使用权上起了争议,如在景区内开发新项目谁决定?如何补偿?村干部不得不来做调解。"

"有了互联网电商以后,我们的山货就不好卖了,人们可以直接从网上订购。年轻人做网上销售还可以,我文化水平不高,搞不懂。为了规避风险,2012年我就动了做农家乐的心思。时代变了?我们也得跟着变。"

"但是,做农家乐也是有风险的。现在越来越多的人做农家乐,竞争也非常激烈。质量比数量重要,高质量能带来高收入。现在,民宿成了发展趋势。但谁知道呢?听说,著名的'裸心谷'民宿的生意也越来越不好做了。做高端产品似乎需要更多的知识,包括学习国际经验,还要考虑政治上的、经济上的风险。"

王志新有两个女儿,他说:"我现在有钱了,我要让孩子们受到更好的教育。教育是最好的投资。我大女儿在浙江大学读研究生,还考了注册会计师。"

姜永水

为了更好地感受白沙村的发展,我们还走访了龙须山村和太子庙村。

到了太子庙村,沿着山坡路,我们看到了一座很独特的房子,一个看似简洁但又融合现代和传统文化的高端民宿。

"这个民宿叫'鱼乐山房',共有15个设计不同的房间,价格在1,000元到3,000元不等,每个房间都有名字,出自《庄子》

一书,如这间叫'梦蝶'。"① 老板姜永水介绍道:"哲学家的思想是可以卖钱的,而且价格很高,人吃饱饭后,就讲究精神生活了。"

姜永水夫妇是这个房子的主人。但姜永水不是本地人,他是白沙村的女婿。他夫人夏菊萍在这里出生、成长,并当过中学的英语老师。姜永水曾在政府部门工作,现在全职管理"鱼乐山房"。他们的民宿堪称白沙村之最。

"这里的环境很美。向外望去,蓝天白云映衬着层林尽染的山景,竹子、茶树、阔叶林木交织在一起。客人可以在这里休闲放松,品尝当地土特产品。2008年时,这原本是个普通的农家乐,住宿价格也就80元。近年来,我们投资了1,000万元,并请了中国美术学院毕业的范久江做设计,采用全框架结构,将这里改头换面。设计灵感来自庄子的哲学——简洁、优雅。对于喜好传统文化艺术的,我们还准备了笔墨纸砚。"

"这里的旅游分淡季和旺季。淡季的时候,我和妻子就可以安排妥当。到了旅游旺季,即使自家的几个劳动力一齐上阵,也难以应对每天的客流量,必须再雇四五个人。我们掌勺的厨师是安徽的,上菜的小姑娘是隔壁村的,保洁阿姨是别的乡的。现在,地铁和高铁正在建设中,一旦建完,预计更多的人会来……"姜永水说。

我们参观了房舍的各个角落。院子由灰色水泥墙和竹子

---

① "鱼乐山房"和"梦蝶"都出自中国古代哲学家庄子:"鱼乐山房"是"鱼之乐"的地方,视为悠闲自在、不拘外物的生活本真;庄子曾在梦见自己变成蝴蝶后思考到底是自己在梦里变成了蝴蝶,还是蝴蝶在梦里变成了自己。

墙围绕而成，院落内，有一个四方池塘，池塘中一只白色透明的玻璃纤维小船格外抢眼，鱼儿在水中自由地穿梭，池塘边还有一片小竹林，一切都那么清新宁静。我们感叹："这是现代气息与传统文化的巧妙结合。""就是这个意思！"姜永水应道。

尾声

这个案例的标题是"竹子的故事"。为什么是竹子呢？

白沙村给我们深刻的第一印象，就是那里满山遍野的竹海，层层翠绿，是名副其实的"竹乡"。

我们第一次实地考察白沙村时，先去拜访了临安的王安国，他是白沙村荣誉村民加技术顾问。王安国有一个绿色发展示范培训基地，那里被各种不同种类的竹子包围着，无论是外墙，还是室内的家具，多是用竹子做的，简直就是个竹子的王国。王安国说，他甚爱竹子，因为竹子是绿色发展的象征。说到减排，竹子还有固碳的作用。[①] 而传统的中国学者，也大多具有竹子情结，因为竹子简朴优雅、坚韧不拔、适应力强。

---

① 竹资源是我国最重要的森林资源之一，更是一种优良的碳库植物资源。竹林具有比一般木本林分更强的吸收二氧化碳的能力。竹子生长迅速，3—4年就可成材，砍伐后可以快速更新，吸收二氧化碳量是普通树木的4倍。如，毛竹生长非常迅速，在50天里可以长到12.5米高，此间每根毛竹可以固碳1.82公斤，相当于每天2辆家用车的二氧化碳排放量。1公顷毛竹林年固碳能力可达12.75吨，可抵消17个人一年的二氧化碳排放量。浙江省有近17亿株毛竹，其碳储量达到870万吨，相当于固碳3,200万吨二氧化碳，超过一个1,000万人口城市1年的二氧化碳总排放量。见王爱民，李新国. 竹资源在发展低碳经济中的优势分析 [J]. 世界竹藤通讯，2013，11（4）：44—46。

巧合的是,英国著名汉学家李约瑟(Joseph T. M. Needham)在他的《中国的科学与文明》(*Science and Civilisation in China*)一书中将中国称为竹子文明的国度。

我们讲的竹子的故事,就是讲白沙村尊重知识、发挥比较优势、促进绿色增长的故事。

思考题：

1. 比较改革前后白沙村的经济发展状况。从国家与市场的角度讨论前后的差异。正如科斯所问："国家和市场的边界如何划分？"如果你现在是一名在白沙村经营民宿的村民，在政府与市场之间的问题上，你会最关心什么？在微观层面，办好民宿的核心竞争力是什么？面临的风险有哪些？

2. 理论的有效性取决于它的简洁性、一致性、准确性、普适性，以及其成果性。在白沙村，您认为新古典经济理论的可取之处以及缺憾各是什么？制度经济学在预测和解释方面有什么帮助？"政府失灵"和"市场失灵"这两个概念是如何在白沙村的发展中体现的？

3. 在发展议程上，特别是对于追赶国家而言，从理论上讲，国家可分为三种类型——发展型、规制型及市场培育型。在白沙村的案例中，这三种类型是怎么发挥作用的？你如何评估当地政府在发展的不同阶段的表现？

4. 从产权角度看，中国农村改革初期的"大包干"的实质是什么？为什么"大包干"在小岗村非常成功，但最初在白沙村却出现问题？在制定战略和公共政策方面，无论是"全球知识"还是"地方经验"，从白沙村的故事中你都学到了什么？

5. 什么是社会资本？它在白沙村的故事中是怎样体现的？社会资本在何种程度上可以促进经济发展，在何种程度上起到相反的作用？为什么？根据自己学过的理论和经验，进行阐述。

6. 人们常说，思想可以改变世界。但在现实世界中，比如在白沙村，新思想从何而来？是必然的，还是偶然的？为什么村民一开始不相信？思想是如何变成现实的？领导力和企业家精神在其中发挥了什么作用？

7. 向前看，制定和实施长期战略就是要面对不确定性和未知。在操作层面，如何更好地制定长期战略？从白沙村的经验教训中可以学到什么？在中国改革开放的长期战略中，白沙村的故事说明了什么？

8. 什么是比较优势？什么是竞争优势？它们在白沙村的经济增长过程中是如何体现的？在底层逻辑上这两个概念互相冲突吗？你是否认同最终两者都是政治经济学的概念，而不是纯粹的经济学概念？

9. 请用地图软件搜索一下白沙村与杭州和上海的路程，可以看到，白沙村离杭州更近，为什么太湖源生态旅游公司把广告资源投在上海呢？从产生异质性的角度，如何解释虽然太湖源生态旅游公司在白沙村的绿色增长中发挥了重要作用，但村民们却曾对该公司的股权分配不满意？你如何看待白沙村个别村民的抱怨？该公司的股权结构对经济增长和农民收益有什么影响？你怎么看？还有"鱼乐山房"主人说"哲学家的思想是可以卖钱的"，这对我们理解经济发展趋势有什么启示？经济学效用的驱动力到底是什么？

10. 就公平、包容和可持续发展这个主题，白沙村提供了一个基于自然的解决方案的样板，你对白沙村发展战略的总体评价是什么？竹子在中国代表绿色，也象征着简朴、优雅、韧性、适应性强的文化。在制定发展战略和制定政策时，从理论与实践相结合的角度看，竹子的精神是如何体现的？

补充阅读材料:

PETTIGREW A M, THOMAS H, WHITTINGTON R. Handbook of strategy and management[M]. London: SAGE Publications Ltd., 2006.

STIGLITZ J E, et al. The economic role of the state[M]. HEERTJE A, ed. Oxford: Basil Blackwell, 1989.

WORLD BANK. Inclusive green growth: the pathway to sustainable development[M]. Washington, DC: World Bank Publications, 2012.

附录 1 农民人均纯收入比较

单位：人民币元

年份	白沙村	临安	中国
1978		176	134
1981		354	223
1984	570	521	355
1987	814	883	463
1991	840	1,023	686
1993	1,350	1,769	922
1996	3,455	3,620	1,926
2000	7,493	4,568	2,282
2002	6,500	5,362	2,529
2005	10,000	7,263	3,370
2008	15,000	9,680	4,999
2010	33,000	12,012	6,272
2016	50,000	25,849	12,363
2018	>50,000	30,195	14,617

附录 2 上海、杭州人均 GDP 比较

单位：人民币元

年份	上海	杭州
1990	5,911.00	3,310.00
1995	17,779.00	12,797.00
2000	29,671.50	22,342.00
2005	51,474.00	44,871.00
2010	7,074.00	86,691.00
2015	103,795.00	112,268.00

6
公共卫生与应急管理

——从 SARS 说起 [①]

一、引子：不明原因肺炎

2002 年 11 月 16 日，广东省佛山市弼塘村的庞佐尧突然出现了发烧、头痛、干咳、乏力等症状，他被紧急送进了就近的佛山石湾医院。医生尝试多种治疗方案，但他 39.5 度上下的高烧一直不退。几天后，他又被转到佛山最好的医院——佛山市第一人民医院，并直接进了重症监护室、用上了呼吸机。庞佐尧神志清醒，但说不了话，他自己也不知道得了什么怪病，表现出异常的烦躁和恐惧。

其实，当时医生也不能确诊他到底得的是什么病。更可怕的是，庞佐尧的妻子、舅舅、舅妈和表妹，也先后出现了和他

---

① 此故事的写作过程涉及多个环节，包括选题讨论、文献研究、实地考察、采访记录、图表绘制、网络查询、翻译、后勤支持等，特别感谢周强、尹建红、辛颖、加布里埃尔·勒纳、佐伊·乔丹、张浩嵩、赵婷等人的参与和协助，以及学生们参与研讨并给予有益的反馈。文后附录供参考，便于大家对中国公共卫生和应急管理有更全面的认识。

一样的症状，全部住进了医院。

今天，我们已经知道庞佐尧得的是 SARS（Severe Acute Respiratory Syndrome，严重急性呼吸综合征）。他被认为是中国首例 SARS 患者，是中国公共卫生史上一个里程碑式的案例中的重要人物。

2002 年年底，这个原因不明的传染病神不知鬼不觉地出现在广东，并迅速蔓延到全国各地。

2003 年初春，SARS 危机终于爆发。

中国文字的"危机"一词由两个字组成："危"是"危险"，"机"是"机遇"。"危机"蕴含着危险和机遇并存的哲学内涵，也就是说坏事也能变成好事。其实，我们的成长和进步，就是不断学习和纠错的过程。诺贝尔物理学奖获得者马克斯·普朗克（Max Planck）有句名言：科学知识在一次一次的葬礼中进步。

从 SARS 事件中吸取教训，就是中国学习危机管理的一个鲜活的案例。有证据表明，疾病防控系统（尤其是在农村基层）的强化，是中国人口平均预期寿命迅速上升的一个关键因素。根据相关研究，1950—2010 年，中国人口平均预期寿命提高了 26.6 岁，其中 77% 的增长可以归功于疾病控制和预防措施。[①]

中国到底从 SARS 危机中吸取了哪些教训，新的疾病防控体系运行情况如何？中国的经验对发展中国家有何借鉴？为了回答这些问题，我们引入危机管理 4R（Recognition, Readiness, Response and Recovery，即识别、准备、应对和恢复）的概念，

[①] 郝模等.我国疾控体系的蝶变与隐忧［N］.光明日报，2015-04-24（5）.

帮助我们构建分析框架。在医疗卫生领域,存在着尤其严重的信息不对称和外部性问题,我想这给了我们一个独特的视角,来探寻国家和市场在经济与社会发展过程中的作用,以及健康与财富的内在关系。①

二、改革开放前

考虑到历史的延续性,我们的故事先从1949年10月1日,即中华人民共和国成立之时开始讲起。在此之前,由于传染病死亡率高,那时的中国被称为"东亚病夫"。在此之后,国家百业待兴,政府也属白手起家,所建立的疾病防控机制相对薄弱,鼠疫、霍乱、麻疹、疟疾、脊髓灰质炎和血吸虫病等,仍对民众健康产生极大威胁。

与鼠疫死劫交手

鼠疫是烈性传染病,又称黑死病,中世纪在欧洲曾造成2,500万人死亡。然而,1949年10月,一场鼠疫在距北京约300公里的当时的察哈尔省北部一座村庄爆发了。当时村里有36人死亡,但由于村民迷信,害怕死后被火化,他们不敢报告疫情。

很快,附近的张家口市也出现了疫情。接到张家口市的报告后,中央人民政府连夜召开紧急会议,组建中央防疫委员会,由当时的政务院副总理董必武担任主任委员。

---

① 可参阅本书第一个故事。

董必武当机立断，立刻调动军队，由当时的解放军副总参谋长聂荣臻将军直接负责指挥。军队迅速封锁了张家口和北京之间的所有交通干道，包括铁路、公路和其他道路。与此同时，医疗队和相应药品被紧急送往疫区。

同时，毛泽东主席亲自致电苏联共产党中央委员会总书记约瑟夫·斯大林，寻求帮助。很快，苏联派遣了一个医疗专家组来华支援。[1]

时任卫生部（国家卫生健康委员会前身）副部长贺诚负责疾病控制、治疗与防疫，包括对疫区及周边易染地区的卫生防疫宣传。[2] 在北京，卫生防疫宣传活动一路深入到各基层单位，达到家喻户晓。[3]

应对察北鼠疫事件中，中央最高层决策果断，反应迅速，动员、发挥军队和民众的力量，并得到了苏联的援助，在短短的1个月内就控制了疫情。张家口16万市民中，有13余万人注射了鼠疫疫苗[4]，政府防疫经费支出8,442万元人民币[5]。

可以说，这是中华人民共和国成立后第一次应对公共卫生突发事件的危机管理。

---

[1] 中共中央文献研究室. 毛泽东年谱：1949—1976：第1卷 [M]. 北京：中央文献出版社，2014.

[2] 李洪河. 建国初期突发事件的应对机制——以1949年察北专区鼠疫防控为例 [J]. 当代中国史研究，2008（3）：45—55.

[3] 艾智科. 新中国成立初期的防疫网络与社会动员：以1949年北京市应对察北鼠疫为例 [J]. 党史研究与教学，2011（03）：97—101.

[4] 李洪河. 建国初期突发事件的应对机制——以1949年察北专区鼠疫防控为例 [J]. 当代中国史研究，2008（3）：45—55.

[5] 徐达深. 中华人民共和国实录：第一卷 [M]. 长春：吉林人民出版社，1994.

疾病防控网的雏形

基于抗击鼠疫的经验,中国全面效仿苏联模式,建立了省、市、县各级由上至下的疾病防控机构网络。当时,全国80%以上的人口居住在县和县级以下的乡村,卫生防疫站通常在农村基层广泛开展防疫工作,其工作重点以地方性传染病为主,其中包括血吸虫病、肺结核病和麻风病等。由此,覆盖全国的疾病防控网络架构基本形成。

在此基础上,中国政府在政策层面倡导中西医相结合,大力开展政治动员,定期部署群众卫生运动,提高公众卫生意识。而且,从1950年起,政府就开始免费给民众接种鼠疫、霍乱、伤寒和百日咳疫苗。

1955年,卫生部颁布《传染病管理办法》,根据影响和危害程度,将传染病分为甲、乙两类18种。同时,卫生部建立了传染病的疫情集中报告制度,发现法定传染病应立即向卫生防疫机构作传染病报告,并规定报告时限:发现鼠疫等甲类传染病,在城市最迟不超过12小时,在农村最迟不超过24小时;发现流行性乙型脑炎等乙类传染病,在城市不超过24小时,在农村不超过72小时。

尽管当时可得数据极为有限而且零散,但这仍可以表明中国建立的疾病控制和预防网络在发挥作用。1955—1959年,中国鼠疫发病人数降低至198人,与10年前相比下降了99%[①];

---

① 《中国地方病防治四十年》编委会.中国地方病防治四十年[M].北京:中国环境科学出版社,1990.

1959 年，血吸虫病在全国 65% 的流行地区已被基本消灭[1]；1962 年，中国根除了天花，比世界卫生组织宣布全球消灭天花提前了十多年。[2]

到了 1966 年，全国共有卫生防疫站 2,500 个，卫生防疫人员 49,000 人。与 1950 年相比，卫生防疫机构扩大了 16 倍，卫生防疫人员增加了 11 倍。[3]

如前文所述，改革开放前的几十年里，在中国农村为农民提供基础医疗卫生服务的"赤脚医生"人数也不断增加，高峰时期约有 150 万名，他们站在了全国 2,500 个卫生防疫站的最前线。[4]

医疗改革的发展趋势

毋庸置疑，中国经济改革开放的大势是市场化。然而，中国政府从未对市场化放任自流，如何更好地平衡"国家"与"市场"之间的关系，一直是政策讨论的核心焦点。事后来看，改革的尝试，往往是一个曲折、不断试错的学习过程。医疗卫生行业的改革也不例外。简而言之，自 1978 年以来，中国医疗卫生制度改革的发展过程，正是在公平化与市场化之间不断做出平衡与取舍的过程。

---

[1] 李德全. 十年来的卫生工作 [J]. 中医杂志，1959，(6)：1—2.

[2] 《中国地方病防治四十年》编委会. 中国地方病防治四十年 [M]. 北京：中国环境科学出版社，1990.

[3] 王国强. 中国疾病预防控制 60 年 [M]. 北京：中国人口出版社，2015：105.

[4] 参阅本书第一个故事。

其实，在改革初期，中央政府加强并收紧了对医疗卫生行业的管控。首先，把《传染病管理办法》中的传染病种类扩大到 25 种；并将药品的监管权从地方省市集中到中央。与此同时，政府进一步加强卫生防疫站的建设。到 1986 年，全国卫生防疫站的数量增加到 3,516 个，卫生防疫人员增加到 155,266 人。1988 年，平均每个乡镇就有一个卫生防疫站，每个卫生防疫站有 3.1 名卫生防疫人员。①

回头看来，这些都是明智之举。伴随着乡镇企业的快速发展，产品质量参差不齐，而且在县、乡、村之间，农民工的流动性开始明显增加，这些都增加了疾病发生和传播的风险。②

在此期间，为了加强疾病防控，中国加大了对外合作与援助的力度。1978 年，国际初级卫生保健大会通过了《阿拉木图宣言》，呼吁全球扩大免疫接种。中国就此积极响应，并在全国各地广泛实施了儿童疫苗接种计划。联合国儿童基金会也向中国提供了 3,500 万美元的援助，其中 70% 的援助经费用于建立国家疫苗冷链系统，另 30% 用于支持疾病预防与控制人员的技术与管理培训。③

在之后的改革开放头十年期间，乡镇企业在市场化的大潮中迅速崛起极大地鼓舞了中国改革开放的决心和信心，医疗卫生行业的改革也开始跃跃欲试。中央政府于 1989 年和 1992 年，相继颁布了医疗卫生改革的政策指令，鼓励医疗卫生服务机构

---

① 王国强. 中国疾病预防控制 60 年 [M]. 北京：中国人口出版社，2015：105.
② 详见本书第三个故事。
③ 王国强. 中国疾病预防控制 60 年 [M]. 北京：中国人口出版社，2015：105.

利用市场机制获取收益,即"政策靠国家,收入靠自己"。

特别是1992年的政策,尤其引人注目。虽然,医疗服务收费定价的掌控权在政府手里,但医疗服务机构可以收取15%的药品差价作为补贴。由此不难理解,医院为了生存和收入,"以药养医"策略导致了过度检查、过度治疗和大处方的现象。一方面,患者不可能了解什么是最适当的治疗方案和药品处方,另一方面也缺少相应的制度约束,医疗服务提供者这种诱导性需求因此没有得到抑制。以经济学或卫生经济学的视角,这是信息不对称导致市场失灵的典型案例。

一些卫生经济学家认为,医疗卫生行业市场失灵的显著特征包括:由于缺乏价格信息的透明度,缺乏产品与服务的质量数据,提供者和消费者之间存在严重信息不对称,因而无法评判产品和服务的相对价值;政府承担着双重角色,既是医疗服务的购买者,又是监管者;以及医疗保险存在道德风险。这些特征导致了市场有效性的扭曲。

如果用一句话反映20世纪90年代中国的医改,那就是"重有偿服务,轻无偿服务"。由于实行"以药养医"的政策,医疗卫生服务者的收入与药品销售的营业额紧密挂钩。在利益的驱动下,全国医疗卫生系统的重心更倾向于医疗服务,而不是流行病的预防和控制,因此公共卫生和疾病预防工作一度被忽视。①

---

① BLUMENTHAL D, HSIAO W. Privatization and its discontents: the evolving Chinese health care system[J]. The New England Journal of Medicine, 2005(353): 1165—1170.

在知识层面，那时的卫生经济学在中国也只是刚刚起步。人们对由于信息不对称和外部性导致的市场失灵，或者说是单纯利用市场不能实现资源的最优配置等关键概念和机制知之甚少。从医疗卫生投入的数据可以看出，在 1988—2001 年期间，全国用于流行病控制和预防的财政支出占卫生支出的比例大幅下降（见表 1）。

表 1　卫生防疫支出国家预算

年度	卫生防疫支出总额（亿元人民币）	占政府卫生支出（%）	全国人均（元）
1978 年	3.85	3.7%	0.4
1988 年	10.1	2.1%	0.91
2001 年	44.8	0.9%	3.5
2012 年	452.5	3.3%	20.1

来源：王国强.中国疾病预防控制 60 年 [M].北京：中国人口出版社，2015：105。

在医疗卫生财政权力下放到省级和地方政府后，对卫生经费投入力度的区域性差别很快就显露出来。在城市，许多医院甚至关闭了传染病科，为利润更高的部门让路。有治疗传染病经验的医生和护士越来越少。更糟的是农村的疾病预防与控制系统，更是落后、被忽视，甚至缺失。

简而言之，随着中国工业化和城市化进程的不断加快，松懈的卫生防疫体系与不断加大的人口流动之间越发不协调。前者的发展没有跟上后者，尽管用于卫生防疫的财政资金总量是增加的。

当防御力量减弱时，危险就潜伏在黑暗中。此时，一头"灰犀牛"出现，发出了警告——甲型肝炎和流感的发病率呈上升趋势。其部分原因就是中国城市化人口集聚和人口流动加速，特别是大规模的农民工流动。[1] 当然，卫生部门并没有忽略这些信号，只是这些信号还不够引人注目，不足以对现状造成大的外部冲击。

2000年，当时的卫生部计划在三年之内建立一个卫生信息网络，概算2.36亿元人民币，以加强完善现有的卫生防疫信息报告系统，基本实现国家、省、地市、县四级疫情的监测、报告与共享。[2]

与此同时，为了更好地与国际接轨，2002年，在原中国预防医学科学院的基础上成立了中国疾病预防控制中心（简称"中国疾控中心"），将疾病预防控制、公共卫生服务职能集中，并增加了预防控制慢性病（如癌症、糖尿病和高血压等）的管理。这是因为中国人口老龄化加剧，慢性病已经成为中国人的头号健康威胁。[3]

初建的中国疾控中心由当时的卫生部疾病预防控制局监管。所有地方的卫生防疫机构同时更名为疾病预防控制中心（简

---

[1] 胡东生等.流感大流行的演变过程及预防控制[J].现代预防医学，2008（6）：1020—1022.

[2] 卫生部.关于印发国家卫生信息网建设项目有关规定的通知：卫规财发[2000]363号[A/OL].(2001-01-03)[2021-03-04]. http://www.nhc.gov.cn/mohwsbwstjxxzx/s8553/200809/37848.shtml.

[3] 世界银行.创建健康和谐生活：遏制中国慢病流行[J].中国卫生政策研究，2012，5（2）：29.

称"疾控中心")。各级疾控中心应向自己的上一级疾控中心或对口单位直接汇报，接受其技术指导。

但是，刚刚成立的疾控中心还没有完成自己的角色转变和升级，就遭遇了猛烈来袭的SARS。

三、SARS突如其来

一个快速、有效和强大的危机管理系统，应包括4R，即识别、准备、应对和恢复四个环节。然而，当SARS来临时，由于技术、制度和法律等多种因素，第一环节"识别"功能就出师不利。

没人知道这是什么病

如前所述，广东佛山的庞佐尧是中国第一例SARS患者，但直到他住院治疗时，尚没人知道这是什么病，他的病例也没有被报告过。

而第一例报告的SARS病例，是2002年12月15日在河源市发病的黄杏初。当时，黄杏初高烧不退、呼吸困难，河源市人民医院一时查不清病因，就把他转到了广州军区总医院治疗。然而，没过多久，最初为黄杏初治病的河源市人民医院的医护人员中，就有8人出现了类似症状。

看来问题严重，2003年1月2日，河源市人民医院立即向广东省卫生厅报告了这起病例。

时任广东省卫生厅厅长黄庆道马上召集会议，即日派遣专家组到河源市会诊、调查采样。专家组意识到这种疾病具有高度传染性,但仍无法识别这是什么病、其病因又是如何。

中国曾在1989年颁布了《传染病防治法》,传染病管理清单所列传染病从25种扩大到35种。法律规定,对于每种传染病都要在规定的时间内及时报告。但是,此时面对未知的传染病,专家组无法将手头的病例与《传染病防治法》中所列的任何一种传染病联系起来。

2003年1月14日,广东省中山市卫生局也向省疾病预防控制中心报告了相似的情况:中山市也出现了十几名以发热、肺部感染、呼吸困难为主要症状的患者,并且造成了多名医护人员被感染,其原因不明。

1月21日,广东省卫生厅组织专家组到中山市调查,著名呼吸病学专家钟南山和中国疾控中心的专家也到现场指导。专家组在钟南山的带领下,完成了《中山市不明原因肺炎调查报

呼吸病学专家钟南山[①]

---

① 图片引自钟南山有多牛?当年的"非典的领军人物",如今举动更让国人敬佩[EB/OL].(2020-02-18)[2021-07-10]. https://www.163.com/dy/article/F5LPIBKD05414ISQ.html.

告》[1]，将这类病例命名为"非典型肺炎"（简称"非典"），认定其有一定传染性。后来，非典被正式命名为SARS[2]。

"黑天鹅"来了？但此时人们还并没有对这只"黑天鹅"的出现产生足够的警觉，因而未能及时采取有效的隔离措施，防微杜渐。

危机已出现，但"识别"失败。

政府部门内部的信息沟通不畅，影响了决策的及时性。同样，公众或媒体也没接到任何信息，而且随着春节假期的临近，各种交通一如既往地拥挤。

2月3日，春节长假的第三天，广东省卫生厅向卫生部报告了非典疫情。一周后的2月10日，中国政府向世界卫生组织通报了非典疫情。

谣言四起　恐慌难息

随后，在全国范围内，有关怪病的传言不胫而走。更糟糕的是，官方没有向民众公布消息，这使得民众更加恐慌。没有官方指导，民众为了自保只能相信流传的土方子，导致市面上爆发了抢购米醋和板蓝根的风潮。结果，米醋和板蓝根的价格上涨了数倍。街头巷尾随处可见戴口罩的人，口罩也脱销了。

---

[1] 广东省专家.广东省专家组关于中山市不明原因肺炎调查报告 [J].国际医药卫生导报，2003，0（13）：65.
[2] SARS的全称是Severe Acute Respiratory Syndrome。意大利医生卡洛·乌尔班尼（Carlo Urbani）是第一个给此病命名为SARS的人，见"关键是切断传染源"章节。

反应过度，还是不够谨慎？人们在面对不确定性和未知威胁的时候，不免会提出类似的问题。

2月11日，广东省及广州市政府共同召开了关于非典的新闻发布会，试图平息民众日益增长的恐慌。政府官员通告了非典病例的情况，到2月9日，广东省共发现305例非典型肺炎病例，死亡5例，其中，医护人员发病105例，无人死亡；广州市共发现非典病例192例，其中84例是医护人员。但在这些苍白的数字后面，没有提到关键要点：非典高度传染，而且是人传人，一个病人甚至能够感染10多名医护人员。

在发布会上，时任广东省卫生厅厅长黄庆道呼吁民众不要反应过度，他说非典疫情已得到初步控制，河源、中山等地的患者经过治疗大多已康复或好转。他又解释道，非典这种传染病并不在法律规定的必须即刻报告的清单上。①

发布会后，广州一切照旧。2月12日，中国队与巴西队的一场足球比赛如期进行，5万多名球迷前来观看。2月18日，音乐家和歌唱家罗大佑在广州天河体育场的演唱会也是座无虚席。

回头看，这些做法显然是盲目自信。

SARS扩散了，是要命的！

2003年2月21日，广州医生刘剑伦，以为自己只是发烧

---

① 肖萍，林靖峻. 记者十问广东非典型肺炎 有关部门作出回应[EB/OL]. （2003-02-12）[2021-03-04]. http://news.sohu.com/72/20/news206302072.shtml.

感冒，没有在意，他从深圳罗湖口岸出境去香港参加亲戚的婚礼，并入住九龙京华国际酒店。由此，他携带的病毒传播给了 16 位来自不同国家和地区的人。随后，疫情在中国香港、越南、加拿大、新加坡、泰国、印度尼西亚、菲律宾、澳大利亚和美国扩散。3 月 4 日，刘剑伦在香港医院病逝。

2003 年 3 月 6 日，在北京的解放军总医院（301 医院）接到第一例输入性非典病人，这是北京市报告的第一例非典病例。这位 20 多岁的山西女孩曾经到过广东，他的父母之后也被感染了，而且没过多久就相继病逝。更令人担忧的是，北京各大医院也开始不断出现"感冒、发烧、呼吸困难"的病例，而且多名医护人员也出现同样的症状。[1]

可见，当时北京已经出现疫情苗头，但媒体却没有注意到，其报道的焦点大都集中于"两会"上。在临床上，诊断非典的指标有三项：高烧、呼吸困难、与其他患者有接触史。然而，由于缺乏可靠信息、没有诊断试剂、没有有效的隔离和医疗措施，病人在医院之间无序转移，致使病毒加速传播，非典病例及疑似病例陡然上升。这些进一步引发了民众的恐慌情绪。有一些病人因为害怕医院拒收，就隐瞒了与非典病人的接触史，结果医生和护士都被感染上了。医患之间缺乏相互信任同样令人深感忧虑。[2]

---

[1] 《财经》编辑部."SARS 调查：一场空前灾难的全景实录 [M]. 北京：中国社会科学出版社，2003：25—26.

[2] 同①.

我们毫无准备

非典袭击北京,但当时没有获得可靠信息的渠道,即使有些小道消息,也往往前后不一致或自相矛盾。

当时,在越南工作的意大利医生卡洛·乌尔班尼发现了越南第一例 SARS 输入性病例,他立即向世界卫生组织和河内官方通报,要求高度重视这种新型传染病,并对患者和接触过患者的高危人群采取严格的隔离措施,以防止疾病的扩散。3月12日,世界卫生组织发布了针对 SARS 的全球警告,为了控制疫情,世卫组织建议对任何疑似病例进行物理隔离,同时世卫组织成立了一个 SARS 疫情国际研究网络。①

截至 3 月 20 日,北京的 SARS 病例已到了 300 例,其中只有 29 例报告给卫生部。回顾 SARS 事件时,一位卫生部的官员承认:"我们还没准备好。所以根本不清楚病人在哪里,也就根本没有办法去控制疫情。"②

中国曾战胜了鼠疫、霍乱和天花等致命的恶性传染病,或许是长时间的平安无事,导致人们放松了对疫情的防控,在 SARS 来袭时,防疫系统准备不足、职能缺失。事实上,北京当时没有一家医院是专门用于治疗传染性呼吸系统疾病的。对一般卫生官员、医生或护士来说,公共卫生的危机管理还是一个陌生的概念。

3 月 24 日,美国疾病控制中心的科学家确认 SARS 的病原

---

① 3 月 11 日,乌尔班尼医生在去泰国开会途中,发现自己得了 SARS,便主动要求隔离。

② 于浩. 传染病防治的"非常十年"[J]. 中国人大,2013(15):12—14.

体是冠状病毒。搞清楚病原体有助于疾病防控。

3月27日,北京市被世界卫生组织列为SARS疫区。之后,中国的二十多个省市相继被列入疫区名单。

4月1日,时任国务院副总理吴仪视察中国疾控中心。她督促疾控中心要建立一套应对突发公共卫生事件的管理机制。这是中国领导人第一次提出应急机制的建设问题。与此同时,4月2日,中国政府承诺与世界卫生组织合作,并允许世界卫生组织专家组进入广东进行疫情调查。

一个城市被宣布为传染病疫区,这不是件小事,会对该城市的经济产生巨大影响,如游客、商务活动可能会减少。民众健康、经济发展,还有当地官员的政绩,孰重孰轻?在公共利益、经济成本、政府业绩分析中,这是一个相当难回答的问题。[1]

哲学层面的道德推理,涉及价值理性和工具理性以及两者之间的平衡与制约。当存在不确定性和外部性时,如何掌控这个度是一个棘手问题。不管怎样,如果没有好的制度安排,包括法律责任、行政责任、程序的透明度和信息的真实性,仅凭直觉来做决定,并伴以侥幸心理,那么,制度安排的结果往往会适得其反,尤其是在高估自己的能力而低估了挑战的时候。

4月3日,在国务院新闻办举行的记者招待会上,时任卫生部部长张文康通报了各地报告的病例情况,其中,北京报告SARS病例12例,死亡3例。他表示在中国工作、旅游是安全

---

[1] 回顾2003年的中国经济,四个季度的GDP增长速度分别是11.1%、9.1%、10%和10%。从数字上看,SARS对经济的影响不大。

的，戴不戴口罩都安全。①也许他的意图是提升公众信心，但他的数据并没有被外界采信，一定程度上导致了政府公信力的损失。特别是"北京SARS病例只有12例"的说法引起了医学专家蒋彦永的质疑。蒋彦永是解放军301医院的退休医生，从他掌握的情况看，北京一家军队医院的SARS患者就超过了官方公布的人数，因此他将他的观察告诉了媒体。

4月6日，卫生部和北京市卫生局联合举行新闻发布会，透露出一则令人震惊的消息：国际劳工组织官员派克·阿罗因患SARS在北京去世。这一消息引起了国际社会的强烈震动。此时的中国成为全世界的焦点。

4月10日，时任北京市市长孟学农在会见日本客人时再次强调北京完全有信心、有能力控制SARS。②

但人们有充分的理由担心，因为政府正日益陷入"塔西佗陷阱"。③自2002年12月广东省首例SARS疫情报告以来，危机已过去近5个月，尽管政府一再声称疫情得到控制，但并没有

---

① 新华网. 卫生部长张文康就非典型肺炎答记者问(实录)[EB/OL]. (2003-04-03)[2021-03-04]. http://news.sohu.com/53/51/news208065153.shtml.

② 北京日报. 孟学农会见日本客人[EB/OL]. (2003-04-11)[2021-03-04]. http://japan.people.com.cn/2003/4/11/2003411143704.htm.

③ "塔西佗陷阱"，得名于古罗马时代的历史学家塔西佗，他在评价一位罗马皇帝时所说："一旦皇帝成了人们憎恨的对象，他做的好事和坏事就同样会引起人们对他的厌恶。"近来，"塔西佗陷阱"一词时常被人提及。在网络上一些公共事件的讨论中，不少人喜欢用它来阐述政府公信力问题。但实际上，它只是一个被当代学者引申、演绎出来的概念，并不是政治学理论中的必然规律。关于这一概念可参考范勇鹏. 廓清"塔西佗陷阱"的迷雾：用中国话语解释公信力问题[N]. 人民日报, 2017-12-17(5)。

可信的证据来证实。

4月16日,世界卫生组织正式宣布SARS的致病原为一种新的冠状病毒,并命名为SARS病毒。

至此,中国的疾病防控体系失灵了。国家到了必须采取强硬措施、动真格的时候了,否则无法扭转事态的发展方向。

最高层在行动

2003年4月8日,卫生部发生通知,将SARS列入传染病的法定清单,这意味着违反法律规定不报的人,将面临最高7年的监禁。

4月14日,时任中共中央总书记、中央军委主席胡锦涛到广东抗击SARS前线视察。4月17日回京后,立即召开了中共中央政治局常务委员会工作会议,会议直奔主题——抗击SARS。

政治局工作会议强调了人民的生命权和知情权,并要建立严格的责任制。会议指出,做好非典型肺炎的防治工作,关系到广大人民群众的身体健康和生命安全,关系到中国改革发展稳定的大局。要准确掌握疫情,如实报告并定期向社会公布,不得缓报、瞒报。[①]

在随后的几天里,政府启动了一连串的行动计划。

4月20日,卫生部在国务院新闻办公室记者招待会上宣布:北京报告SARS病例339例,疑似病例402例,并承认"由

---

① 中国网. 国务院新闻办公室2003年4月20日记者招待会 [EB/OL]. (2003-04-20)[2021-03-04]. http://www.china.com.cn/zhibo/2003-04/20/content_8784515.htm.

于有关部门信息统计、监测报告、追踪调查等方面的工作机制不健全，疫情统计存在较大的疏漏，没有做到准确地上报疫情数字"。① 同时，疫情报告的时间由过去的五日一报改为一日一报。

4月23日，国务院召开常务会议，决定成立国务院防治非典型肺炎指挥部，由时任国务院副总理吴仪任总指挥，协调全国的SARS防治工作。② 同时，国家设立总额为20亿元的SARS防治基金，并安排专项资金6亿元用于支持中国疾病预防控制中心一期工程的建设。

在此期间，时任卫生部部长张文康被免职，暂由国务院副总理吴仪兼任。这表明，在关键时刻要由国务院协调各部委，开展防治SARS的工作。

时任北京市市长孟学农也被免职，时任海南省委书记王岐山临危受命，紧急空降到北京，就任北京市代理市长。SARS疫情形势紧迫，需要决策坚决、行动果断，而王岐山正是这样一位领导。

领导职务的变动直接或间接地给了中国官员们一个警示——"SARS防不好，乌纱保不牢"。

从历史角度来看，无论是过去还是现在，在共产党领导下

---

① 中国网. 国务院新闻办公室2003年4月20日记者招待会[EB/OL]. (2003-04-20)[2021-03-04]. http://www.china.com.cn/zhibo/2003-04/20/content_8784515.htm.
② 国务院办公厅. 国务院办公厅关于成立全国防治非典型肺炎指挥部的通知：国办发〔2003〕35号[A/OL]. (2003-04-28)[2021-03-04]. http://www.gov.cn/zhengce/content/2005-08/12/content_8160.htm.

的政治、经济及社会各有其独特的一面，那就是一旦确定了政治方向或行动纲领，政府组织机构从上至下动员社会的能力极其强大。特别是在突发公共卫生事件的应对中，社会的遵从与配合对遏制流行病的蔓延至关重要。

关键是切断传染源

医疗卫生是一个知识密集型的领域。在 SARS 暴发之初，就有专家在起作用。比如，著名呼吸病专家钟南山在《中山市不明原因肺炎调查报告》中，将该传染病命名为不明原因的"非典型肺炎"。

但是，在疫情暴发之初的应对措施似乎有些偏差。当时只顾着研究病原体、抢救危重病人，没有及时采取有力、有效的隔离措施。或者更确切地说，当时更多的研究在病毒学、微生物学上，而忽视了流行病学！病毒学研究病原体，而流行病学要问的问题是：有多少人病倒了？他们相互有联系吗？他们都吃了什么？他们都去过哪里？……

更糟糕的是，初期的医学研究将 SARS 的病原体误判为衣原体，而不是一种新的冠状病毒。这使人们放松了警惕，低估了 SARS 的严重性与急迫性。[①] 弗朗西斯·培根说过，知识就是力量，但错误地应用知识就是负面力量，会引发灾难。所以，科学研究必须严谨，科学研究结果将影响公共政策的

---

① 中国科学院. 洪涛院士回首衣原体与冠状病毒之争 [EB/OL]. (2003-05-23)[2021-03-04]. http://www.cas.cn/zt/kjzt/fdgx/zjpl/200305/t20030523_1710222.shtml.

制定。

与病毒学不同，在流行病学和公共卫生领域，要考虑外部性。然而，在SARS疫情初期，这致命的外部性被严重地忽视了。在制定公共卫生管理战略、应对突发与致命的外部性时，搞清国家作用与市场作用的关系意义深远。

曾光是中国疾控中心流行病学首席科学家。在疫情暴发之初，曾光教授就随卫生部的专家组去广东进行过调查，并最先发现SARS只有在近距离、出现临床症状的情况下才会传染的特性。但当时大家都忙着寻找和确认病原体，没有人关心公共卫生专家的分析，因此错过了遏制SARS的最佳时机。

在调查中，曾光教授了解到医院隐瞒疫情的真实情况：当时人们的思想比较保守，面对严重的疫情，医院不敢不报，但又不敢太如实报告，一是怕被追究责任，二是怕引起社会恐慌，不愿意成为公众关注的焦点。

曾光教授被任命为国务院非典防治督查组和防治非典型肺炎指挥部的专家委员，他被请到中南海讲解疫情的防治。他提出的方案非常简单：不需要什么生物化学的高科技，首先要做的就是切断传染源、保护易感人群，这样就可以控制疫情发展，但措施必须坚决果断。[1]曾光教授说的是有道理的，起码从疫情危机管理的顺序来看是对的。回头看，越南抗击SARS的经验证实了这一点。

---

[1] 人民网. 曾光："非典"催生信息透明，忧虑人才队伍[EB/OL]. (2013-04-26)[2021-03-04]. https://china.huanqiu.com/article/9CaKrnJAg8l.

2003年2月28日,在越南工作的意大利医生卡洛·乌尔班尼发现了越南第一例输入性病例,他把这种病命名为"严重急性呼吸综合征",英文缩写SARS。该患者名叫陈强尼(Johnny Chen),是一名美籍华人,曾在广东停留过,后途径越南准备前往新加坡。

由于该病具有极强的传染性,越南多名医护人员也出现了同样的症状,乌尔班尼医生立即通知世界卫生组织,提醒做好疫情扩散的准备。同时,他还成功说服越南卫生部门,从3月9日开始,越南边境口岸对所有出入境人员进行排查,升级所有医院的防疫措施、隔离SARS病人,并派武装部队守卫,严格控制出入。

这些快速果断的措施效果显著。4月28日,世界卫生组织宣布,越南已连续20天没有出现新的病例。也就是说,越南实际上在4月8日就已经控制住了SARS的传播,从开始到结束不到40天。越南的SARS确诊病例63例,其中有5人死亡,令人唏嘘的是,死亡的都是医护人员,乌尔班尼医生也在其中。

相比之下,中国由于错过了疫情防控的最佳时机,一共用了8个月才控制住SARS疫情,确诊共计5,327人、死亡349人。[1]

王岐山临危受命

王岐山,祖籍山西,毕业于西北大学历史系,在中央和地

---

[1] 健康时报网. 确认人数超过非典!专家:无需对病例数过于恐慌 [EB/OL]. (2020-01-29)[2021-03-04]. https://www.jksb.com.cn/index.php?a=show&catid=629&id=158752&m=wap&siteid=1.

方政府都工作过，是一位有丰富经验的领导者。他上任海南省委书记还不到6个月就被急召回北京，就任北京代市长，承担起抗击SARS的重任。彼时正是北京SARS风暴最猛烈的时候，每天新增病例都是三位数。

王岐山个性坚强、决策果断，在政界和公众心目中，他是一个实干、自信、有魅力的人。

在他上任后的第一次政府常务会议上，王岐山以"强硬"的姿态亮相，"你们汇报的时候，一就是一，二就是二。军中无戏言！"

同样，他对媒体也直言不讳："关于医院的状况也应该给市民交代，我们现在的注册医生有32,000人在北京，有（正规）资格的护士34,000多人，在这里真正熟悉呼吸科疾病的医生和护士不到3,000人，也就是（医护人员）总数的4.3%。"①

在央视《面对面》节目中，王岐山说："现在就要把不可能的事情变成可能才能赢得这场战争。"②

雷厉风行，说到做到！

4月22日，王岐山上任北京市代市长。

4月23日，北京市政府发布通告，对受到SARS扩散污染的人员、场所依法采取隔离措施。隔离期间，保证生活必需的有关费用由政府负责。对违反隔离规定的，必要时公安机关将

---

① 北京防治非典新闻发布会实录 [EB/OL]. (2003-04-30)[2021-03-04]. http://news.sohu.com/70/26/news208932670.shtml.

② 央视国际．《面对面》第十五期：王岐山·军中无戏言 [EB/OL]. (2003-05-02)[2021-03-04]. http://www.cctv.com/program/mdm/20030503/100242.shtml.

依法协助采取强制措施,构成犯罪的依法追究刑事责任。①

4月24日,王岐山走进批发市场、菜市场和医药商店,调研解决因SARS疫情造成的蔬菜、副食品和医药短缺问题。

与此同步,北京市中小学宣布放假。

4月24日零点,北京大学人民医院建院85年以来第一次关门停诊,防疫隔离由武警介入执行。这里已被病毒吞噬,从4月7日接收第一例病人到被封闭的16天里,全院有近七十位临床一线医护人员倒下。②

4月25日,北京高校实行封闭式管理,严格限制校外人员随意进校,教师不停课、学生不停学、师生不离京。

4月27日,对所有通过民航、铁路、公路进出北京的乘客,开始实行防疫检查;所有北京文化娱乐场所停止经营活动。③

同时,政府开展群防群治,城市社区和郊区乡村对SARS疫情进行普遍排查,开展了"无SARS社区"活动,目的是减少SARS的传播,提高公众健康意识。④

至此,人们都已戴上口罩,空气中弥漫着消毒剂的气味,

---

① 北京市人民政府.关于对非典型肺炎疫情重点区域采取隔离控制措施的通告:京政发[2003]11号[A/OL].(2003-04-23)[2021-03-04].http://www.beijing.gov.cn/zhengce/zfwj/zfwj/szfwj/201905/t20190523_72360.html.
② 非典十年反思:专家称隐瞒疫情惯性至今仍存在[EB/OL].(2013-03-01)[2021-05-22].http://politics.people.com.cn/n/2013/0301/c70731-20645076.html.
③ 中共北京市委、北京市人民政府.关于加强北京防治非典型肺炎工作的决定[A/OL].(2003-04-27)[2021-03-04].https://www.chinacourt.org/law/detail/2003/04/id/84567.shtml.
④ 牛爱民.北京启动综合治理机制,群防群治抗击"非典"[EB/OL].(2003-04-29)[2021-03-04].http://news.sohu.com/24/59/news208925924.shtml.

城市交通大大减少。在医疗基础设施相对薄弱的乡村,有人在村口把守,不允许外来的车辆和人员自由进入。医药用品生产企业在加班加点赶制纱布、口罩、隔离服等防护用具,以满足市场巨大的需求,尽管只有非常微薄的利润空间。

令人印象最深刻的还是王岐山的那句话:"我们的紧急调度能力强极了!"① 北京市政府征用位于北京郊区的小汤山疗养院,将其改造为抗击 SARS 的定点医院。

4 月 23 日,六大建设集团临危受命,开始抢建小汤山医院,政府要求务必在 30 日晚上 10 点具备接待病人的能力。整个工程调集了 7,000 多名建筑工人。经过 7 天 7 夜的奋战,满足一级感染病医院标准的小汤山医院如期竣工。这是中国当时最大的传染病医院,临时建筑面积占地 25,000 平方米,拥有 1,000 张病床。②

中央军事委员会(简称中央军委)是中国共产党领导下的最高军事领导机构。根据中央军委的命令,从全国各大军区的 114 所医院选调 1,300 余名医护人员,分三批进驻小汤山医院。③ 军队的介入,意味着 SARS 已被视为国家安全问题。

---

① 央视国际.《面对面》第十五期:王岐山·军中无戏言 [EB/OL]. (2003-05-02)[2021-03-04]. http://www.cctv.com/program/mdm/20030503/100242.shtml.
② 李智. 七天夜建起小汤山,中国传染病集中收治模式的诞生 [EB/OL]. (2020-03-08)[2021-03-08]. https://baijiahao.baidu.com/s?id=1660559493960277292&wfr=spider&for=pc.
③ 李智. 七天夜建起小汤山,中国传染病集中收治模式的诞生 [EB/OL]. (2020-03-08)[2021-03-08]. https://baijiahao.baidu.com/s?id=1660559493960277292&wfr=spider&for=pc.

5月1日晚11点，一场严密控制下的有序转移开始了，在警车的开道护送下，来自北京各大医院的680名SARS患者陆续转移到小汤山医院。截

2003年6月20日，小汤山医院医务人员为彻底消毒后的病房贴封条①

止到6月20日，680名SARS患者中，8例死亡，其余全部康复出院，医护人员无一人被感染。②

6月24日，世界卫生组织宣布将北京从SARS疫区的名单中排除。

在中国抗击SARS的战斗中，北京就是一面具有象征意义的旗帜，北京市的做法很快在全国范围内推广开来。

据世界卫生组织2003年8月15日公布的统计数字，截至8月7日，全球累计SARS病例涉及32个国家和地区，共8,422例，死亡919人，病死率近11%。其中，中国内地累计病例5,327例，死亡349人，病死率6.6%；中国香港地区1,755例，死亡300人；中国台湾地区665例，死亡180人。

---

① 图片引自蒲琳. 从小汤山到火神山，"军令状"和"铁规矩"来了[EB/OL]. (2020-01-26)[2021-07-10]. https://m.sohu.com/a/368941855_318740/。
② 侯莎莎. 17年前7天7夜抢建小汤山医院[EB/OL]. (2020-02-06)[2021-03-08]. http://n.eastday.com/mnews/1580990949012798.

四、SARS 危机之后

从全球来看，SARS 的死亡率，明显低于肺结核的死亡率和非洲埃博拉的死亡率。但在中国，SARS 却一度使政府丧失公信力，并引起社会恐慌。SARS 危机充分暴露了中国防疫体系的漏洞，显示了致命的外部性。在危机过后的恢复时期，中国政府吸取在抗击 SARS 中的经验教训，努力弥补危机管理的漏洞，提升和加强公共卫生的体系建设。这印证了中国"危机"一词的哲学内涵——坏事也能变成好事。

"灰犀牛"与"黑天鹅"

中国政府通过《传染病防治法》等一系列制度安排，搭建了一套危机识别预警系统，曾经发挥了重要作用。但是，这种法律框架内的强制性权力在 SARS 面前失效了，因为 SARS 并不是"灰犀牛"，而是"黑天鹅"。换言之，对于危机爆发初期的知识存量来说，SARS 是一个未知数，并未列在强制性报告的传染病监测名单上。

虽然，部分专家和卫生官员很早就意识到"非典型性肺炎"是具有传染性的，但根据当时的法律规定，他们无法将非典与任何应报告的疾病相匹配。再加上行政系统内部的信息报告不及时，使问题变得更加复杂，因此延误了控制疫情的最佳时机。

任何法律都会有漏洞，不可能包罗万象，尤其是随着时间的推移，传染病谱也会发生变化。SARS 过后，中国政府在

2004年对《传染病防治法》进行了修订,将传染性非典型肺炎即SARS列入乙类传染病名单。但这还不够,因为一个好的危机管理体系必须有一套内置机制,以最大限度地减少"灰犀牛"和"黑天鹅"的影响及潜在威胁。这是SARS给我们的深刻教训。

因此,为了更及时地应对危机,中国政府进一步改进了应对传染病的防疫决策机制。如在法律上明确规定即使是原因不明的传染病,也必须即刻向相关部门报告。在行政管理方面,国务院设立了应急管理办公室,卫生部设立了卫生应急办公室,在情况不明或不确定的情况下,应急办公室的决策应考虑相关领域专家委员会的意见。

目前,中国法定传染病根据传染性和致命性共分为甲、乙、丙三类。其中,甲、乙两类传染病一旦爆发,传播风险极高;丙类传染病的传染性和危害相对较低。① 法律还规定:国务院卫生行政部门可根据传染病暴发、流行情况和危害程度,来决定增加、减少或者调整乙类、丙类传染病病种并予以公布。

---

① 甲类传染病是指:鼠疫、霍乱。乙类传染病是指:传染性非典型肺炎、艾滋病、病毒性肝炎、脊髓灰质炎、人感染高致病性禽流感、麻疹、流行性出血热、狂犬病、流行性乙型脑炎、登革热、炭疽、细菌性和阿米巴性痢疾、肺结核、伤寒和副伤寒、流行性脑脊髓膜炎、百日咳、白喉、新生儿破伤风、猩红热、布鲁氏菌病、淋病、梅毒、钩端螺旋体病、血吸虫病、疟疾。丙类传染病是指:流行性感冒、流行性腮腺炎、风疹、急性出血性结膜炎、麻风病、流行性和地方性斑疹伤寒、黑热病、包虫病、丝虫病,除霍乱、细菌性和阿米巴性痢疾、伤寒和副伤寒以外的感染性腹泻病。

通过《传染病防治法》(2013年修订)、《突发事件应对法》(2007年颁布)、《突发公共卫生事件应急条例》(2003年颁布)等一系列法律法规的颁布和修订，一旦发生任何突发性公共卫生事件，应急预案就有了执行的法律基础。值得注意的是，在上述的三个法律文件中，都涉及了及时报告、及时公布信息及其相关行政责任和法律制裁的专项内容。

信息基础设施

可以想象，为了最大限度地减少"灰犀牛"和"黑天鹅"的影响，信息的准确性与及时性是疫情监测系统以及应急预案的核心要素。

在SARS暴发之前，中国的疫情监测系统分成两个阶段：1985年以前采用纸质月报，2003年以前采用数字月报。SARS以后，政府努力加强并改善信息系统的基础设施建设，在全国范围内建立了以互联网为基础的传染病疫情和突发公共卫生事件网络直报系统（以下简称"网络直报系统"，见附录1）。这一强制性的网络直报系统，于2004年1月上线，具有多项功能，其中包括信息收集、疫情监测、信息分析和动态质量评估等。任何一家地方医院实时报告5例以上病因不明的肺炎病例，都会触发反应机制，中国疾控中心将立即派遣流行病学专家组到现场考察，开展调查研究。这是应对"黑天鹅"的关键机制。

截止到2014年3月，全国100%的县级及以上疾病预防控制机构、98%的县级以上医疗机构、94%的基层医疗卫生机构实现了法定传染病实时网络报告，直报单位总数达6.8万余家，每天监测传染病个案病例约 2 万例，每年能够早期发现 360—450 余起异常事件。[①]

同时，中国还加强了对《传染病防治法》所列的 26 种传染病，以及鼠、蚊、蝇、蟑螂 4 种带病媒介的监测。全国上下设立 1,000 多个监测站，对传染病及媒介的密度进行警戒性监测。监测站除了进行信息采集，还要开展流行病学的实地调查。

纵横协调机制

SARS 疫情的暴发，充分暴露了当时中国公共卫生体系的脆弱，不能及时有效地监测和应对突发疫情，政府中存在的教条主义和官僚主义难辞其咎。

从组织形式上看，中国疾病预防控制体系分为国家、省、市、县、乡五个层次。在 SARS 暴发初期，国家层面的统一领导和协调职能没有到位，直到疫情严重并造成国际影响，政府高层方意识到，抗击 SARS 并不仅仅是卫生部职权范围内的医疗问题，相反，它需要各个部门的参与、支持与协调合作，其中甚至包括调动警察和武装部队。

2003 年 4 月 1 日，时任国务院副总理吴仪专程视察中国疾控中心。她的造访表明：国家要有效地抗击 SARS，国务院必须身先士卒，即由具有超越部委权威的行政机构来统领，确保部委之间，以及部委与地方之间，特别是与北京市政府之间的良

---

① 潘莹.中国建成全球最大疫情网络直报系统，每天监测数据 2 万例 [EB/OL]. (2014-03-27)[2021-03-08]. https://qd.ifeng.com/xinwenzaobanche/detail_2014_03/27/2047067_0.shtml.

好协作。

作为后续措施,4月23日,国务院专门成立了防治非典型肺炎指挥部,吴仪担任总指挥并兼任卫生部部长,取代了时任卫生部部长张文康。5月9日,中央政府紧急颁布了《突发公共卫生事件应急条例》,以保障中央及地方政府部门之间的相互协作。

由此,SARS过后,国家设立了两个常设的应急管理机构,以应对突发的公共卫生事件[①]:一个是国务院应急管理办公室,以加强部际协调和枢纽作用,迅速调动和分配人力、物力和其他资源。另一个是卫生部卫生应急办公室,具备医疗卫生领域的专门知识,负责指导协调全国卫生应急工作。必要时,解放军总参谋部(现联合参谋部)作战部和总后勤部(现后勤保障部)卫生部将会参与国家应急协调机制,做好切断疫情传播等防疫工作。

未雨绸缪,加大投入

从全球来看,与其他国家相比,中国总的医疗卫生费用一直处于较低水平,仅占GDP的6%,而全球平均水平约是10%,美国是18%。然而,在SARS以后,政府对医疗卫生的投资无论是在总量上还是在财政支出的占比上,都有了很大的增长。

[①] 根据突发卫生事件的性质、危害程度、涉及范围,划分为特别重大(Ⅰ)、重大(Ⅱ)、较大(Ⅲ)和一般(Ⅳ)四级,依次用红色、橙色、黄色、蓝色进行预警。

如图 1 所示，从 1990 年到 2017 年，政府对医疗卫生的投资总额逐年增加，平均增长率为 18%。但是，在 1990—2002 年期间，也就是 SARS 之前，政府的医疗卫生投入与财政支出的占比却呈下降趋势，在世纪之交的 2000 年前后尤为明显。SARS 之后，这一下降的趋势才得以扭转，随后几年大幅回升。这有力地表明，在吸取了 SARS 的教训后，中国政府从危机中惊醒，不断加强了国家的医疗卫生体系建设。

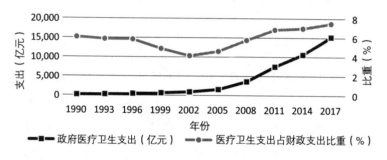

图 1　政府医疗卫生支出占财政支出比重（1990—2017）

来源：国家卫生健康委员会.中国卫生健康统计年鉴 2018[M].北京：中国协和医科大学出版社，2018。

2007 年，时任中共中央总书记胡锦涛提出要建立基本的医疗卫生体系，提高全国人民的健康水平，这一承诺反映出中央政府对经济发展与国民健康关系问题的重新认识。由此，中央政府在 2009 年推出了新的关于医药卫生体制的改革方案，即"新医改"，目标是建立健全覆盖城乡居民的基本医疗卫生保障制度，为 13.8 亿民众提供安全、有效、方便、价廉的医疗卫生服务。①

如文后附录3所示,有各种不同职能的政府部门和机构参与了新医改。这表明,通过部门间的配合与协调,才能更好地平衡医疗卫生领域的"铁三角",即质量、成本和可及性。

在公共卫生方面,新医改强化了疾病防控,并为全国城乡居民免费提供41项基本公共卫生服务。其中包括健康档案,健康教育,预防接种、儿童保健、孕产妇保健、老年人保健、慢性病患者健康管理、传染病和突发公共卫生等报告和处理、卫生监督协管等方面。

为了做好上述工作,如前所述政府加大了对医疗卫生的资金投入。具体到卫生防疫方面,政府的资金投入力度更是史无前例。2001年SARS前的卫生防疫投入为44.8亿元,到了2012年增至452.5亿元。按人均计算,2001年为3.5元/人,2012年为20.1元/人,增长4.7倍。相比之下,同期中国国内生产总值增长了3.9倍。②

还有一组数字:2009年,国家医疗卫生支出增长20.7%,居民自费医疗卫生费用增长12%,而当年国内GDP增长为10%。③ 即无论是国家还是个人支出的医疗卫生费用的增长,均超过当年GDP的增长。

值得注意的是,2015年,中国科学院在武汉建立了国内最

---

① 张艳玲. 中国医改成绩斐然,惠及13亿人[EB/OL]. (2017-09-27)[2021-03-08]. http://www.china.com.cn/news/txt/2017-09/27/content_41654102.htm.
② 王国强. 中国疾病预防控制60年[M]. 北京:中国人口出版社,2015:106.
③ HUANG Y. Road to reform filled with obstacles[J]. Sight, 2015(7-8): 34—36.

先进的国家生物安全实验室，简称武汉P4实验室①。该实验室是按照全球最高安全标准建造的，并配备了测试最危险病毒的设备，如埃博拉病毒、亨德

最先进的武汉P4生物实验室②

拉病毒和尼帕病毒等。武汉P4实验室的建立，表明中国在病毒学研究的硬件方面有了巨大飞跃。

如前所述，及时找出并确定一种新病毒的病原体，对于疾病防控至关重要，这是研发病毒诊断试剂盒的先决条件。根据国家卫生健康委员会的消息，中国已经建立了5支国际应急医疗队，具有在72小时内快速检测300多种病原体的技术能力。③

所有这些都表明，在SARS之后，为了可持续发展，中央政府试图在市场化与政府主导之间寻求一种新的平衡，以弥补在SARS之前对相关问题的忽视。事实上，习近平总书记近年反复多次强调，要把保障人民健康放在优先发展的战略位置。

---

① 全球生物实验室安全标准有四个等级，从P1到P4，其中P4是最高的。
② 图片引自李大庆. 传说中的P4实验室是啥样儿 [N/OL]. 科技日报，2015-02-01[2021-07-10]. http://www.cas.cn/cm/201502/t20150201_4307520.shtml。
③ 央广网. "非典"以来首次大规模国家突发公共卫生事件应急演练举行，我国卫生应急已走在世界前列 [EB/OL]. (2019-07-26)[2021-03-08]. http://finance.cnr.cn/txcj/20190726/t20190726_524708033.shtml.

政府也明确表明，无论社会发展到什么程度，都要毫不动摇把公益性写在医疗卫生事业的旗帜上，不能走全盘市场化、商业化的路子。①

加强疾控中心的作用

SARS疫情过后，疾控中心的作用更加受到重视，这是国家公共卫生基础设施的顶梁柱。除了疾控中心，公共卫生基础设施还包括：妇幼保健，公共卫生应急管理，健康监督，健康教育，心理保健，供血和计划生育保健服务等。

中国疾控中心的架构参照了美国疾控中心的模式，如附录2所示，其核心功能包括政策制定和倡导，监督、评估和干预，应急处理，技术支持，科学研究，信息服务，以及人员培训等。但是，与美国不同的是，美国疾控中心可直接向美国总统汇报，而中国疾控中心是国家卫生健康委员会的下属机构。再者，如附录2所示，中国疾控中心的核心架构包括三个方面，即传染病防控、公共卫生安全和非传染性慢性病防控的管理。人员方面，中国疾控中心工作人员约有2,100人，绝大多数都是卫生专业人员，其中约有60%的人员从事传染病控制，30%的人员负责公共卫生安全，10%的人员负责非传染性慢性病防控；其他少部分是行政管理和后勤保障人员。

---

① 人民日报. 习近平新时代中国特色社会主义思想学习纲要(13)：十二、带领人民创造更加幸福美好生活——关于新时代中国特色社会主义社会建设[EB/OL]. (2019-08-07)[2021-07-10]. http://theory.people.com.cn/n1/2019/0807/c40531-31279973.html.

相比之下，美国疾控中心约 24,000 人的配置足足是中国的 10 倍之多。

由于并发症的原因，传染病的病死率可能与非传染性疾病相关。如今，慢性非传染性疾病已是中国重大公共卫生问题之一，2012 年慢性非传染性疾病确诊患者 2.6 亿人，导致的死亡已占中国总死亡的 85%，导致的疾病负担已占总疾病负担的 70%。[①]因而，对非传染性疾病监测与管理，疾控中心制定了三管齐下的策略，即死亡原因登记，心血管疾病登记，以及慢性疾病危险因素分析。风险分析依赖于调查信息，例如吸烟、饮酒、饮食习惯、体育活动和慢性疾病治疗等信息。

根据公开资料，到 2012 年，全国上下共有疾控中心 3,534 个，其中省级 31 个，市级 403 个，县级 2,822 个。地方疾控中心下面还设有 65,000 个疫苗接种点，负责疫苗的分发和管理。然而，地方疾控中心受地方卫生部门的直接管理，并不直属国家的疾控中心。

所有这些表明，尽管疾控中心的作用得到了显著增强，但其功能在很大程度上还局限于提供专业服务和技术支持。因此，中国疾控中心与美国疾控中心的管理模式很不相同。

疫苗产业

2011 年是中国疫苗产业具有里程碑意义的一年。中国疫苗监管体系通过了世界卫生组织的评估，中国产疫苗有资格申请世

---

① 付丽丽. 慢性非传染性疾病成重大公共卫生问题 [N]. 科技日报，2018-08-23(7).

界卫生组织的预认证,进入联合国疫苗采购计划。这是对中国生物技术产品质量的认可。正如下面即将介绍的,科兴控股生物技术有限公司(Nasdaq GS:SVA)(以下简称"科兴")研制出了世界上第一支甲型 H1N1 流感疫苗,就是有力的证明。作为首家在北美上市的中国疫苗企业,科兴已先后研发了超 10 种人用疫苗,科研力量居于全球前列。

五、新系统效果初测

经过 SARS 的洗礼,中国向医疗卫生系统投入了大量的人力、物力和资金,包括建立国家公共卫生应急体系。然而,这一新的体系在实际应用中的效果究竟如何? 2009 年甲型 H1N1 流感疫情对它进行了一次初步的测试。甲型 H1N1 流感是具有较强传染性的一种急性呼吸道传染病,通过近距离飞沫和接触传播。与季节性流感病毒不同,甲型 H1N1 流感病毒包含猪流感、禽流感和人流感三种流感病毒的基因片段,普遍易感。人感染甲型 H1N1 流感病毒后会出现发热、头痛、咽痛、身体疼痛、咳嗽等症状,重者会继发肺炎和呼吸衰竭,甚至死亡。

我们可以认为,SARS 是在中国本土最先发生的"黑天鹅"事件,而甲型 H1N1 流感是中国"进口"的"灰犀牛"事件。之所以说甲型 H1N1 流感疫情只是对国家公共卫生应急体系的初测,是因为在现实世界中,应对"灰犀牛"的决策与应对"黑天鹅"的决策会有很大的不同。 对于"黑天鹅"而言,至关重要的是决策者能否采取果断有效的行动,把"黑天鹅"变成"灰犀牛"。

而应对甲型 H1N1 流感病毒，不存在这个最具挑战的转变过程。

病毒逼近

2009 年 3 月 18 日，墨西哥报告了第一例甲型 H1N1 流感病例，此后又有更多病例出现。

4 月，美国疾控中心报告加利福尼亚出现新型甲型 H1N1 流感确诊病例，患者有高热和呼吸道感染，没有与猪的接触史。这表明甲型 H1N1 流感病毒是可以人传人的。回过头来看，这是一场全球大流行疫病的开始，之后数百万人感染，上万人死亡。

4 月 25 日，世界卫生组织宣布甲型 H1N1 流感疫情为"国际关注的公共卫生事件"。

4 月 27 日，世界卫生组织将甲型 H1N1 流感警戒级别从Ⅲ级升到Ⅳ级，2 日后又升至Ⅴ级，6 月 11 日升至最高级别Ⅵ级，并提示"流感大流行正在逼近"。①

甲型 H1N1 流感的传播速度远大于 SARS，到 2009 年 7 月，甲型 H1N1 流感已波及 160 多个国家和地区。

---

① 世界卫生组织用 6 个流行病警戒级别来评估暴发的潜在危险：Ⅰ级，动物之间传播的病毒并没有报告引起人类的传染病；Ⅱ级，以往曾经引发人类感染，而且现在被认为有潜在的大流行威胁的一种动物病毒；Ⅲ级，已经引发了零星或者小规模疫情，但是传播并不容易的一种动物病毒或者人和动物混合病毒；Ⅳ级，新病毒能够引发疫情持续的暴发，并且能自我变异，在人间传播；Ⅴ级，病毒已经在同一地区至少两个国家人际传播，而且正在引起更大规模的疾病暴发；Ⅵ级，在世界至少两个地区内暴发疾病。这种流行病即将来袭。

高层反应迅速

2009年4月26日,时任卫生部部长陈竺立即主持召开防控甲型H1N1流感大流行的专家会议。4月27日,时任中共中央总书记胡锦涛做出批示,要求把防控甲型H1N1流感作为当前一项重点工作来抓。

4月28日,时任国务院总理温家宝主持召开国务院常务会议,研究部署了全国甲型H1N1流感防控工作计划。

4月29日,时任国务院副总理李克强专程到北京首都国际机场、中国疾控中心,考察和督促甲型H1N1流感的防控准备工作。国家发改委、卫生部、工信部、财政部、商务部,共同组建了应急物资保障协调机制。

4月30日,卫生部发布公告,将甲型H1N1流感纳入国家法定乙类传染病之列,与SARS在同一类别。卫生部成立了甲型H1N1流感防控工作领导小组,下发了一系列通知和技术规范,对各地加强防控和应急、医疗救治准备工作提出明确要求,指导各级医疗卫生机构和专业技术人员规范开展病例诊疗和疫情防控工作,指导各地确定甲型H1N1流感病例定点收治医院,并做好人员、药品、设备、设施的准备。[1]

中央政府安排了50亿人民币的专项资金[2],用于支持甲型H1N1流感的防控工作,主要用于制备消毒、防护物资,医疗设备,以及开展疫苗的研制与生产。

---

[1] 胡其峰,范又,张正尤.抗击甲流:中国在行动[N].光明日报,2009-12-07(2).
[2] 李丽辉.中央财政安排50亿元专项资金,保障甲型流感防控[N].人民日报,2009-10-15(6).

在全国范围内，各级政府接连启动应急预案，外堵输入、内防扩散，在入境口岸、酒店及指定救治医院，设置了几道防线。北京、天津、上海紧急准备了952张负压病床、2,164张ICU病床、2,514台备用呼吸机以及66台可调用的负压救护车。①

面对步步逼近的病毒，中国严阵以待。

甲型H1N1流感来了

2009年5月10日，四川省发现首例疑似病例，并于当晚确诊为输入性甲型H1N1流感病例。卫生部立即向全国、世界卫生组织，以及部分相关国家和地区通报。

患者是在美国某大学学习，5月7日乘飞机从美国经东京回国，5月9日在北京首都国际机场入境时，体温低于37度。同日在飞往成都的飞机上，患者自觉发热，伴有咽痛、咳嗽、鼻塞和少量流涕等症状。在成都下机后直接到四川人民医院就诊。

5月10日晚上，中国疾病预防控制中心接到疑似患者标本，连夜检测，结果为阳性。在公安、民航等部门的共同努力和配合下，卫生部立刻展开对密切接触者的排查和医学隔离观察。5月11日上午，卫生部立即召开新闻通报会，通报中国发现首例确诊甲型H1N1流感病例。②

---

① 新华社. 卫生部：流感疫情蔓延速度较快但病情较为温和 [EB/OL]. (2019-05-08)[2021-03-08]. http://www.gov.cn/govweb/ztzl/zhuliugan/content_1317038.htm.

② 叶建平、肖林. 卫生部通报内地第一例确诊甲型H1N1流感病例情况 [EB/OL]. (2019-05-11)[2021-03-08]. http://www.npc.gov.cn/zgrdw/npc/xinwen/fztd/yfxz/2009-05/11/content_1501673.htm.

清楚地识别 H1N1 新型流感病毒是遏制疫情关键的第一步，其中包括病毒的基因组检测，这在技术上很具有挑战性，但这是开发诊断试剂、保障临床快速反应、有效防治疾病的前提。SARS 事件以来，中国在病毒检测技术方面已取得了很大进步。

识别病毒，还需要国际上的紧密合作。应对 SARS 与甲型 H1N1 流感的经验都证明了这一点。

5 月 17 日，中国第一例甲型 H1N1 流感患者经过一周的中西医结合治疗后康复出院。

北京快速应对

接到甲型 H1N1 流感疫情通报后，北京市率先成立甲型 H1N1 流感应急指挥部，立即启动应急机制，北京市各区县卫生局，每 2 天向市卫生局汇报一次本辖区甲型 H1N1 流感防控工作的情况。

早发现、早报告、早诊断、早隔离、早治疗，是这次面对甲型 H1N1 流感的行动纲领。

同时，为加强监测、促进防控工作，北京市疾控中心印发了 15 万份《甲型 H1N1 流感防治指南》，并发布了《致首都市民的公开信》，信中提醒市民：

> 如果您或您的家人、朋友、同事近期从国外归来，您要提醒他一定居家健康监测七天，不参加聚会，不探望亲友、师长，不去人多的公共场所；并保留好登机

牌，记住航班号。如果您看到新闻媒体正在寻找您或您认识的甲型 H1N1 流感的密切接触者，或者您出现了发热及急性呼吸道症状，请主动拨打 120 或 999，我们将免费接您前往医疗机构……①

抗击甲型 H1N1 流感的战役得到了各方的支持与关注，防控工作有序进行，患者得到了及时救治，对密切接触者展开迅速跟踪排查，信息变得透明，专业研究人员和公众都能够及时了解到疫情的发展情况。

时任世界卫生组织总干事陈冯富珍表示，在疫情暴发后，中国政府发挥了强有力的领导作用，防控措施积极有力。这将是一场长期持久的战役，中国还要准备应对秋冬季的第二波疫情。②

的确，随着秋冬季节来临，北京进入了流感高发期，到各大医院就诊、伴有流感样症状的发热病人大量增加，季节性流感与甲型 H1N1 流感叠加出现，给医院带来很大挑战。2009 年 10 月，北京进入了抗击甲型 H1N1 流感的攻坚战和持久战。

来自北京市流感监测哨点的数据显示，2009 年 10 月 17 日，北京市流感监测哨点每日报告流感样病例达到 2,000 例以上；10

---

① 北京电视台. 北京疾控中心发布《致首都市民公开信》[EB/OL]. (2019-05-31)[2021-03-08]. http://news.sohu.com/20090531/n264252128.shtml.
② 白剑峰. 世卫组织总干事：中国防控甲型 H1N1 流感积极有力 [EB/OL]. (2019-05-15)[2021-03-08]. http://www.gov.cn/govweb/jrzg/2009-05/15/content_1315153.htm.

月22日,突破3,000例;10月24日,突破4,000例;10月26日,突破6,000人次。全国范围内确诊甲型H1N1流感的患者数量如图2所示。在确诊病例中,30岁以下的青少年感染者占92.8%。对此,北京市卫生局与教育局密切配合,提前制订应急预案,采取防范措施:一个班两周内出现两例确诊病例,班级要停课;一个年级出现两个班停课,年级要停课;一个学校出现两个年级停课,学校要停课。①

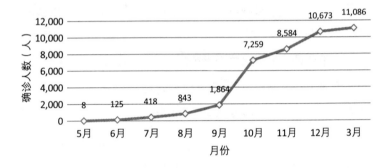

图2 2009年甲型H1N1流感确诊人数

来源:根据卫生部门公开数据计算得到。

同时,北京市卫生局部紧急部署,要求全市103家设有儿科的医院要开设全天候24小时急诊。北京具有执业资格的儿科医生只有2,812人,这其中包括了四五百名已经离退休的老医

---

① 北京市卫生宣传中心.本市出现季节性流感与甲型H1N1流感共同流行的态势[EB/OL].(2019-10-27)[2021-03-08]. http://wjw.beijing.gov.cn/xwzx_20031/wnxw/201912/t20191214_1175745.html.

生，许多老医生主动请缨，补充至儿科接诊一线。①

政府对于那些参加了医保的甲型 H1N1 流感确诊患者、疑似患者，其所发生的医疗救治费用全部给予报销。未参加医保的贫困患者，也可通过城乡医疗救助制度帮助解决。

为了优化医疗资源配置，有效并有序地安排救治，北京市各级医院对甲型 H1N1 流感确诊患者和疑似患者，实行了合理分流、分级分类救治的策略：有发热及呼吸困难的患者被筛到独立设置的发热门诊。轻症病例可安排居家隔离、观察与治疗，基层医疗机构上门服务。对疑似病例，安排单间病室进行隔离观察，及早给予抗菌及抗病毒治疗；对确诊病例，特别是重症病例，集中收治到三级以上的定点医院，以减少重症病毒的传播。

信息及时透明

公共卫生事件的发生和演变存在着相当大的不确定性，及时和透明的信息是避免公众恐慌或警惕不足的最佳策略，尽管这些信息尚不完整，但可以随时更新。进一步说，要尽量避免过度恐慌或过度乐观这两个极端。这涉及现代公民的权利（包括知情权）与传统的家长作风（或称父爱主义）。

当甲型 H1N1 流感的病毒还远在天边，中国已经采取了积极而且透明的行动，将第一道防线从医院前移到交通枢纽。

---

① 程圣中. 北京市卫生局要求 103 家医院儿科开设 24 小时急诊 [EB/OL]. (2019-10-28)[2021-03-08]. http://www.china.com.cn/news/local/2009-10/28/content_18782733.htm.

医护人员在飞机上检测甲型 H1N1 流感

在机场，对来自美国等疫情严重国家的重点航班全部实施登机检疫。同时，对交通道路出入口也进行密集检测，以及早发现可疑病例。一旦发现发热患者，直接将其送入定点医院进行排查和救治，并对与其密切接触者进行为期 7 天的集中医学观察。入境口岸每日通报监测信息。

同样，酒店也对来自甲型 H1N1 流感多发国家和地区的人员进行健康监测。通过对客人详细的信息登记，一旦发现确诊病例，就可快捷地寻找到密切接触人员，进行集中医学观察。

根据中国疾控中心甲型 H1N1 流感监测要求，卫生医务人员、其他个人或政府部门，必须在发现符合病例定义的疑似病例和确诊病例 2 个小时之内，通过国家疾病监测信息报告管理系统进行网络直报。不具备网络直报条件的，也必须通过其他通信手段，在 2 小时之内向当地疾病预防控制机构报告。[1]

在疫情发生后，中国迅速将流感监测网络由 197 家哨点医院扩大到 556 家，网络实验室每周检测 10,000 多个样本，及时提供各种数据及病毒变异信息等，这对观察疫情趋势至关重

---

[1] 曾利明. 中国推出新甲流监测方案，发现病例二小时内直报 [EB/OL]. (2019-05-12)[2021-03-08]. https://www.chinanews.com/jk/news/2009/05-12/1687980.shtml.

要。疾控中心还开展了甲型 H1N1 流感血清抗体水平监测。同时，在卫生、农业和林业等有关部门的相互配合下，也加强了动物间疫情监测工作。[①]

考虑到全国各地的技术水平差异，各省首次确诊的病例样本会送往中国疾控中心进行复查，并由卫生部组织的专家组，根据临床、流行病学和实验室证据来确认诊断结果。根据国际传染病的报告准则，对于死亡的病例，即使存在其他疾病，均纳入甲型 H1N1 流感死亡病例报告的范畴。

卫生部在每星期一、星期三和星期五，召开一次新闻发布会，发布确诊病例、住院病人、死亡人数，以及来自监测网络、医院或其他方面的信息。

中国在应对甲型 H1N1 流感疫情的过程中，做到了信息透明，民众既采取了适当的防范措施，又没有过度反应。

赢得时间就赢得胜利

在抗击甲型 H1N1 流感过程中，时间对于快速检测和疫苗研制尤为关键。

2009 年 4 月 27 日，从美国疾病预防控制中心、世界卫生组织获得甲型 H1N1 流感病毒序列和相关病毒信息后，中国疾控中心立即开展病毒基因序列对比、核酸检测技术的设计和测试。[②]

[①] 卫生部. 卫生部有关负责人介绍甲型 H1N1 流感防控工作进展 [EB/OL]. (2019-12-02)[2021-03-08]. http://www.gov.cn/gzdt/2009-12/02/content_1478093.htm.

[②] 中国疾病预防控制中心. 争分夺秒研发甲型 H1N1 流感病毒检测试剂 [EB/OL]. (2019-05-01)[2021-03-08]. http://www.chinacdc.cn/zxdt/200905/t20090501_31926.htm.

根据疫情防控专家组组长侯云德院士介绍,"我们在获得病毒后72小时内,率先研制成功敏感性和特异性均很高的甲流病毒检测试剂,早于美国公布的甲流特异性检测方法5个月。诊断试剂迅速下发全国,使全国在疫情传入前就具备了甲流检测能力。"[1] 同时,国家流感中心通过世卫组织,向古巴、蒙古、越南等12个国家提供了中国研制的快速检测试剂盒。与SARS的情况一样,抗击甲型H1N1流感的战役需要全球的共同努力。

研发快速检测试剂和增强其检测效果是防御疾病的重要一步,这关乎分子生物学和病毒学知识,如:病毒的结构与形态,病毒生长、繁衍、天然宿主和中间宿主,以及病毒是如何传染给人类的。这需要较长的时间。[2]

5月8日,国家卫生部根据最新的诊疗经验,以及世界卫生组织和美国等其他国家的研究成果,出台了《甲型H1N1流感诊疗方案(2009年试行版第一版)》。

相比在抗击SARS的关键时刻,中国不得不出动武装部队来隔离和控制疫情的传播,抗击甲型H1N1流感采取的是更积极的预防、控制和减少病毒传播的方式方法。其中,除了控制

---

[1] 刘垠. 8项世界第一的研究成果:对全球甲流防控做出重大贡献[EB/OL]. (2015-02-16)[2021-03-08]. http://scitech.people.com.cn/n/2015/0216/c1007-26573909.html.

[2] 中国科学家于2013年在《自然》杂志上发表的最新研究表明,SARS病毒的天然宿主是云南菊头蝠,中间宿主是果子狸。在广东,果子狸作为肉食被买卖。这证实了吃野生动物会危害健康的说法。确实,也许是多年来环境变化的反映,大多数新兴病毒(多达70%以上)在野生动物中找到了它们的天然宿主。以野生动物为膳食来源,似乎亟须监管。

和治疗，重要的还有防疫疫苗。①

可喜的是，疫苗的研制工作也进行得非常顺利。

2009年6月8日晚，来自美国疾病预防控制中心的甲型H1N1流感疫苗生产用毒株X—179A运抵中国。曾经在1999年成功研制过甲型肝炎疫苗的科兴控股生物技术有限公司，拿到毒株后迅速启动毒株种子批制备工作。单批疫苗生产需经历毒株稀释和培养、灭活、纯化、裂解、配比、灌装、检查，以及合格后临床试验等步骤才能最终投入使用。经过一个多月的努力，终于生产出了甲型H1N1流感疫苗。②

7月21日，卫生部部长陈竺是第一个接种科兴试验用甲型H1N1流感疫苗的志愿者，以表示他对国产疫苗安全性和有效性的充分信任和对疫苗生产企业的支持。令人欣慰的是，临床试验结果表明疫苗的保护率超过85%，而且安全性高。9月3日，新生产出来甲型H1N1流感疫苗，获得国家药品批准文号，这是全球首支获得生产批号的甲型H1N1流感疫苗。

冬季是普通流感和甲型H1N1流感的高发季节，疫苗的及时出现，大大削减了甲型H1N1流感病毒的传播。

在随后的几个月里，中国有超过1.05亿人接种了H1N1流感疫苗。由此，疫情传播得到了有效遏制。③

---

① 2009年6月29日，卫生部在新闻发布会上表示甲型H1N1流感疫苗主要用于战略储备。
② 曹玲. 甲型H1N1流感疫苗：争议无可避免 [J/OL]. 三联生活周刊，2009(29). [2021-03-09]. http://www.lifeweek.com.cn/2009/0817/25764.shtml.
③ 刘垠. 8项世界第一的研究成果：对全球甲流防控做出重大贡献 [EB/OL]. (2015-02-16)[2021-03-08]. http://scitech.people.com.cn/n/2015/0216/c1007-26573909.html.

若要准备与 H1N1 病毒开展持久战，医疗物资的战略储备至关重要。充足的病床、防护装备、医疗设施、抗生素、抗病毒药物和其他物资的储备构成了又一道防线。

为了解决抗病毒药物储备不足的问题，2009 年 6 月，北京市政府紧急拨款 1,000 万元人民币，启动中医药治疗甲型 H1N1 流感的科技攻关，超过 120 位专家参与了该项研究。经过长达 7 个月的攻关，通过动物实验及对轻症患者的临床研究，费用仅为"达菲"1/4 的治疗甲型 H1N1 流感轻症患者的中药"金花清感方"及其相应儿童版问世。①

在抗击甲型 H1N1 流感中，对疫情的密切监测和报告，信息的及时透明是第一道防线；充足的医疗物资储备是第二道防线；及时研制出来的病毒检测试剂盒和疫苗是第三道防线。有了这三道防线，相比 SARS 疫情时，中国表现得更加从容，体现了疾病防控能力的显著提高。

的确，中国在应对甲型 H1N1 流感疫情过程中，无论是病毒的检测、病人的治疗，还是疫苗的研制，都行动迅速、表现出色。

小结

如果用危机管理的 4R 框架来比较分析中国抗击 SARS 和甲型 H1N1 流感前后两场战役，很显然，中国在"准备"和"应对"方面，取得了长足进步。

不过，检验公共卫生应急能力的试金石，不仅是甲型

---

① 王思海，周婷玉. 北京研发一种可治甲型流感的中药新药 [EB/OL]. (2009-12-17)[2021-03-08]. https://news.ifeng.com/c/7fYUc5yJ51B.

H1N1流感这样的"灰犀牛",还得有像 SARS 这样的"黑天鹅"。同时,近些年来,血液传播的传染性疾病和性病的发展趋势也尤其值得关注(见图3)。

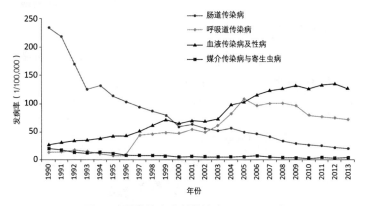

图 3　中国传染病病例统计(1990—2013)

来源:BURNS L R,LIU G G. China's healthcare system and reform[M]. Cambridge: Cambridge University Press, 2017。

为了评估中国(其他国家也一样)应对突发公共卫生事件的表现,我们需要使用两个视角进行比较:一是国内不同历史发展时期的纵向比较,二是国家与国家之间的横向比较。从全球来看,在应对甲型 H1N1 流感上,中国表现得不错。

当甲型 H1N1 流感的感染人数在全球趋近 20 万、死亡人数近 2,000 时,中国仅有 1 例重症病例。甲型 H1N1 流感最终造成 1.2 万人死亡,而中国仅有 600 余例死亡病例。① 在美国,根据

---

① 黄小希,周婷玉. 坚持不懈,从容应对:我国迎击甲型 H1N1 流感见成效 [EB/OL]. (2010-01-11)[2021-03-08]. http://www.gov.cn/jrzg/2010-01/11/content_1507973.htm.

统计模型的估计，被感染人数是 2,200 万人，其中死亡人数约为 3,900 人。①

比尔·盖茨说过，中国在改变自身的同时也在改变着世界。中国对全球的重要贡献，还体现在全球健康和发展领域。中国经验值得借鉴。②

前卫生部部长陈竺，在回顾抗击甲型 H1N1 流感时说："（我们）最大限度减轻了疫情对经济社会发展和人民群众生活的影响。"③

然而，学习包括硬件的学习和软件的学习，始终是一个渐进持续的过程。我们不仅从成功的经验中学习，还要从失败的教训中学习。

学习"曲线"是不尽相同的。在许多情况下，升级硬件往往比提高软实力来得容易，最为深刻的是如何做出正确的判断（需强调的是，这还包括面对困境时的道德推理）。但是，软实力的提高被很多人忽略了。单纯地改善硬件环境是片面的、有风险的，特别是在公共卫生这一高度交叉的领域。应对突发公

---

① CENTERS FOR DISEASE CONTROL AND PREVENTION. CDC estimates of 2009 H1N1 influenza cases, hospitalizations and deaths in the United States, April-October 17, 2009[R/OL]. (2009-11-12)[2021-03-08]. https://www.cdc.gov/h1n1flu/estimates/April_October_17.htm.
② 比尔·盖茨. 比尔·盖茨人民日报撰文：中国经验为何值得非洲借鉴[EB/OL]. (2018-09-03)[2021-03-08]. https://baijiahao.baidu.com/s?id=1610538337708602303&wfr=spider&for=pc.
③ 黄小希，周婷玉. 坚持不懈，从容应对：我国迎击甲型 H1N1 流感见成效 [EB/OL]. (2010-01-11)[2021-03-08]. http://www.gov.cn/jrzg/2010-01/11/content_1507973.htm.

共卫生事件的决策者不仅要有能力对付"灰犀牛",还要有能力对付"黑天鹅",如果处理不当,就会带来重大的政治、经济和社会问题。

SARS之后,全球相继出现了甲型H1N1流感、H7N9禽流感、MERS、埃博拉和寨卡病毒,虽然这些已变成我们的记忆和知识储备,但是,我们一定就能应对下一个"黑天鹅"吗?

所以,我们必须时刻保持警惕!

另外需要提醒的是:在当今全球化的时代,时空已经发生了变化。500年前,像鼠疫这样的致命传染病也许需要很长的传播时间。而现在,有了高速列车和飞机,病毒从地球这头传到那头只需要个把小时。面对现实,决策者的任何一个抉择都举足轻重,特别是在人口密度高的特大城市,不容有一丝犯错的机会。

六、结语:又一只"黑天鹅"

2019年年底,又一只传染性的"黑天鹅"出现了。经检测确定,这是一种新型冠状病毒,引起的传染性肺炎被人们称为"新冠肺炎"。疫病初发于哪一天还有待进一步确认。

这次疫情来势汹汹,震中是位于中国中部的武汉市。武汉有1,600万人口,是一个连接其他上百万人口城市的交通枢纽。

2020年1月30日,世界卫生组织宣布新冠肺炎疫情构成"国际关注的突发公共卫生事件"。

在疫情初期，专家提出新冠病毒可能具有较长的潜伏期（约2周），不排除无症状传染，还有病毒变异的风险。在此情形下，为了减缓病毒的传播速度，武汉市自2020年1月23日起封城。随着疫情的发展，全国其他城市和地区也全部实施了防疫戒严措施。武汉大小医院几乎全部沦陷，政府在全国范围内抽调逾40,000名医护人员支援武汉，其中包括占全国1/10的重症监护医生。

此刻，全国上下仍在全力以赴应对这场新冠肺炎疫情。这又是一次对中国公共卫生应急体系的全面检验，无论是硬件方面还是软件方面。

这次中国表现得如何？哪些做得好，哪些做得不好？为什么？还有，疫情将对经济造成什么样的影响和损失？

思考题：

1. 中华人民共和国刚成立时，为什么能够在相对较短的时间内控制住察北鼠疫？其中最关键的教训是什么？

2. 一般而言，在有关国家与市场关系的辩论中，既有国家失灵，也有市场失灵。那么具体到医疗卫生行业，在何等情况下会造成市场的失灵，并且需要政府出面发挥作用？统计数据有用，但其中也有陷阱。请你从理论层面和实践层面来讨论这个问题。

3. 您对20世纪80、90年代，以及SARS以后的中国医改政策有何评价？为什么2009年的新医改有众多政府部门和机构参与其中？这意味着什么？

4. 在抗击SARS的过程中，从一开始就有专家参与，但为什么没能遏制病毒的扩散？在医疗卫生行业，特别是在公共卫生领域，不同领域的专业知识（如流行病学、分子生物学、病毒学等）是怎样起作用的，以及如何把这些科学知识与公共政策相联系，制定出有效的应对突发公共卫生事件的战略决策？

5. 什么是塔西佗陷阱？为什么准确透明的信息、道德推理、领导力，以及媒体的作用，在管理突发公共卫生事件方面至关重要？理论上，政府的作用是减少信息不对称，为什么在现实中却时常表现不佳？在抗击SARS的不同阶段，领导力的作用是如何发挥的？领导者的个性是否会对危机管理的成效产生影响？

6. 请用危机管理4R框架，对中国抗击SARS和甲型H1N1

流感进行对比分析（同时可对比国际经验）。根据你的判断，中国在公共卫生应急机制方面做出了哪些改进？

7. 中国在抗击察北鼠疫、SARS 和甲型 H1N1 流感的三个案例中，其指挥与控制体系有哪些共同点？现如今的公共卫生应急指挥与控制体系，以及跨部门的协作是怎样的？中国疾控中心在其中起什么作用？目前这种制度安排在专业知识领域和资源调动方面是否有效？

8. 你怎么定义"国家安全"？为什么有时会动用武装部队参与应对突发公共卫生事件？你如何理解公共卫生领域的经济学外部性的概念？你认为对于 SARS 这样的传染病，其诊断与治疗应该由谁来买单，个人还是国家？为什么？法治（相对于以法治国）在这些方面的作用如何体现？法律事先不能穷尽各种可能发生的情况，怎么办？

9. 处理突发卫生事件，时间是关键，早期识别不确定的、未知的威胁是危机管理中的重点。中国以何种方式改进了应对"灰犀牛"和"黑天鹅"的预警系统？为什么信息透明和信息共享的全球合作，特别是在早期发现病原体方面，对于防控传染病大流行至关重要？

10. 在中国抗击甲型 H1N1 流感疫情的过程中筑起了"三道防线"，这"三道防线"分别是什么？对压平疫情发展曲线（flat the curve）、避免医疗资源不足起到什么作用？对中国医疗健康领域的发展，特别是在 SARS 前后的公共卫生政策方面，尤其是政府与社会的关系，以及国际合作等，你获得了哪些收获和启迪？

补充阅读材料：

MADIGAN M L. Handbook of emergency management concepts: a step-by-step approach[M]. Boca Raton, FL: CRC Press, 2017.

WUCKER M. The gray rhino: how to recognize and act on the obvious dangers we ignore[M]. New York, NY: St. Martin's Press, 2016.

李立明, 姜庆五. 中国公共卫生概述 [M]. 北京：人民卫生出版社, 2017.

附录1　网络报告系统工作流程（网络直报系统）

实现数据采集、数据管理、数据利用、数据发布的统一管理。

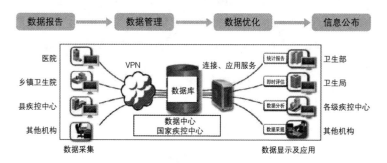

来源：BURNS L R，LIU G G. China's healthcare system and reform[M]. Cambridge: Cambridge University Press, 2017。

附录2　中国疾控中心组织架构图（2011）

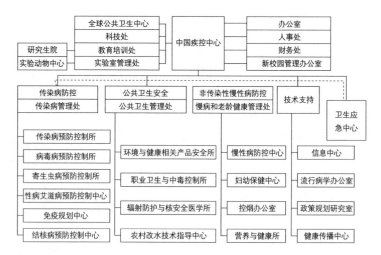

来源：BURNS L R，LIU G G. China's healthcare system and reform[M]. Cambridge: Cambridge University Press, 2017。

附录 3　参与医疗改革的政府部委和机构

公共卫生不仅仅是卫生部门的事情，涉及方方面面，为了说明跨部门合作与协调所面临的挑战之巨和复杂性，有必要简单介绍下参与讨论和制定 2009 年医疗改革计划的主要政府机构及其主要职能。

• 国家发展和改革委员会：制定经济政策，包括医疗服务和药品价格政策；制定国家五年发展规划等。

• 国家卫生和计划生育委员会（现国家卫生健康委员会）：对医疗卫生系统进行指导和监管，推进卫生健康基本公共服务的完善，监督管理公共卫生，提供计划生育管理和服务等。

• 财政部：编制政府年度预算，包括医疗卫生费用预算；根据国家五年规划监测政策执行情况。

• 劳动和社会保障部（现人力资源和社会保障部）：提供社会保障服务；管理公务员，包括卫生保健部门的公务员等。

• 中央机构编制委员会办公室：协调党中央各部门、国务院各部门的职能配置，协调党中央各部门之间、国务院各部门之间、党中央各部门和国务院各部门之间以及各部门与地方之间的职责分工。

• 教育部：涉及对医学类院校的统筹管理。

• 民政部：有关基本民生保障工作，如农村基础医疗的覆盖。

• 国务院法制办公室（已撤销，职能并入现司法部）：拟定中央改革小组制定的规则；协调各部委间的活动；缩小分歧和解决争议。

• 国务院发展研究中心：改革政策研究的智囊团。

• 中国保险监督管理委员会（现并入中国银行保险监督管理委员会）：涉及民营医疗保险市场的监督管理。

• 中国食品药品监督管理局（已撤销，职能并入现国家市场监督管理总局）：药品安全的监督管理等相关事宜。

• 国家中医药管理局：监管中医药教育及从业者资格标准，推进中医药研究等。

• 国务院国有资产监督管理委员会：监督管理国有企业。

• 中华全国总工会：维护职工合法权益。

来源：THOMPSON D. China's health care reform redux[M]// FREEMAN III C W, LU X(ed.). China's capacity to manage infectious diseases: global implications. Washington, D. C.: Center for Strategic and International Studies, 2009: 59—80。

附录 4 新型冠状病毒肺炎初期发展 (2019.12.08—2020.02.24)

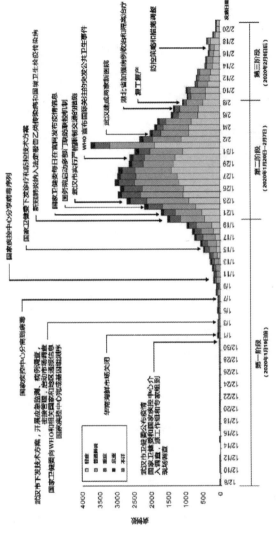

来源：世界卫生组织—中国冠状病毒联合专家考察组新闻发布会，2020 年 2 月 24 日。

写在后面
理论的思考——大道至简

有道以统之，法虽少，足以化矣；无道以行之，法虽众，足以乱矣。

——〔西汉〕刘安

对理论而言，前提假设越简单越好，涉及的因素越多越好，适用范围越宽越好。

——爱因斯坦

元道启发式增长理论及赶超战略[①]

为何有的国家经济发展了，有的国家滞后了？这是《科学》杂志号召全球科学家力争在 2025 年前攻克的难题之一。

---

① 本文部分内容曾刊发在《北京大学学报（哲学社会科学版）》2020 年 11 月，第 57 卷，第 6 期。元道启发式增长理论的英文表述是 Meta-heuristic Theory of Growth，源于认知科学和计算机学科的语言。Meta-heuristic 一般翻译成中文是"元启发"，这里翻译为"元道"的理由有两个：一是"道"这一表述来自中国哲学，《道德经》中讲"道可道，非常道"。二是元道启发式理论的最底层即公理层，关乎人的思想解放。思想解放或知识产生不是一个静态的点，而是一个动态的过程，即"名可名，非常名"。相关的，在现代物理学中有海森堡测不准原理，说明我们身处的世界不是一个确定的，而是一个概然的世界。

中国过去70年来的经济发展历程对解锁这个难题有什么启示？要解锁这个难题，我们同时需要逻辑和辩证——逻辑是为了知识的确定性，辩证是为了实践的灵活性。在读完本书的六个故事后，细心的读者或许会发现，其实每个故事的背后都隐藏着一个简洁的、逻辑一致的增长理论。这个理论是演绎和归纳的结合，可以用数学语言表述，所产生的假说可以回到经验世界加以检验真伪，我们称之为元道启发式增长理论。事实也是如此，我们在写这些故事时，是有理论指导的，它不仅可以解密发展中国家经济发展的逻辑，也可以解密发达国家经济发展的逻辑，具有一般意义。就辩证而言，这个理论中包括的关键节点或变量的不同组合更可帮助人们因地制宜地制定不同时间阶段的发展战略。需要指出的是，战略本身不是理论，而是理论的应用。系统地陈述和解释元道启发式增长理论的目的也是在更深层次上或在更一般意义上解读中国经济发展的逻辑，遵循科学、超越经验、提升知识，实现理论自信。

一、理论及其判则

什么是理论？什么是现代科学理论？判断理论的标准是什么？我们先来探寻这几个问题，为后面两部分作基础性铺垫，以避免仅是修辞游戏，造成知识的幻觉。

（一）理论之洞见

诺姆·乔姆斯基（Noam Chomsky）是一位语言学家，但其建构的理论对人工智能的发展影响深刻,足见跨界思维的重要性。在他看来,洞见的深度和理论解释力往往源于"激进的理想化",而非对"所有事实的照应"。[1] 什么是理论?理论用不同语言表述会涉及托马斯·库恩(Thomas Kuhn)所谓的"范式不通约性",宛如无理数,永远除不尽。[2] 然而,范式不通约性往往正好也是洞见之所在。超越中文语境追溯理论一词的词源,或许对我们有所启示。

理论的英文是 theory,古希腊文是 theoria。注意,英文或希腊文中,理论这个词的词根 theo 与神学 theology 词根相同。而神学是关乎精神完美的学问,是 theo(神)加 logia(逻辑),从词根看,具有强烈的逻辑推理色彩;用柏拉图的话说,演绎推理的起点(ab initio)是理想状态(eide),由此推出的知识(episteme)是必然的、确定的、具有哲学意义的决定主义(determinism)。对古希腊哲人而言,假设神是全能的,其知识必定也是完全确定的。相比之下,人基于经验归纳得出的知识只是概然的,不具备哲学上的决定意义。但是在现实中,柏拉图式的理想状态是不存在的,人类只能竭力趋近。[3]

---

[1] CHOMSKY N, FOUCAULT M. The Chomsky-Foucault debate: on human nature[M]. NY: The New Press, 2006: 130.

[2] KUHN T. The structure of scientific revolutions[M]. Chicago: The University of Chicago Press, 2012: 149.

[3] 例如,在他的书《斐多》(*Phaedo*)中,柏拉图所说的"完美的圆"(perfect circle)在现实世界中是不可能的,最多是无限接近,因为圆周率(π)是个除不尽的超越的无理数。参阅 ALLEN R E. Studies in Plato's metaphysics[M]. London: Routledge, 1965。

知识论（epistemology）属于哲学范畴，产生于形而上与形而下之间对话的张力，是哲学家的重要议题。①

从希腊文哲学 philosophy 的词根看，philia 是友爱，sophie 是智慧，哲学即是爱智慧。但是哲学同时假定智慧不在人间，而在神间。人类通过爱智慧才能获得不同层次的知识——从感性到知性再到理性，所以哲学常被比作知识的接生婆。至今学术界最高学位是 Ph. D.（Doctor of Philosophy），即各专业哲学博士。② 其首要任务是提升理论（theoria）而非应用知识的技术（techne），即应用知识的战略或策略③，两者结合即理论联系实际（theoria cum praxi）。

一般认为，古希腊人爱好理论，古罗马人爱好战略。

所谓知识论，即要回答什么才是可靠的、确定的知识。为了思维正确，亚里士多德发明了三段论。希腊文 theoria 的拉丁文翻译是 scientia（科学）。当时，scientia 所指的范畴广泛，包括形而下（physics）和形而上（metaphysics）④ 知识，如

---

① 中国传统哲学不尚形而上学（metaphysics），注重实践智慧，在形而上和形而下之间没有产生张力，结果是知识论也不发达，只注重经验，不在乎对经验的超越。中国哲学家冯友兰亦观察到中国传统哲学缺乏知识论，参见冯友兰. 中国哲学简史 [M]. 北京：北京大学出版社，2010: 21。
② Doctor 是医生，不妨把 Ph. D. 看做"知识的医生"，其重要任务之一是给现有的知识看病，纠正谬误，并顺便"接生"出新的知识。所以柏拉图曾把哲学比作"知识的接生婆"。
③ 应用性知识和技能一般在职业／专业（professional）院校教授，如法学院、商学院等。
④ Metaphysics 中的 meta 指的是超越或在物理（physics）之后。

纯数学。[①] 所以，即便现代科学鼻祖伽利略也认为数学是神说的语言。[②]

（二）现代科学理论

什么是现代科学理论？如前所述，科学 scientia 是拉丁文对希腊文 episteme 的翻译，但科学家 scientist 这个词却出现在牛顿以后。在牛顿之前，科学家被称为自然哲学家。1687 年牛顿出版《自然哲学的数学原理》(*Mathematical Principles of Nature Philosophy*)，标志了现代科学的兴起。用牛顿的话说，所谓现代科学理论是在公理化数学演绎（postulational mathematical deductions）与物理经验观察（physical observations）之间尽可能系统、精准地进行对比和验证；被经验数据证实的猜想（conjectures）即为科学知识。[③]

在牛顿看来，现代科学在于数学原理所推导出的结构与自然现象所表现出的行为之间不断的对话。仅观察表面的行为，没有背后的结构，理论就不具有因果解释力。反之，行为背后的结构越简洁，对行为的解释力就越大。爱因斯坦的公式 $E=mc^2$ 就是一个典范。哲学上，结构主义（structuralism）是逻辑思维的演绎（deduction），行为主义（behaviorism）是经验感

[①] 亚里士多德把知识分为三类：理论性知识（theoretical）；实践性知识（practical），包括伦理和政治；生产性知识（productive），包括工程和建筑、战略和修辞。

[②] 在伽利略看来，宇宙是上帝用数学谱的曲。见 GALILEI G. Discoveries and opinions of Galileo[M]. DRAKE S（Translator）. New York: Anchor Books, 1957: 237.

[③] 数学中，"哥德巴赫猜想"即用 conjecture 这个词。

受的归纳（induction）；前者更是理性主义（rationalism），后者更是经验主义（empiricism）。① 现代科学在于结构与行为之间对话的严谨度不断拉紧和对齐。为此，牛顿发明了微积分，来观察边际效应，直到无穷之细分，这个不停的探索过程即是求真（veritas）。

与自然科学相比，社会科学的研究对象是人类以及由个人组成的社会。除了结构主义和行为主义，社会科学的雷达显示屏上还常常关注演化主义（evolutionism），特别是在达尔文发表了《物种起源》后。因此，虽然程度、比重不一，结构、行为、演化这三大主义大致也贯穿于现代经济学学派谱系及其争议中——从一般到特殊，从静态到动态，万变不离其宗。② 其中相对稳定的结构是解释过去、洞悉未来的最关键。

在社会科学的各个学科中，相对于别的学科，新古典经济学似乎更强调逻辑思维的演绎主义，而且对微积分和边际效应也是情有独钟。经济学这些学术特征，特别是在马歇尔（Alfred Marshall）以后变得更加显著。在约翰·内维尔·凯恩斯（John Neville Keynes）看来，马歇尔的研究方法即是"数学演绎加经

---

① 从知识论而言，逻辑演绎得出的知识是必然的（necessary）、确定的（deterministic），而经验归纳得出的知识只能是概然的（probabilistic）、有条件的（contingent），或者在计算机语言中称为启发性的（heuristic）。元道启发性（meta-heuristic）中的元（meta）指若干启发性算法（algorithms）之间是互相关联的。

② 同样参见 HELPMAN E. The mystery of economic growth[M]. Cambridge, MA: The Belknap Press, 2004. 我的观察是，由于中国哲学注重实践智慧，经验归纳主义显著地多于逻辑演绎主义，结果是实用主义的功利主义浓厚，学术氛围总体停留在致用（techne）而不是致学（episteme），基础理论（theoria）薄弱，常常流于修辞（rhetoric）和辩证（dialectics）。在古希腊哲学中，修辞和辩证属于实践智慧，适用于人与人之间的语言交流，不属于提高思维能力的范畴，后者是逻辑（logic）。

验观察"。[1] 两者结合即是所谓的演归主义（abduction），反映了现代科学理论的精髓。[2] 相关的，就创新而言，更有效的思维方法是所谓"演绎捣鼓"（deductive tinkering）[3]，而不是"归纳捣鼓"（inductive tinkering）。后者说到底更是历史经验的重复，而不是继续拓展知识的边界。

总之，无论研究对象是自然还是社会，所谓的现代科学都必须在理性和经验之间架起桥梁，并试图从中找出自然或社会现象背后有规律性的东西[4]。正是因为如此，起码在向量上理论建设必须上升到数学的抽象性和一般性，不仅是修辞或文学词汇的包装而已，否则无法严格地进行证实或证伪，名言隽语、比喻例证表述的多是彼时或当下的经验而已，并非理论智慧。虽然在各个学科中，各自的理论对规律的预测力排序不一，但不得不承认，相对于自然科学的严谨性和精确性，特别是相对于物理学，社会科学总体滞后。

（三）理论之判则

科学理论有优有劣、水平有高有低，那如何对其高下作出

---

[1] KEYNES J N. The Scope and Method of Political Economy [M]. London: Macmillan, 1981:217.
[2] CAMPOS D. On the distinction between Peirce's abduction and Lipton's inference to the best explanation [J]. Synthese, 2011, 180 (3): 419—442.
[3] 哲学家克洛德·列维-斯特劳斯（Claude Lévi-Strauss）最先用"tinkering"这个词，翻译成"捣鼓"有些口语化，感兴趣的读者可以自行查阅相关资料来研究揣摩。
[4] 在英文相关词汇的不同表述（laws, regularities, patterns）中，规律性或重复性是一个度。

判断？从知识论的角度看，可以总结为五项判则，即简洁性（simplicity）、一致性（consistency）、准确性（accuracy）、普适性（scope）和成果性（fruitfulness）。开门见山，把评判知识的规则先说得一清二楚，这本身就是科学研究的重中之重，如此才能供别人评判、修正或扬弃。

简洁性涉及理论的解释力。原理越简洁，理论解释力越大。这与欧几里得几何的公理化体系一脉相承——5个简洁的公理（axioms）一共推出了465个定理（theorems）。简洁原则亦称"奥卡姆剃刀"（Ockham's razor），由奥卡姆的威廉（William of Ockham）提出。在解释事物时，他认为"如无必要，勿增实体"。①

一致性原则强调理论的逻辑自洽性和非矛盾性。假说（hypothesis）的逻辑前提必须是假设（assumption），缺乏逻辑一致性便与理论建设背道而驰，因为理论对矛盾性毫不容忍。

准确性涉及相关概念定义的清晰度、可测量度，包括实验所需的设备、仪器和统计工具。概念模糊会减弱理论的可证伪性（falsifiability）。科学哲学家卡尔·波普（Karl Popper）认为，不可证伪性即无科学性。②

普适性指的是理论可适用范围的大小。可适用范围越大，理论就越具有超越性，反之，理论水平就越低，基本是一时一地经验的描述，不具解释力。理论越超越，才越具有解释力。

---

① SPADE P V. The Cambridge companion to Ockham[M]. Cambridge: Cambridge University Press, 1999: 14.
② 遵循逻辑的同一律、排中律、矛盾律，波普认为，科学的要义是可证伪性。参见 POPPER K. The logic of scientific discovery[M]. New York: Harper& Row, 1965。

成果性主要是反映理论建设中间环节的有效性。这里所说的中间环节即是所谓的模型建设（model building），或常常简称为建模。严格地说，建模本身不是理论。作为中间环节，往前要有利于理论的拓展，往后还要有利于知识的应用，故曰成果性，有果实累累的意思。

二、经济增长理论再构建：从公理入手

所谓经济增长理论再构建，并不是要否定现有知识，而是要在现有知识的基础上进行必要的修正、补充、整合与再创新。① 用牛顿的话说就是"站在巨人的肩膀上"。依我之见，新古典经济学的底层构建过于狭窄，如果在全球范围应用，向量上需要给人类学空间，两者之间交互的中间地带是制度经济学，这样的有机结合才能实现求真务实、理论联系实际，毕竟，从哲学上说，人的"理性"不是一个点，而是个过程。由此，德国著名思想家、哲学家尤尔根·哈贝马斯（Jürgen Habermas）提醒过大家"现代性是个未完成的议程"。接下来，为了构建理论的系统性起见，我们首先从公理②入手回访现有

---

① 关于这方面的综述不在此展开。请参见 HELPMAN E. The mystery of economic growth[M]. Cambridge, MA: The Belknap Press, 2004. 特别是书中 185—208 页的参考文献。

② 公理（axiom）是理论数学的词汇，与公理的逻辑一致并演绎推出（deductive inference）的命题（proposition）是定理（theorem），用数学语言严格地说这就是"证明"（proof）。在现代科学（包括现代社会科学）中，与公理并行的概念及其作用是假设（assumption），与假设逻辑内恰并演绎推出的命题是假说（hypothesis）。无论是假设还是假说，两者都需要经验数据的支持，起码是概然性的支持，这是"证实"或"实证检验"（empirical validation）。

经济学的理论核心。其次在回访的基础上提出四个经济增长起因，将其以四个相互关联的方程式表述。最后把四个起因集成为一个元道启发式理论，并以一个方程式表述，以增强理论的自洽性和解释力。

（一）从公理入手

或许是受到牛顿科学范式的启示，亚当·斯密（Adam Smith）已降，相比其他社会科学领域，经济学的主要特征是加强了数学的演绎逻辑，而非仅是经验归纳。[1]牛顿在剑桥的老师、数学家伊萨克·巴罗（Isaac Barrow）认为，数学是科学不可动摇的基础，也为研究人的事务提供了许多优势。[2]读得懂欧几里得几何的人知道，数学逻辑演绎是基于公理（axiom）的，不然，再严谨的推理也是无源之水。[3]那么，什么是现代经济学的公理或称第一原理（ab initio）？

以公理化系统作为参照，贯穿斯密的《国富论》，经济学的公理即所谓理性经济人（homo economicus），常被称为经济理论的微观基础。公理一般被认为是自证的（self-evident），既

---

[1] 例如，牛顿与哈雷都是研究天体运行的科学家，但是牛顿理论中的公理导向十分显著，其基于公理的数学演绎远远超过哈雷的经验观察和归纳，虽然最后的科学结论是演绎和归纳的结合。

[2] HOLLINGDALE S. Makers of Mathematics [M]. New York: Dover Publications, 1994: 228.

[3] 在数学领域，德国数学家大卫·希尔伯特（David Hilbert）是近代形式公理学派的创始人。他于 1899 年出版的《几何基础》，不依靠任何空间，直接推出欧几里得几何的所有定理，透彻地阐述了公理系统的逻辑结构与内在联系，是近代公理化工作的代表作。

是因又是果，不必再加解释。然而魔鬼都在细节中。数学家黎曼（Bernhard Riemann）对欧几里得几何第五公理的进一步考问，促成了非欧几里得几何的产生，而爱因斯坦正是用了非欧几里得数学发明了广义的相对论。

我们再回到现代经济学的核心，即理性经济人。类似的，如果进一步拆解这个所谓自证的公理，这个黑匣子还包含了三个假设：人是利己的（self-interested），人是理性的（rational），人是效用最大化者（utility maximizer）。但是仔细琢磨，每个假设都不是自证的唯一解。从数学上讲，公理是理论大厦的最底层，其坚固与否涉及整个大厦的安全，我们有必要做进一步的分析并试图修正。

先说"利己"假设。利己与自私（selfish）有区别，思维不严谨的人往往言辞含混。两者的区别体现在对国家与市场之间划界的含义不同。严格地说，私人领域与时／空界定有关。如果在私人领域内效用最大化，这还属于利己或自利。但是如果没有征得别人同意，进入别人的私人领域，自利就变成了自私，此时需要国家介入来解决矛盾。可见，如果第一原理设定为普遍自私，那么国家的作用就是 24 小时全天候的；但是如果第一原理设定为普遍利己，那么国家的作用是选择性的，出现了冲突时再介入。总之，自私是损害别人、自己获利，而自利就未必。利己也可使自己与别人都获利，称为"双赢"，机制是分工和贸易，由此可以同时增强现代经济学的两个目标——福利和效率。这也是斯密所倡导的。

政治学家托马斯·霍布斯（Thomas Hobbes）的起步公理

是"自私",因此他把世界看得更黑暗,强调国家专制的作用。① 相比,斯密的起步公理是"自利",所以他认为国家的作用是选择性的,他更强调市场的有效性。但是,另一方面,斯密也没说过市场是完美的。其实,这些观点放在公理化系统的逻辑推理中都是可预料的,包括罗纳德·科斯(Ronald Coase)的经典之作所提出的(或称科斯定理),即市场上交易成本不是零。紧接着的追问便是,国家与市场的界线应该划在哪里②,这同时暗含了所谓理性经济人的"理性"并不是给定的、自证的、真空的,是与所处的制度环境相关联的。除了市场这个制度安排,还必须考虑国家和社会各种正式的和非正式的制度因素。

再看"理性"假设。在社会科学的各学科中,现代经济学可谓理性最忠实的捍卫者。但是经济学所谓的"理性"是不严谨的,有大量直觉的成分,远没有上升到哲学的高度。赫伯特·西蒙(Herbert Simon)提出过"有限理性"(bounded rationality)假设,但并没有说清楚"有限理性"的边界划在哪里才合适。③ 在哲学意义上,直觉和理性互为排斥,直觉是模糊的,而理性是绝对的、永恒的、无时空的符号,按爱因斯坦的说法,即"上帝是不玩骰子的"。以哲学意义理性为标杆,所

---

① 相比,约翰·洛克又放松了"自私"的假设,因此他的重点不是专权政府而是代议政府。可见,公理层面的细微不同,在理论上会导出国家及其作用的不同。

② COASE R H. The nature of the firm [J]. Economica, New Series, 1937, 16(4): 386—405.

③ SIMON H A. On the behavioral and rational foundation of economic dynamics[J]. Journal of Economic Behavior and Organization, 1984, 5: 35—55.

谓理性经济人的"理性"显然不是给定、自证的;相反,人的理性是受内外因素作用的,是个漫长的学习、积累和创造知识的历史过程。由此不难得出,除了结构主义和行为主义外,经济增长理论还必须包括演化主义,加入时空的因素①,然而正是时空因素使得解释过去和预测未来变得更难。

保罗·萨缪尔森(Paul Samuelson)是能看到理性哲学意义的其中一人。他能分清原理性知识(ex principiis)和授受性知识(ex datis)的关系——前者如几何,更追求永恒;后者如历史,更适用变化。所以他说,经济学不仅是实证研究,也是规范研究。②这暗示了,哲学和科学的使命——包括以科学为向导的经济学——即是完成人类理性的历史过程,其中离不开教育和学习。学习不仅包括科学和技术,还包括更合理的制度,如市场和法治。③这方面研究涉及制度经济学,反映了结构对行为的作用,代表人物是科斯和诺斯(Douglas North)。④进一步说,这也涉及人力资本和知识经济的议题,反映了学习和演化的作用,代表人物是罗伯特·索罗(Robert Solow)和

---

① 这方面的计量实证研究参见: FU J. Institutions and investments: foreign direct investment in China during an era of reforms [M]. Ann Arbor, MI: University of Michigan Press, 2001; ACEMOGLU D, JOHNSON S, ROBINSON J A. The colonial origins of comparative development: an empirical investigation [J]. The American Economic Review, 2001, 91 (5): 1369—1401。

② SAMUELSON P, NORDHAUS W. Economics[M]. New York: McGraw-Hill, 1985: 31.

③ 强调社会、制度、法律作用的现代政治哲学家代表有卢梭、密尔、孟德斯鸠、马克思。

④ NORTH D C. Institutions, institutional change and economic performance[M]. Cambridge: Cambridge University Press, 1990.

保罗·罗默(Paul Romer)。[①] 可见,关于经济增长的理论必须同时关注结构、行为、演化三者之间的交互作用。这三者之间的互动可以看作后结构主义、后行为主义、后建构主义的表现。

最后,我们讨论"效用最大化"假设。关于效用,经济学总体是含糊其词的,连效用是单数还是复数也没说清过。如果效用是复数,先后如何排序?先是知识,还是权力,或者是财富?就理论而言,事先(ex ante)不界定清楚,容易跌入事后(ex poste)找借口的陷阱,这有悖于科学可证伪性的要义。在这里,社会学的研究可以提供启示。社会心理学家马斯洛(Abraham Maslow)提出过人由低到高的五个层次的需求,即生理需求、安全需求、社交需求、尊重需求和自我实现需求。[②] 显然,这五个层次是从物质向精神提升的过程,对经济增长战略具有指导意义,与哲学意义理性也有异曲同工之处。

说到底,效用也与理性相联系,所谓哲学意义理性就是"真善美"最终的统一,向着这个目标发展是漫长的上下求索之路。

由上述讨论可见公理在理论建设中的重要性。一旦激活,一发而动全身。如果打开所谓理性经济人的"黑匣子"就会引

---

① 参见 SOLOW R M. Technical change and the aggregate production function[J]. Review of Economics and Statistics, 1957, 39(3):312—320;以及 ROMER P. Increasing returns and long-run growth[J]. Journal of Political Economy, 1986, 94(5):1002—1037。

② MASLOW A H. Motivation and personality[M]. 2nd ed. New York: Harper & Row, 1970.

发社会科学各学科的相关讨论。显然，人的理性不是给定的、自证的、真空的，而是受各种内外因素的激励和约束。因此，经济发展理论再构建不能局限于现有经济学研究本身，还必须包括经济学以外的结构、行为、演化的因素，同时在宏观与微观之间架起桥梁，否则就很难回答《科学》杂志之考问。

诺奖得主、物理学家理查德·费曼（Richard Feynman）曾说："如果我不能把某件事拆解之后再建构起来，说明我还没有理解它。"这句话对认识世界的含义很深刻。针对复杂的问题，有效的方法是把它拆解为子问题、子问题的子问题，一直到不能再拆解为止。然后，再对每个问题的答案设计好方案进行系统的验证。这样做才能探究事物的本质。

（二）四组方程式

基于上述讨论，同时考虑社会科学研究对象的复杂性，本文提出的经济增长理论包含四组起因，它们由浅入深、互相作用，即（1）物理起因（physical cause）；（2）场景或制度起因（contextual / institutional cause）；（3）激励起因（motivational cause）；（4）思想性起因（ideational cause）。

归根结底，在四组起因中，思想性起因是第一原理（ab initio），其推理规则（modus ponens）具有演绎性（deductive），符号表示为 α, $\alpha \rightarrow \beta$, $\vdash \beta$。但是，考虑到人类学习和知识边界拓展的时间性或历史性，演绎严谨度不是形式逻辑的决定意义（deterministic），而属于概然性逻辑（logic of probability），无论是演绎（deductive）还是归纳（inductive），其中包括调整

(adaption)和试错(trial and error)。试错也可再分为两种：一种是"演绎捣鼓"，另一种是"归纳捣鼓"。社会科学理论目前只能探寻"低精度规律"(patterns)，从现实的角度看，这是合理的(reasonable)。毕竟，就连探寻"高精度规律"的物理学也要遵循海森堡测不准原理。① 相应的，我们把经济增长的四组起因：(1)物理起因；(2)场景起因；(3)激励起因；(4)思想起因，用数学方程式表述如下：

$$G_{t,w} \approx f(K_N, K_H, K_p)_{t,w}$$

$$G_{t,w} \approx f(K_i^v, K_i^h, K_i^s)_{t,w}$$

$$G_{t,w} \approx f(R_p \rightarrow R_s)_{t,w}$$

$$G_{t,w} \approx f(K_H \rightleftharpoons K_p)_{t,w}$$

其中，$K_i^v > 0$

$K_i^h > 0$

$K_i^s > 0$

$R_s = R_p + \delta$

以下是符号说明和对方程式的解读。公式中，符号表达某个变量时，解读方法是控制变量，即 ceteris paribus（在其他条件不变的情况下）。在上面的公式中，G 表示经济表现(growth)，以人均 GDP 衡量，因为人均比总量更能显示效率(productivity)。生产率对经济发展很关键，正如经济学诺贝尔奖得主保罗·R. 克鲁格曼（Paul R. Krugman）所说："生产率不是

---

① 关于规律性东西的表述，英文有"law""regularity""pattern"，规律的精确度从前往后依次递减。

一切,但是长期看几乎又意味着一切。"t代表时间,w代表地点。特别提醒,我们需要不同的时间/地点的信息/知识,除了结构主义,还有演化主义的考量,并为战略选择提供了可能性(关于战略,我们将在第三部分做进一步的说明)。由此,所有4个公式都对时间和空间敏感,即考虑了当地发展的不同阶段、不同条件的实际情况,如市场或法治的成熟度,衡量取值不相同。

第一个公式表示经济发展的物理起因。K_N代表自然资本(natural capital)①,即包括所有天上和地下的资源及其约束,如环境污染和气候变化;K_H代表人力资本(human capital)②;K_P代表物质资本(physical capital)③。

为了厘清我们的思路,加强分析的系统性,我们在加入第二公式前,可以先做个所谓的"思想实验"(thought experiment),即假设第一公式在真空中(in vacuum)运行,各要素组合的摩擦力为零。伽利略就是如此:他先假设没有空气,然后再有条不紊地加入别的因素,最终发现了自由落体的规律。类似的,加入第二公式就意味着从真空条件回到了

---

① 对自然资本的关注(或者更狭义地说就是土地)是18世纪法国经济学家的重点,他们称自己是 physiocrats,即重农主义经济学家。其信条是政府对经济要放任自流(laissez faire),认为土地才是财富和政府税收的真正来源。到了全球化时代,过分依赖土地往往容易陷入所谓"资源诅咒"(resource curse)的陷阱。

② 经济学对人力资本的专注(或者更狭义地说是劳动力),是亚当·斯密学说的重点。其贡献是把劳动分工或专业化看作经济增长的源头,从中也隐含了配置效率的提升,他举的例子是分工合作的生产别针的工厂,以此在企业的微观面展示生产关系对提高生产力的作用。

③ 马克思的《资本论》对资本进行了专门的讨论。关于资本产生和积累的因果机制,其假说是通过剩余价值的索取。

现实世界。由此，我们进入经济学所谓的全要素生产率（Total Factor Productivity，TFP）的黑箱中。在相当程度上，这个黑箱深藏着经济发展与否的秘密。[①]在全世界各国的现实中，政治、经济、社会的制度因素是非均匀的（heterogeneity），可以用数学语言三维张量来表述，而这种非均匀的场景意味着不同程度的摩擦力或不一样的配置效率，需要改革开放加以改进[②]。这里林林总总的不完美同时也为亚当·斯密式的创新或熊彼特式的创新提供了空间，是进一步创新的源泉。

第二个公式涉及这些制度因素或称场景。其中的 K_i^v 代表纵向制度资本（vertical institutional capital），如法治的成熟度、政策的透明度、不同的行政效率等。K_i^h 代表横向制度资本（horizontal institutional capital），如开放和统一的大市场、反垄断（包括行政垄断）、知识产权的保护、市场准入度、经济自由度等。[③] K_i^s 代表处于纵横之间的社会资本（institutional capital social），如风俗习惯、当地文化。[④]

第三个公式是关于激励因素的。其中的 R_p 代表个人收益（private return），R_s 代表社会收益（social return）。$R_s=R_p+\delta$ 意

[①] 即罗伯特·索罗（Robert Solow）经济增长会计式模型（growth accounting model）中不能解释的剩余项，统计回归中的误差项（error term）。

[②] FU J. One economics, many recipes: an institutional approach to explaining economic growth[M]// HUANG X, et al (Eds). China, India and the end of development models. Hampshire: Palgrave Macmillan, 2011: 68—81.

[③] 傅军. 国富之道 [M]. 北京：北京大学出版社，2009。

[④] 我正在进行的部落主义与全球主义的研究显示，以家庭或部落为中心的文化，虽然在家庭或部落内部有很强的信任纽带，但家庭或部落之外的信任范围有限，不利于现代市场和法治的建设。

味着当个人收益越接近社会收益时,激励就越强,越是藏富于民。① 但是一个经济体中,个人收益不可能等于社会收益,始终会有一个 δ,这是定理,表示了维护秩序是有必要成本的,如政府需要的税收。与此一致,我们再推导出三个定理,符号表述为:$K_i^v > 0$;$K_i^h > 0$;$K_i^s > 0$。②

第四个公式是关于思想性起因的,即归根结底,经济增长是创新思想的函数。公式中,K_H 与 K_P 变量之间越趋近,表示知识内生性和原创性越强。这是个所谓智人(homo sapiens)到神人(homo deus)的发展过程,隐含了亚里士多德的观点,他认为人的驱动力是追求权力、财富和知识,虽然三者之间的排序人各有别。亚里士多德同时认为神(deus)就是形式之形式,有潜能(potentiality)和实现(actuality)之分,而所谓学习即是通过自由活动变潜能为实现。这与哲学家杜威(John Dewey)所提倡的"进步的、演化的及发展式"教育理念似有异曲同工之妙。③

(三)集成:一个元道启发式增长理论

基于上述,同时鉴于奥卡姆剃刀原则以及理论建设的五项

---

① 关于激励,小岗村"大包干"的故事提供了有力的证据。也可参见 HALL R, JONES C I. Why do some countries produce so much more output per worker than others?[J]. The Quarterly Journal of Economics, 1999, 114(1): 83—116。
② 整个数学向近代数学发展的过程中,符号化是重要的一个环节。虽然这个环节不产生新的数学思想,却是推动数学向近代数学发展的最关键因素,它的作用是使人类的思维更加抽象、简练、精准。
③ DEWEY J. Democracy and education: an introduction to the philosophy of education [M]. New York: MacMillan, 1916.

判则（简洁性、一致性、准确性、普适性、成果性），再把四组方程式按因果层次进行集成，就得出一个元道启发式公式。其数学语言表述如下：

$$G_t \approx \left\{ \left[\frac{K_N^\alpha \cdot K_H^\beta \cdot K_P^\gamma}{(1-K_i^v)(1-K_i^h)(1-K_i^s)} \right] / (1-\delta_R) / (1-\delta_I) \right\} dt$$

其中，$\alpha+\beta+\gamma=1$

$K_i^v \in (0,1)$

$K_i^h \in (0,1)$

$K_i^s \in (0,1)$

$\delta_R \in (0,1)$

$\delta_I \in (0,1)$

三点说明：第一，"元道启发式"（meta-heuristic）一词来自计算机语言。"元道"（meta，有的也说"超越"）[①]意味着各个要素之间虽然所处的层次不同，但是都是"元道"的衍生，并且互相有关联作用；"启发式"（heuristic）意味着计算属概然性（probabilistic），是松耦合而不是紧耦合，无论是从输入或是从输出看，这也是公式使用约等号（而不是等号）的用意。毕竟，经济增长是个极其复杂的问题，是个全球学习、模仿、试错、适应、创新、克服路径依赖的过程，目前我们有可能探寻的只能是低精度而非高精度的规律，是测算，而不是精算，是概然

---

① 类似老子《道德经》中说的"道可道，非常道；名可名，非常名"。形而上谓道，形而下谓器。

的,不是决定意义的。①

第二,这个元道启发式增长理论整合了结构主义、行为主义与演化主义。该理论超越了专注结构主义的新古典,同时加入场景(或称制度性因素)、加入学习过程作为内生变量。在这个分析框架中,宏观与微观有了紧密联系,表现为宏观有了微观基础,而微观又受到宏观的影响。② 这种数学的集成加强了"求真务实"的精神,使古典经济学的灵魂在现代躯体中得以复活。③ 从公式整体看,公式左边的变量以人均 GDP 来表示各国不同的经济发展水平,公式右边除了结构主义的演绎推理,还有行为主义和演化主义的归纳推理。换言之,除了事先(ex ante)的逻辑,事后(ex poste)的经验也很重要,有效的学习或创新往往就是一个试错和调整的过程,无论是演绎性的(deductive tinkering),还是归纳性的(inductive adaptation)。既然我们的中心议题是为何有的国家发达了而有的滞后了,我们就不妨先看看应变量,然后系统地、概然性地分析最重要的自变量,以试图解锁经济发展之谜。

---

① 在计算机科学中,"启示性"不是确定性的,只是为了获得概念的简洁和提高计算性能,潜在地以精度或准确度为代价。
② 类似地,马克思认为经济基础决定上层建筑,上层建筑对经济基础有反作用。
③ 类似地,英国社会学家安东尼·吉登斯(Anthony Giddens)的"结构化理论"(theory of structuration)倡导把结构主义融入当代社会作"整体看待"(holistic view)。吉登斯以此入手为当代社会学领域做出了贡献,被认为是自凯恩斯以来最著名的社会科学学者。在政策研究上,他提倡的"第三条路"(the third way)广泛地影响了英国和其他国家的政策。感谢他的提醒,社会学的理论是历史的、人类学的和批判的。这对构建元道启发式增长理论很有启发。

第三，这个集成公式最底层的变量 δ 表述了前面说过的哲学意义的理性。归根结底，这是公理化理论系统的起步（ab initio），是经济增长的第一原理，取值必须在（0，1）之间。一定是大于 0 的，因为人类的思想和知识已远超一般动物；同时又一定是小于 1 的，因为 1 就意味着人类已到达终极的理性，可以无限量创造财富，因为公式中 1－1=0，任何数除以 0 都是无穷。而人类朝着这个终极理性的目标奋进是科学和哲学的任务。在这个意义上，哲学家法兰西斯·培根（Francis Bacon）说过，知识就是力量。我们这里可以把知识看作一种潜在的"能量"，一种有效的可以解决某一问题或完成某种任务的一般性表达方法。就一个国家而言，我们可以把它看作一个极其复杂的智能系统，类似一个"神经网络"[1]，能对环境的变化（如气候变化）作出有效的调整，其智能的高低在于用能量加上信息来减少"熵"（entropy）。熵出自热力学第二定律，即在孤立系统中，该系统总是自发地向混乱度增大的方向变化（"熵增原理"）。作为初步证据，今天顶级科学家和财富在全球分布的回归结果就能有力地说明这一命题。图 1 展示了全球前 10 万名科学家的国家（地区）分布。

至此先做个小结：什么是科学理论研究？你必须提出一个为什么的疑惑；你必须有作实验的工具箱，包括统计分析；你必须给混乱的现象以结构，如 $y=f(x)$；你必须在结构的基础上提出可检验的假说；你必须回到经验世界里去证实或证伪假

---

[1] SCHMIDHUBER J. Deep learning in neural networks: an overview[J]. Neural Networks, 2015, 61: 85—117.

说。对于本文提出的增长理论,已有充分的研究证实以上四组方程式所产生的假说。①

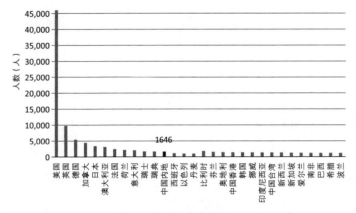

图 1　全球前 10 万名科学家的国家(地区)分布

来源:*PLOS Biology*。

---

① 回归分析使用的数据来源包括:世界银行《世界发展指数》(World Bank World Development Indicators)、经济合作与发展组织数据库 (OECD Data)、麦迪森项目(Maddison Project)、全球自由度报告(Freedom in the World)、政体数据库(Polity IV)、全球治理指数(Worldwide Governance Indicators)、世界经济自由报告(Economic Freedom of the World Report)、人类发展指数(Human Development Index)、菲尔兹奖、诺贝尔奖和图灵奖数据,全球前 10 万名科学家 (the top 100 000 scientists in the world) 数据,社会资本调查(Social Capital Survey)等。因为篇幅问题,回归分析的技术细节不在这里展开。总体说,全球的经验数据显著地(significantly),或可以说是有力地(compellingly),支持这个由四个方程式表述的经济增长理论。外加两点说明:第一,第二次世界大战以后对于自然资本,关键不再是拥有(ownership)而是按市场价格可得(access)的问题。第二,从全球看,社会资本(institutional capital social)与经济发展不成正相关线性关系。原因是高浓度的社会资本,例如乡情、部落、黑帮,或可在小范围内促进经济交易,但会阻碍现代市场和法治的形成,因此与经济发展呈反向作用。

三、 赶超战略要因地制宜

从知识论的角度,理论联系实际涉及原理性(ex principiis)和授受性(ex datis)两方面的知识:前者更是一般性抽象知识,旨在回答为什么的问题;后者更是对知识个性化的应用,包括战略或策略,旨在回答如何的问题。一般而言,从事学术即意味着追求理论的优美和逻辑的严谨;从事实践并不囿于这些标准,他们面临的压力是必须得出即时的结果。鉴于此,以下讨论分三个部分:首先简要地说明理论与战略的关联性及其不同特征,两个概念不能搞混;然后以中国的经济发展战略作为例子,希望广大发展中国家能够从中得到启示并用于自己战略的制定;最后对回归增长理论做一个简要结语。

(一)理论与战略

为什么理论与战略是相关的,但是要区分考虑?这是为了舒缓统一性与特殊性之间的张力。说白了,理论与战略的关系即是知识与环境的交互(interface),战略是理论的降维,是理论的应用。用数学语言表述,不是符号、二进制,而是向量、张量等。这里,降维指的是从理论的理想状态(ideal forms)降低到近似的情景(approximations),与之相关的是理论的五项判则(简洁性、一致性、准确性、普适性、成果性)的前四项都要打折扣。这是因为根据实际情况适度地把握共性和个性之间的张力,需要的不仅是科学(scientia)的严谨性和同一性,还需要艺术(techne)的灵活性和多样性。

战略在应用理论所包含的核心要素或原理时,需要因地制宜,灵活机动,取长补短,先后有序,把握总体趋势。

理论知识在这里指的是高阶的理性知识,是普遍的、抽象的、恒常的;而实际情况是个别的、具体的、易变的。由此引发战略思考作为一个中间过渡环节的必要性。与此同时,领导力(leadership),有时被称为"政治企业精神"(political entrepreneurship),就变得不可或缺。常常在高度不确定的情形中,他们必须远见卓著、脚踏实地、张弛有度、保持定力。

对发展中国家而言,追赶战略(catch-up strategies)亦称收敛战略(convergence strategies),收敛即是经济发展自低水平向高水平靠近和拉齐。衡量各国经济发展水平的一个重要指标是人均 GDP,因为该指标不只是反映生产(production),更反映生产效率(productivity)。[①] 相关的,经济发展水平、经济增长率、发展战略是相关但不同的概念。对某个发展中国家而言,发展或追赶具体从何处入手、走什么路径,这更是战略选择的问题。战略必须在理论指导下,因地制宜,灵活机动,利用后发优势,发挥比较优势,并充分考虑路径依赖的问题。

(二)以中国发展为例

从全球的视野看,中国在改革之前处于哪里?现在到了哪

---

① 如果要考虑可持续发展,现在应该还要考虑 GDP 的碳强度。对中国而言,这个问题变化尤其迫切,中国已向世界承诺,力争在 2030 年前实现"碳达峰",2060 年前实现"碳中和"。

里?过去40年来的发展战略有什么启示?再往前看,其远景是什么?挑战是什么?所谓远景(vision)即是远见(far sight)加上可行性(feasibility),远景或可称为"有可行性的远见"。

根据安格斯·麦迪森(Angus Madison)的统计,两百多年前,中国大约有全球1/3的人口,生产的经济总量占全球的1/3以上;那时,全球总体上处于农业经济,而中国代表了农耕文明的最高水平,包括其农业技术及其旨在维护政治、经济、社会秩序的思想和制度技术,如儒学(君君、臣臣、父父、子子)、科举(权力流动)以及官僚(郡县制)体系。自那以后,中国经济开始滑坡,到1949年前夕,其经济总量占不到全球的5%。原因是什么?表面原因是中国没有赶上工业革命这趟车,导致(硬件)技术落后[1];但更深层的原因还包括工业革命以前就在西方发生的思想革命,即启蒙运动和科学革命[2],以及伴随着工业革命而发生的制度技术(软件)的革新[3]。例如,"工厂"(factory)在当时是一个创新的制度技术,它的出现替代了传统的家庭作坊,起了熊彼特(J. A. Schumpeter)所谓的"创造性破坏"(creative destruction)的作用。[4] 以后,在美国又有泰勒主义(Taylerism)和福特主义(Fordism)进一步的专业

---

[1] 四组起因中的第一公式中表述为 KP,代表物质资本(physical capital)。
[2] 这涉及第四公式的内容,即思想性起因。
[3] STANLIS P. Edmund Burke: the enlightenment and revolution [M]. NJ: Routledge, 1991;SNOW C P. The two cultures and the scientific revolution [M]. Cambridge: Cambridge University Press, 1959.
[4] SCHUMPETER J. Capitalism, socialism and democracy: 3rd edition [M]. NY: Harper Perennial Modern Classics, 2008.

分工和规模效应，再加上国际贸易进一步的拓展，国内外的这些新的制度安排大大地提高了生产效率。① 历史学家布诺斯基（J. Bronowski）认为，工业革命这些制度的技术革新如乡村工厂（village factory）的兴起更是因，而物理技术只是果。②

以上这些历史数据为我们的元道启发式增长理论提供了更广泛、更有力的经验证据的支撑。注意，如前所述，元道启发式理论的解释力不仅仅是基于结构主义和行为主义的互动，因为公式中还系统地植入了时空的符号，所以还包括了各国、各地区的历史演进主义。

无独有偶，大约两百年后，中国经济改革实践发轫于农村"家庭责任承包制"。承包制的实质是重塑了农村基层垂直权力对劳动力和土地的关系，增加了劳动激励，并为早期工业化开辟了道路。③ 没有早期的这一步，基于比较优势的战略就无从说起。

随后，乡镇企业（Township and village enterprises, TVEs）在广大的农村地区如雨后春笋般异军突起。作为经济发展战略，中国从中央到地方的各级政府没有堵，而是因势利导地疏。从全国看，乡镇企业一路走来，主要有三种不同模式——苏南模式、珠江模式、温州模式。这有力地说明了战略是理论的降维和应用，必须因地制宜，充分考虑不同地区所面临的不同的路径依赖。就发展战略（或策略）而言，中国的改革具有以下特

---

① 这些涉及第二公式的内容，即纵横矩阵式场景（或称制度性起因）。
② BRONOWSKI J, MAZLISH B. Western intellectual tradition: from Leonardo to Hegel [M]. New York: Harper Perennial, 1962: 316.
③ 这些涉及第二、三公式的内容，即场景和激励起因，参见本书小岗村案例内容。

点：(1) 利用已有组织资源（如社办企业）推进市场导向的乡镇企业发展，进而推动其逐步迈向现代企业；(2) 整体而言，以增量改革启发和倒逼存量改革；(3) 采取的方法是渐进的，从点到线、从线到面，而不是激进的"休克疗法"。这种发展战略效果显著。到 2018 年，中国乡镇企业（现在多被称为非国有中小企业）的就业人数达 1.6 亿，使中国大约 6.7 亿多的农村人口摆脱了贫困。① 从全球看，人均收入的真正增长只是 18 世纪以后的事。历数欧洲、美洲、亚洲的主要高收入国家，统计意义上最重要的变量是工业化。② 工业化所到之处，人们生活就提高了；工业化没到之地，人们生活依然贫困。中国过去 40 年的成就总体上也印证了这个命题。背后的道理是什么？不是生产本身，而是生产效率。

放在我们的增长理论框架中看，总体上，中国发展战略体现了一个从易到难、循序渐进地融入全球经济的学习过程，改革的大方面是市场导向，开放意味着可以向发达国家学习。改革开放初期，先是利用资源禀赋的比较优势对接国际市场③，

---

① 参见本书乡镇企业案例内容。
② 这里说统计意义是要强调相关性（correlation）本身不是因果性（causality）。就我们的元道启发式理论而言，工业革命集中表现在第一公式的 K_P 变量中，更深层的原因在后面三个公式中。例如，启蒙运动和科学革命体现在第四公式中。如果回归分析考虑当时时间滞后效应（time lag），可以充分证实第四公式的假说。
③ 改革开放前，特别是在"大跃进"时期，中国工业化的发展战略并不是遵循大卫·李嘉图（David Ricardo）所提倡的"比较优势"贸易原理，而是推行重工业优先、进口替代的发展战略，结果是不成功的。改革开放实施的比较优势战略可以说是在汲取了前期教训后展开的。比较优势实际是经济学最反直觉的原理之一。因为在一个商品可以自由流通的世界里，需要专业分工，（转下页）

如相对便宜的土地和农村大量剩余劳力。早期的健康和教育政策为工业化提供了"人口红利"。① 根据相关研究，人口红利贡献了中国经济大约四分之一的增速。在计划向市场的转型过程中，采取的战略是渐近的，尽可能遵循所谓的帕累托改进，如价格的双轨制②。然后，通过跨国生产、跨国贸易、跨国投资、边干边学，与时俱进地从比较优势到相对优势逐步转向竞争优势。在整个工业化进程中，积极引进外资，从劳动密集型起步，过渡到资本密集型，然后再向知识密集性的高新技术产业挺进。这些战略特点尤其可以从深圳从边陲渔村迅速发展成国际大都市的历程中显示。③

考虑到国家幅员辽阔和各地实际条件不同，中国发展战略另一个显著特点是"路径依赖"，因地制宜，先行试点，以

（接上页）但专业化主体是"机会成本"较低的一方。由此，"比较优势"与"机会成本"的概念密不可分。还有，经济学的"比较优势"在理论上是假设政治学的"安全困境"是不存在的，不然基于比较优势的国际产业链分工这个命题是有问题的。因此，国际和平环境必须是经济发展战略的有机组成部分。制定国际战略或政策同时需要经济学和政治学的相关知识。国际关系是政治学的一个分支而已。

① CAI F, Wang D. Demographic transition: implications for growth[J/OL]. (2005-08)[2021-05-25]. https://www.researchgate.net/publication/23746883_Demographic_transition_Implications_for_growth.
② 双轨制本身不是"理论"，而是"战略"选择。与实行"休克疗法"的转型国家相比，双轨制的表现要好得多。回头看，因为市场机制不能一天建成，而是一个逐步的过程，因此期间适当的政策干预利大于弊。这里的教训是政策干预都有正面和负面效应，关键要看成本效益分析。用数学语言表达就是，不是要么"0"要么"1"，而是"向量"或"张量"。
③ 参见本书深圳发展案例内容。

点连线，以线到面，循序示范。① 例如，改革初期，乡镇企业的发展模式各有不同，但随着改革开放的深入，它们都逐步向现代企业过渡。② 再如，从经济特区的设立（包括在更微观层面的产业链的发展），到沿海城市的开放，再到内陆地区的拓展，也是这种特点的体现，同时反映了中国传统哲学的实践智慧。这种智慧用学术语言表述就是贝叶斯主义加上帕累托改进。正如我们元道启发性经济增长理论显示，经济发展说到底即是人类学习和知识拓展，一路上会充满未知、充满风险。作为收敛或赶超战略，中国这种寻求局部突破、同时控制风险、利用好国内外两个市场、循序扩大成果的战略特点特别值得其他发展中国家学习和借鉴。

中国今天到了哪里？改革开放 40 年后，中国大大缩短了与发达国家的距离，经济有了长足的发展，经济总量排世界第二。③ 从人均 GDP 看（见图 2），改革开放前中国只是 156 美元，现在到达约 10,000 美元。国际比较来看，全球平均大约是 12,000 美元，发达经济体在 40,000 美元以上，美国大约是 60,000 美元，可见中国与发达经济体还有相当大的差距。但换个角度看，中国依然具有相当大的后发优势。从今天往前看，战略远景是争取跨过中线、进入右边第一标准方差区间。相对

---

① 见本书第四个故事。

② 见本书第三个故事。

③ 2019 年全球经济总量约 87.752 万亿美元，其中：美国 21.428 万亿，中国 14.343 万亿，日本 5.082 万亿，德国 3.846 万亿，印度 2.875 万亿，英国 2.827 万亿，法国 2.716 万亿，意大利 2 万亿，巴西 1.84 万亿，加拿大 1.736 万亿。

的，中国将恢复到两百年以前的高峰值：当时中国占全世界人口1/3，生产全球1/3多的GDP；届时占全世界人口1/5的中国将生产全球1/5多的GDP。根据我们元道启发性增长理论，这基本是正态表现，假使其他情况均相同（ceteris paribus）。之后，中国面临许多挑战与不确定性，将面对增长的极限，整体进入第二标准方差极其艰难，主要是因为人口基数庞大及其老龄化[①]，并受自然资本包括气候变化和能源供给等条件的硬约束。相关的，能源结构的改进和绿色可持续的必要性和迫切性就会日益凸显。[②] 突破口是科技和创新，因为说到底万变中的不变是能源和信息，而信息可以转变成知识，变为潜在的"能源"，从而印证培根那句名言"知识就是力量"。换言之，中国必须把增长模式从原来的要素投入转向创新投入。

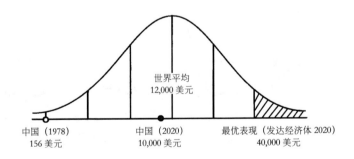

图2 高斯分布

---

① FENG Z, et al. China's rapidly aging population creates policy challenges in shaping a viable long-term care system[J]. Health Affairs, 2012, 31(12): 2764—2773.
② 见本书第五个故事。

此外，中美关系亦是个关键的变量，毕竟，现代国际关系的结构说到底是政治学者所谓的"无政府"状态（anarchy）。① 依我看来，科学理论不仅可以解释过去，还可以"洞见"未来。这种洞见大体可以拆解为以下部分：一是确定原始驱动力，二是识别深层次的结构，三是估计结构与行为的关联性，四是再考量交互重叠演化的不同速度及其可能引发的不和谐、错位或冲突。在整个分析过程中不能混淆"实然"与"应然"命题。

从经验数据上看，所谓追赶战略成功与否的一个指标是中国与美国 GDP 总量的收敛。根据过去 30 年的经验数据，美国 GDP 年增长率大概是 2%—3%；过去 40 年，中国经济发展高峰时增长率超过两位数，近些年增长率已显著放慢，但还在 6% 以上。如果能保持这个势头，中国经济总量再需要 10 年左右时间就能超过美国。展望未来，鉴于人力资源和自然资源包括气候变化的压力和挑战，创新将是中国发展战略的不二选择，这也将取决于中国教育质量的提升，因为教育关乎知识边界的拓展。创新不仅体现在硬件方面，还必须体现在软件上，包括市场和法治等方面的制度创新。党的十八大已指明，一是"使市场在资源分配中起决定作用"，二是"依法治国"。其实，市场

---

① 从现实主义视角看，此时，发展战略将越来越偏重国际政治。这是由于国际社会处于无政府状态，追赶国与守成国之间的相对力量变化将引发安全困境（security dilemma），使风险陡增。基于政治学与经济性的同时考量，2009 年，在我的一本书《国富之道》中，我就提出要关注古希腊历史学家修昔底德（Thucydides）所说的"安全困境"，后受哈佛大学中国问题专家马若德（Roderick MacFarquhar）教授邀请进行了学术演讲，引起了热烈的讨论。参见傅军. 国富之道 [M]. 北京：北京大学出版社，2009: 370—372。

和法治是一个硬币的两个面。

(三) 结语：回归方程式

说到市场经济与法治政府，让我们回到四组增长起因中的第二个方程式。这个方程式涉及场景性起因，与生产要素组合的摩擦力大小有关。相关的，科斯有过经典之问，即"层级"(hierarchies)① 和"市场"(markets) 之间的界线划在哪里才算最合适？② 注意，"层级"和"市场"的英文用的都是复数形式，由此可以联想到很多场景性起因并通过拆解、聚合来思考：各种垂直的层级与横向的市场之界线划得是否精准，是否会影响激励，是否至少会影响资源的配置效率，即斯密式的创新（暂且不讨论熊彼特式的"创造性破坏"）。

理论上说，当垂直的行政成本正好等于横向的交易成本时，而且两者之间的曲线呈凹型，在宏观层面这就是国家与市场界线的精准界定。③ 但在现实中，人们永远无法百分百确定两者之间的界线，因此，创新策略只能是试错式的探索，分为两类：一类是"演绎捣鼓"，另一类是"归纳捣鼓"。前者的思

---

① Hierarchies 在英文中是一个常用的词，也是一个重要的概念，中文翻译成"科层"或"层级"并不到位。在宏观层面，国家（states）相对于市场（markets），hierarchies 指的是国家。在微观层面如公司内部，经理层（management）相对于员工层（factory workers），hierarchies 可指经理层。总之，相对于横向的制度安排，hierarchies 指的是纵向的或上下垂直的制度安排。

② COASE R H. The firms, the markets, and the law[M]. Chicago: University of Chicago Press, 1988.

③ 在统计分析上，各国的人均 GDP 高低是一个重要的参数，因为人均 GDP（而不是总量）更代表生产效率。

维更适合前沿国家,强调基础理论;后者的思维更适合赶超国家,其特点是向全球最佳实践学习和借鉴。用数学语言类比,前者更是概率,后者更是统计。概率是知道一些起始条件但不知道最终结果,而统计是知道了结果却不确定到底是什么原因。这些思维特点同时也说明了,要拓展知识边界、改进人类社会,只有科学却没有艺术是行不通的;我们不仅需要理论智慧,还需要实践智慧,之间暗含了战略远景、战略方向、战略定力、战略机动。

一张一弛,此乃理论联系实际(theoria cum praxi)。

由此继续深入探讨,我们还可以回到最底层的第四个方程式,这个方程式是关于思想性起因的。站在人类思想的最前沿,这种一张一弛的互动生动地体现在哥德尔与爱因斯坦这一对常常在普林斯顿大学校园散步聊天的忘年交身上。哥德尔是理论数学家,爱因斯坦是理论物理学家;前者看出了数学是有漏洞的[1],后者看出了时空是弯曲的[2];他们的思想都颠覆了一般人的常识。

一虚一实,人类知识边界不断拓展。赶超战略赶超到最后是人的思想,这并不是一个有待将来证明的命题,因为人类的历史经验证据已经证实了。从认知科学的角度看,人的思想就

---

[1] SMULLYAN R M. Godel's incompleteness theorems[M]. Oxford: Oxford University Press, 1992.

[2] EINSTEIN A. Ideas and opinions[M]. BARGMANN S(Trans. and rev.). New York: Three Rivers, 1982: 227—232.

是大脑神经元不断被激活的结果,数学上可以用向量来表示。[1]
回到奥卡姆剃刀原则[2],如果把所有中间变量都看作人类思想不完美作品(或衍生品)而必须加以不断改进——如科学与技术、市场与法治、政府与社会等各种软硬件基础设施[3]——如果减去这些中间变量的"噪音",那么元道启发式经济增长公式最终可以还原到人的思想与自然资本的关系,简单地表述如下:

$$G=K_N\delta_I$$

此公式处于元道启发式增长理论的最顶端,简洁、超越,"一览众山小"。公式中,δ_I 在公理化的系统中属于起步原点(ab initio),但不是常量,而是变量,毕竟社会科学的研究对象是人不是物。[4] 或正因为如此,作为发展战略的重中之重,从古到

---

[1] 人工智能的深度学习也是基于向量,它是用重叠向量来表达信息向量,是表达人的大脑神经元被激活的最简单的数据化方式。但与真人不同,目前人工智能只能进行关联分析(模拟人的右脑),不能进行因果推理(模拟人的左脑)。

[2] 在奥卡姆看来,最底层原则驱动次级原则,次级原则再推动各个层级的派生原则。参见 ADAMS M, OCKHAM W. Notre Dame[M]. Indiana: University of Notre Dame Press, 1987。

[3] 这里有两点值得说明:(1)因为现有制度大多处于稳定的均衡,不易打破而且改进往往需要很长时间和付出成本,所以总体上看,渐进式的改革战略是有道理的;(2)从统计学的角度看,思想性变量(以菲尔兹奖、诺贝尔奖、图灵奖获得者或顶级科学家数量各国分布衡量)与这些中间变量之间存在共线性(collinearity)的情况。

[4] 如果把自然科学称为硬科学(hard science),社会科学称为软科学(soft science),目前科学研究的发展趋势是以生物学为交汇点,硬科学变(更)软(softer),软科学变(更)硬(harder)。

今,伟大的哲学家都强调教育,并对短期功利主义保持警觉。①相关的,作为理论反思,我认为新古典或新自由主义经济模型有必要在理论的最底层包容和增加人类学的范畴。如此,我们才能在现有的理论上有所突破、有所创新,把行为主义、结构主义和演化主义融为一个整体,并形成一个指导实践的"理论→战略→政策"的新范式。

什么是人?人是一个感知体系,一个思考体系,一个行动体系。与其他动物相比,人的思考体系尤其发达。

相关的,让我引用约翰·M. 凯恩斯(John M. Keynes)的一段话作为结束。他在其1936年出版的《就业、利息和货币通论》中,关于思想的重要性是这样说的:"经济学家和政治哲学家的思想,不论他们说的是对还是错,都比一般所想象的要更强大。世界是由这些思想支配的。务实的人自以为不受这些思想的影响,其实他们往往是某个过了气的经济学家思想的奴隶……但是,或早或晚,或好或坏,危险的不是既得利益,而是思想。"② 无独有偶,1978年当中国开启改革开放的大潮时,邓小平说:"解放思想,实事求是,团结一致向前看。"③

---

① 例如,康德(I. Kant)把历史看作人类通过自己努力为完善自己而斗争的故事,从野蛮到文明。他认为,人的认知并不只是被动地接受感官获得的材料,同时还包括头脑的建构。因此,他特别强调教育与人的创造力的关系。参见 KANT I. Lectures on ethics[M]. INFIELD L (Trans.), New York: Harper & Row, 1963: 252。

② KEYNES J M. The general theory of employment, interest, and money[M]. New York: Harcourt Brace, 1936: 383—384.

③ 邓小平. 邓小平文选:第二卷[M]. 北京:人民出版社,1994:140.

致　谢

过去五年来，本书记录的故事（包括故事后面的思考题、补充阅读和相关附录信息）作为中国发展案例已广泛地应用于教学之中，特别是北京大学燕京学堂和南南学院的学位、非学位（培训）课程中。除中国学生外，参加这些案例讨论的多数是国际学生，有来自发达国家的，也有来自发展中国家的。当然，供外国学生阅读的版本是用英语撰写的。国内外学生在课堂上的讨论和提问让我真切体会到"教学相长"这句古训的含义。其中一个重要的益处是，我所提出的元道启发式增长理论除中国的经验数据之外，还可以在全球范围的经验中加以检验——证实或者证伪。这是一个求真务实、追求卓越的过程，感谢同学们的热情参与。意大利博洛尼亚科学院还专门组织了学术会议（题为"经济学建模与经验证据——我们到了哪里？"），对作者首创的元道启发式增长理论进行了研讨。

本书相关的研究和写作得到了比尔及梅琳达·盖茨基金会的资助，特致谢意！

在准备和出版本书的过程中，北京大学出版社徐冰编辑提出了很好的建议，并做了耐心、细致和专业的编辑工作，一并表示感谢。